U0413766

摄影：陈善快

陕西省哲学社会科学重大理论与现实问题研究项目

社科助力县域高质量发展
——西安培华学院助力汉阴县高质量发展项目

项目负责人：罗新远
项目立项号：2022ZD0807

# 县域高质量发展的汉阴实践与探索

罗新远 ◎ 著

西北大学出版社
·西安·

图书在版编目（CIP）数据

县域高质量发展的汉阴实践与探索 / 罗新远著. —西安：西北大学出版社，2024.3
ISBN 978-7-5604-5280-7

Ⅰ.①县… Ⅱ.①罗… Ⅲ.①县级经济—区域经济发展—研究—汉阴县 Ⅳ.①F127.414

中国版本图书馆CIP数据核字（2023）第236630号

## 县域高质量发展的汉阴实践与探索

罗新远　著

| | |
|---|---|
| 出版发行 | 西北大学出版社 |
| 地　　址 | 西安市太白北路229号 |
| 邮　　编 | 710069 |
| 电　　话 | 029-88303940 |
| 经　　销 | 全国新华书店 |
| 印　　装 | 陕西瑞升印务有限公司 |
| 开　　本 | 787毫米×1092毫米　1/16 |
| 印　　张 | 17 |
| 字　　数 | 300千字 |
| 版　　次 | 2024年3月第1版　2024年3月第1次印刷 |
| 书　　号 | ISBN 978-7-5604-5280-7 |
| 定　　价 | 68.00元 |

如有印装质量问题，请与本社联系调换，电话029-88302966。

# 如何破解县域经济发展难题的汉阴实践

近年来,汉阴县委县政府认真学习习近平总书记来陕考察重要讲话重要指示精神,积极贯彻落实省委第十四次党代会提出的"四个经济"工作重点,认真分析认为,当前东西部经济高质量发展的主要差距在县域经济,而县域经济的主要差距在镇域经济,镇域经济不活体现在村级经济势单力薄、发展缓慢。与此同时,县域经济内部镇与镇、村与村之间的差距较大,村镇之间经济发展不平衡、不充分的问题更为突出。汉阴县委县政府在破解县域经济发展难题的主要做法和经验是:

一、推行"三联"工作机制,促进镇村协同发展

为破解县域经济发展难题,镇域经济发展不平衡、不充分等问题,汉阴县于2020年创新推行以"支部联建、产业联盟、资源联享"为主要内容的"三联"工作机制,推动优势互补、协同发展。"三联共建"是指支部联建、产业联盟、资源联享,是汉阴县在实践探索中摸索出的促进发展的创新工作机制。这一创新型的工作机制使得汉阴县各级基层组织在发展中发挥协同效应、合作共赢。三联共建的基本内容为:第一,支部联建。共建先进支部、共谋发展路子。第二,资源联享。推动信息共享、资本共享、技术共享与人才共享。第三,产业联盟。实行项目共选、建好发展机制、拓宽销售市场。**抓实支部联建**,组建镇镇联5对、村村联34对、区域联33对,参与联建的机关党组织94个、企业133家,实行组织共建、活动共办、发展共商、奖惩共担,切实把党的力量挺在乡村振兴最前沿。**组建产业联盟**,坚持同类产业联合发展,实行统一生产服务、统一技术指导、统一包装销售,打造优势产业集群;坚持不同产业融合发展,加速优势企业、优势人才、优势资源跨行业有效整合;坚持企业带动协同发展,组建区域产业联盟13个,精准对接产供销,完善壮大产业链。**推动资源联享**,以租赁、联营、参股等方式,实现联建各方资本、技术、人才等要素优势互补、联享联用,实现抱团发展、互利共赢。

二、培育壮大市场主体,激发民营经济活力

汉阴县把培育壮大市场主体、推动民营经济发展作为乡村振兴的重要基础,聚焦用力强支撑、优环境、建机制。**围绕培育市场主体**,紧扣富硒食品产业链发展,打造百

亿富硒食品产业集群,建成省市级农业示范园区48个,打造富硒品牌21个,被评为全国"农村创新创业典型县"。围绕优化营商环境,落实"营商环境突破年"各项要求,以创建国家级政务标准化县为抓手,深入推进"放管服"改革,探索建立"标准化+"体系,创新推行"六全六化"政务服务模式,政务诚信评价位居全省第一,汉阴获评全国"营商环境质量十佳县"。围绕创新扶持机制,出台"亲商安商富商"九条承诺,用活用好"433"企业还贷周转金、财信担保资金等政策机制,有效解决企业融资难、融资贵问题。

**三、探索推进企业带镇村,发展壮大村集体经济**

为破解集体经济发展壮大难、产业发展要素保障难、联农带农持续增收难、扶贫资产保值增值难等共性问题,以"五个一"模式统筹特色经济、联农带农经济、集体经济发展,助推乡村振兴行稳致远。**组建一个集团**,组建成立汉阴县乡村振兴集团有限公司,全覆盖成立镇村子公司12家,充分发挥国有企业资金、技术、人才、市场优势,带动镇村优势资源和特色产业开发。**注入一笔资产**,整合县镇村现有资源资产,将涉贫类价值4.2亿元、630处经营性资产按资产权属分别注入县乡村振兴集团和镇级子公司,交由国企运营;将价值14.39亿元的1780个公益性资产采取有偿付费委托国企管理。**培育一支队伍**,聚焦人力资源开发和管理、乡村项目投资建设运营、特色产业培育营销、资产管理运营等,通过公开招聘、校招、培训和选用乡土人才等方式,培育一支作风优良、业务精湛、能打硬仗的人才队伍。**构建一套机制**,构建联营共享育产业、招商引资强运营、以工代赈促增收三种利益联结机制,建立定期调度推进、目标责任考核、逐步退出三项考核激励制度,解决困难问题,保障任务落实,促进良性发展。**实现一个目标**,通过国企带镇村公司化运营扶贫资产、助推巩固衔接和乡村振兴,先后培育了三柳田园综合体、盘龙桃花谷、凤堰民宿等项目,实现了管好扶贫资产、壮大村集体经济、增加农民收入、国企保值增值多赢目标。

**四、实行"三产"融合发展,建立专业合作社**

汉阴县积极推进农业供给侧结构性改革,以粮食、油菜、魔芋等为主导的富硒产业为根本,加快农业生产主体培育,以扩大农产品加工业规模,提升农产品附加价值。此外,汉阴县开展了农旅融合发展,带动当地旅游发展。汉阴县将"庭院经济"作为农村三大产业融合发展的突破口,鼓励农民将自己空置房屋改造成乡间民宿、农家乐等形式,不仅解决了游客"吃饭难住宿难"的问题,而且提升了群众的收入水平。

建立农民专业合作社,村村建立特色产业园区。为了持续解决稳脱贫、防返贫的问题,汉阴县探索推行"**加入一个组织、发展一项产业、奖补一笔资金**"的"**三个一**"产业发展模式。汉阴县政府通过建立以村级党支部为核心的农民专业合作社,鼓励贫困家庭带资入股成为股东。全县144个村,发展了136个农民专业合作社,促进"一村一品"的发展格局的形成,带动群众通过特色产业致富。

**五、推行"321"基层治理模式,为县域经济发展保驾护航**

针对基层干部紧缺、管理服务无法全覆盖、治理效能不高等难题,汉阴县历时9年探索实践,创新推行"321"基层治理模式,成功入选全国第四届"加强和创新社会治理"典范案例、全国首批20个乡村治理典型案例和全省首批乡村振兴典型案例,汉阴县被中央农办等6部门确定为首批全国乡村治理体系建设试点单位。**建立"三线"联系机制**,即"党员联系群众、人大代表联系选民、中心户长联系居民"。**推行"两化"管理服务**,实行网格化和精细化管理,以村为单位,分片区设立三级网格,网格长由"三线"人员担任,将矛盾纠纷、应急管理、代办事项等全部纳入网格,实现"人到格中去、事在网中办、服务全覆盖"。推进精细化服务,依据群众情况将农户划分为放心户、关心户和连心户,因户施策开展"在线、一线、热线"精细服务。**建强一个自治平台**,即建强以村党组织为核心、村民代表大会为决策主体、村委会为执行主体、村监委会为监督主体、村级经济组织为支撑、社会组织为补充的"六位一体"村级组织体系,形成了政治引领、法治保障、德治教化、自治强基、智治支撑的"五治融合"新格局。汉阴社会治安满意率连续5年位居全省前列。

**六、深化数字乡村建设,数字赋能提质增效**

作为陕南山区县,最有可能快速与发达地区缩小差距、实现同步发展的就是数字经济。汉阴县在发展县域经济、民营经济、开放经济的同时,十分重视数字经济发展。汉阴县坚持超前谋划部署,大力推进数字乡村建设,旨在破解城乡数字鸿沟、推进区域协调发展,以数字赋能经济社会高质量发展。**筑牢基础强支撑**,推进"满格信号"工程,实施千兆入村、百兆入户行动,完善县、镇、村三级信息物流服务网络。**"数实融合"兴产业**,大力发展数字农业,以国家电子商务进农村示范县创建为抓手,成立数字经济电子商务公司,扶持电商主体450余家,入选全国"互联网+"农产品出村进城试点县。**拓展应用惠民生**,推进公共基础设施数字化改造升级,"智慧水务"管理模式荣获中国民生决策创新典型奖。汉阴县因而成功入选全省首批数字乡村试点县。

通过以上举措,汉阴县委县政府持续推动县域经济高质量发展,为谱写中国式现代化的陕西篇章贡献新的探索和实践。

2023年10月12日

# 目录 Contents

◎ 绪论 / 1

 第一节 研究由来 / 1

  一、缘起 / 1

  二、项目活动开展情况 / 2

  三、课题应坚持的原则 / 6

 第二节 研究对象 / 7

  一、汉阴县县情 / 7

  二、汉阴县发展概况 / 10

  三、汉阴县域高质量发展 / 13

  四、研究方法及线索 / 14

 第三节 研究重点 / 17

  一、汉阴县域高质量发展的成就和意义 / 18

  二、巩固拓展脱贫攻坚成果面临的挑战 / 19

  三、汉阴县域高质量发展的路径 / 19

  四、巩固拓展脱贫攻坚成果同乡村振兴有效衔接的重点工作 / 20

  五、构建长效帮扶衔接机制和监督考核机制 / 21

◎ 第一章 汉阴县域高质量发展的实践与探索 / 23

 第一节 党的十八届五中全会以来高质量发展相关政策梳理 / 24

 第二节 汉阴县发展现状及主要措施 / 27

  一、2015—2021年汉阴县整体发展状况 / 27

  二、推动汉阴县域高质量发展的主要措施 / 31

第三节　对汉阴县域高质量发展的分析 / 38

一、汉阴县域高质量发展测度指标体系构建 / 38

二、汉阴县域高质量发展水平评价 / 44

三、汉阴县发展存在的主要问题 / 44

第四节　推动汉阴县域高质量发展的对策建议 / 51

一、实施产业优化升级工程，提高经济发展水平 / 52

二、完善党的组织建设体系，提升队伍素质 / 54

三、加大当地文化开发力度，打造文化品牌新阵地 / 55

四、提升乡村治理能力，构建共创、共建、共享新格局 / 56

五、加强当地生态环境保护，发展生态经济 / 58

六、打破城乡二元壁垒，加快城乡融合发展 / 59

七、走三产融合发展道路，探索新产业、新业态、新路径 / 60

八、产业优化与城镇化协调同步，全面推进县域高质量发展 / 61

## ◎ 第二章　产业振兴——汉阴县农村集体经济与物流业的发展 / 63

第一节　汉阴县发展壮大农村集体经济路径 / 63

一、发展壮大农村集体经济的理论意义和实践价值 / 64

二、汉阴县农村集体经济发展现状 / 65

三、制约汉阴县农村集体经济发展的成因剖析 / 72

四、汉阴县农村集体经济发展模式探索 / 77

五、汉阴县发展壮大农村集体经济路径的对策和建议 / 82

第二节　汉阴县物流业发展现状及对策 / 88

一、国家支持农村电商物流发展的相关政策及国内优秀案例 / 88

二、汉阴县物流业发展现状分析 / 97

三、汉阴县物流业发展中存在的问题 / 100

四、汉阴县物流业发展对策 / 102

## ◎ 第三章　人才振兴——汉阴县人才的引进与培养 / 108

第一节　汉阴县人才振兴实践举措 / 108

一、"归雁兴汉"工程 / 109

二、外来高层次人才引进 / 109

三、"新竹工程"优秀年轻干部培训 / 110

四、高素质职业农民培训 / 111

第二节 汉阴县人才振兴经验总结 / 114

## ◎ 第四章 生态振兴——汉阴县农村人居环境的治理 / 116

第一节 生态振兴的相关概念和理论 / 117

一、农村人居环境治理相关概念 / 117

二、相关理论基础 / 118

第二节 汉阴县农村人居环境治理成效 / 119

一、制订方案,建立工作推进机制 / 119

二、狠抓落实,全面完成重点任务 / 120

三、积极探索,创新工作推进机制 / 123

第三节 汉阴县农村人居环境治理存在的问题及其成因 / 123

一、汉阴县农村人居环境治理存在的问题 / 123

二、汉阴县农村人居环境治理问题的成因 / 125

第四节 完善汉阴县农村人居环境治理的对策 / 126

一、转变政府职能,坚持统筹规划 / 126

二、明确村民责任,坚持以村民为主体 / 127

三、企业积极参与,履行社会责任 / 127

四、明确村委会责任,坚持执行落实 / 128

五、建立健全多主体参与协同治理保障机制 / 128

## ◎ 第五章 组织振兴——汉阴县乡村振兴的基层治理模式 / 130

第一节 汉阴县"三治合一"治理体系的内涵及实践 / 130

一、"三治"方略的内涵 / 131

二、"三治"方略的治理体系及其机制 / 131

三、汉阴县"三治合一"治理的具体实施 / 132

第二节 "三治"方略在乡村治理中的作用 / 142

一、有利于乡村治理高效化 / 143

二、有利于乡村治理民主化 / 143

三、有利于乡村治理协同化 / 144

四、有利于乡村治理德教化 / 145

五、有利于乡村治理法治化 / 145

第三节 汉阴县乡村"三治"新框架 / 146

一、基于"国家—社会"一体化的乡村治理 / 146

二、"三治"模式在目标效能上的有效结合 / 148

三、乡村"三治"内在的治理新机制 / 150

第四节 乡村治理现代化进程中的推进进路 / 153

一、法治进路 / 153

二、自治进路 / 154

三、德治进路 / 155

附 乡村振兴视域下汉阴县双河口镇基层治理调查报告 / 157

## ◎ 第六章 文化振兴——汉阴县乡村文化建设的有效探索 / 163

第一节 汉阴县乡村文化建设的举措 / 164

一、坚持党建引领,强化党的基层组织 / 164

二、利用传统和现代两种规范力量,重塑乡村社会治理秩序 / 165

三、坚持走群众路线,构建乡村文化建设新秩序 / 166

第二节 汉阴县乡村文化建设存在的问题 / 169

一、对农村公共文化体系建设中的"空间有效性"关注度不够 / 169

二、农村"空心化"现象普遍 / 170

三、文化建设"乡土性"不够和模式趋同 / 171

四、乡村文化服务中的留守儿童问题 / 171

第三节 汉阴县乡村文化建设的建议与对策 / 172

一、加强基层组织建设,把党建引领作为乡村文化建设的重中之重 / 173

二、改进传统文化管理模式,实现文化供给与需求相匹配 / 173

三、挖掘乡贤效应,培养乡村文化振兴的人才队伍 / 174

四、加强规范和引导,促进农村文化市场健康发展 / 175

五、改善农村青少年成长的文化环境 / 176

附 关于汉阴县平梁镇太行村文化振兴调研报告 / 178

## ◎ 第七章 乡村振兴评价指标体系构建及汉阴县实证研究 / 183

### 第一节 汉阴县乡村振兴发展现状 / 183

一、汉阴县乡村振兴的实施情况 / 183

二、国家乡村振兴指标分析 / 184

三、汉阴县乡村振兴指标分析 / 186

### 第二节 汉阴县乡村振兴评价指标体系构建 / 192

一、指标选取原则 / 192

二、指标选取思路 / 193

三、评价指标体系构建 / 193

四、评价指标权重的确定 / 196

### 第三节 对汉阴县乡村振兴的评价 / 200

一、汉阴县乡村振兴实现程度纵向综合评价 / 200

二、汉阴县各镇乡村振兴发展水平横向综合评价 / 207

三、对汉阴县乡村振兴发展水平的整体评价 / 212

### 第四节 汉阴县乡村振兴发展的优化建议 / 213

一、培育壮大特色产业 / 213

二、加快汉阴产业融合 / 214

三、深入挖掘文旅资源 / 214

四、实施协同发展策略 / 214

## ◎ 附录一 汉阴县域高质量发展调研访谈录 / 215

中共汉阴县委书记刘飞霞访谈录 / 215

汉阴县人民政府县长陈永乐访谈录 / 219

中共汉阴县委副书记程海林访谈录 / 223

汉阴县人民政府副县长王侠军访谈录／228
中共汉阴县委组织部常务副部长刘虎访谈录／229
中共汉阴县委宣传部常务副部长余龙泉访谈录／231
汉阴县农业农村局局长蒋孝军访谈录／234
汉阴县林业局局长李超访谈录／235
汉阴县乡村振兴局局长李超访谈录／236
汉阴县司法局局长沈关志访谈录／237

◎ **附录二　汉阴县农产品包装设计研究与实践**／240

◎ **参考文献**／249

◎ **后记**／253

# 绪 论

## 第一节
## 研究由来

### 一、缘起

2021年10月,应中共汉阴县委、县政府的邀请,陕西省经济学学会、省乡村振兴研究会(后更名为乡村建设研究会)调研考察汉阴。2022年,陕西省社会科学界联合会开展智库"社科助力县域高质量发展"重大项目申报,首批共确定了29个助力单位,西安培华学院被确定为首批助力单位,助力对象为安康市汉阴县。

陕西省乡村振兴研究会、西安培华学院专家对汉阴开展多层次广泛的调研。同时,依托省社科联重大项目,西安培华学院与陕西省安康市汉阴县创新校地合作机制。为进一步助力汉阴县巩固脱贫攻坚成果,实现乡村振兴目标,充分利用高校专家团队的技术和智力资源,打造校地合作样板,推动县域高质量发展和产业转型升级,西安培华学院在汉阴县成立乡村振兴汉阴研究基地,开展课题研究、科普活动、培训报告、理论宣讲和政策解读,组织大学生暑期"三下乡"实践活动,促进学研用的深度结合,为汉阴县域高质量发展提供理论支撑和智力支持。陕西省经济学学会、省乡村振兴研究会也相继在汉阴设立县域经济发展和乡村振兴研究基地。

脱贫攻坚阶段,汉阴县地处秦巴山区集中连片特困地区,又是南水北调水资源保护区,脱贫攻坚任务艰巨繁重。面对生态环境脆弱、产业发展受限的环境,汉阴县干部群众万众一心,在脱贫攻坚战中取得突出成果,得到党中央、国务院的肯定和表彰。汉阴县独创的"321"基层社会治理模式也备受关注。人文汉阴、"三沈故里",深厚的文化积淀使汉阴获得广泛的青睐。近年来,汉阴县经济、社会、政治、文化、生态环境等各方面获得了长足发展,其整体具有多元研究价值和典型样本意义。因而省经济学学会、省乡村建设研究会和西安培华学院联合对汉阴县进行研究,具有十分重要的现实意义。

## 二、项目活动开展情况

2022年4月,陕西省经济学学会、省乡村振兴研究会和西安培华学院与汉阴县签订共促乡村振兴校地合作协议,并在平梁镇设立"陕西省经济学学会县域经济汉阴研究基地、陕西省乡村振兴研究会汉阴研究基地、西安培华学院乡村振兴汉阴教学科研实训基地"(图0-1),充分发挥高校科研、教育资源优势,从汉阴县的发展现状与实践进行深入探析,凝练县域产业融合发展特色,延伸产业链条,以数字经济引领县域经济发展,助推县域高质量发展。通过校地合作强化基层治理、壮大农村集体经济、发展农村物流、改善农村人居环境治理、提升乡村文化等方面的实践研究,对推动汉阴县乡村振兴工作具有重大意义和实际价值。

图0-1 陕西省经济学学会县域经济汉阴研究基地、陕西省乡村振兴研究会汉阴研究基地、西安培华学院乡村振兴汉阴教学科研实训基地揭牌仪式合影留念

为了强化校地联动,西安培华学院以课题研究、"三下乡"社会实践为抓手,通过开展科普讲座、投身社会实践、聚焦地方特色、搭建育人平台等措施,校地携手,把论文写在大地上,助力安康汉阴乡村振兴。

## (一)课题研究

"社科助力县域高质量发展"活动课题研究项目,明确项目负责人、参与者及地方相关负责人,课题组参与汉阴乡村振兴及县域经济发展,依托政校企各方资源校地携手,围绕经济发展、城乡融合、县域发展等领域,聚集生态富硒主导产业,为汉阴提供策划、咨询服务和相关指导,加快汉阴高质量发展进程,高标准建设国家农业科技园区汉阴核心区,推动汉阴县经济与现代农业深度融合,赋能汉阴经济社会高质量发展。

子课题研究围绕特色产业发展、农村集体经济、物流发展、基层治理、改善农村人居环境治理、提升乡村文化等方面,建立乡村振兴评价指标体系,针对汉阴县相关镇村的基础条件,携手打造1个省级乡村振兴示范镇(平梁镇)和1个示范村(太平村),引领全县乡村振兴有序跟进,促进汉阴县域高质量发展(表0-1)。

表0-1 "社科助力县域高质量发展"活动课题研究汇总表

| 序号 | 项目名称 | 分类 | 申请人单位 | 项目负责人 | 专业职务 | 专长方向 | 项目参与人 |
|---|---|---|---|---|---|---|---|
| 1 | 县域高质量发展的汉阴实践与探索 | "社科助力县域高质量发展"活动课题研究 | 西安培华学院 | 罗新远 | 教授 | 农村经济 | 王艳 关娜 吴春娜 莫姣姣 程颖 员碗碗 |
| 2 | 乡村振兴战略下汉阴县发展壮大农村集体经济路径研究 | "社科助力县域高质量发展"活动课题研究 | 西安培华学院 | 吴春娜 | 教授 | 农村经济区域经济 | 罗新远 查定全 王琳 郑祎 许沛沛 聂小卫 黑月 尹慧蕾 |
| 3 | 乡村振兴评价指标体系构建及汉阴县实证研究 | "社科助力县域高质量发展"活动课题研究 | 西安培华学院 | 王艳 | 教授 | 农村经济电子商务 | 罗新远 车顿善 屈佳 段锞 郑祎 王思圆 |
| 4 | 汉阴县物流业发展现状及对策研究 | "社科助力县域高质量发展"活动课题研究 | 西安培华学院 | 丁阳 | 副教授 | 电商物流 | 刘茹岚 王露露 冯居君 宋嘉豪 黑月 李梦瑶 |
| 5 | 汉阴县乡村振兴基层治理模式典型案例研究 | "社科助力县域高质量发展"活动课题研究 | 西安培华学院 | 杨永庚 | 教授 | 党风廉政建设和反腐败工作 | 李建 赵魏 李瑞 孙苛寒 蔡亮 王娟玲 李丹 王思圆 |

续表

| 序号 | 项目名称 | 分类 | 申请人单位 | 项目负责人 | 专业职务 | 专长方向 | 项目参与人 |
|---|---|---|---|---|---|---|---|
| 6 | 乡村振兴视域下汉阴县农村人居环境治理路径研究 | "社科助力县域高质量发展"活动课题研究 | 西安培华学院 | 莫姣姣 | 教授 | 农业经济 | 罗新远 刘勇 茹少峰 刘清颖 赖帆 王辉 李梦瑶 尹慧蕾 |
| 7 | 文化提升工程与汉阴乡村持续发展研究 | "社科助力县域高质量发展"活动课题研究 | 西安培华学院 | 刘越莲 | 教授 | 教育学 | 傅绍良 王中俊 罗妮 庞欢 王思圆 郑祎 |

## (二)科普活动

**1. 开展科普讲座　科学助力地方发展**

西安培华学院以陕西省社科联发布的"社科助力县域高质量发展"活动为项目依托,组建了校党委书记为课题组组长,各二级学院和职能部门有关负责人、社会实践学生代表为构成的"助力汉阴高质量发展"调研组。深入汉阴县双河口镇、平梁镇、涧池镇等,开展"科普宣讲与老乡面对面"活动,通过专题讲座,围绕法律知识普及、新时代文明实践、家庭卫生健康、生态环境保护、女性就业创业、移风易俗等为主题的系列科普宣传教育活动,调研组成员深入乡村,通过广泛宣讲、实践、调研,围绕乡村振兴产业发展有效赋能,推进锦绣汉阴乡村振兴"治理有效"工作进一步提升。

**2. 投身社会实践　青年聚力乡村振兴**

积极助力乡村振兴,充分发挥新时代中国青年在服务基层发展、社会建设、乡村振兴的智慧力量,在安康团市委、汉阴县委县政府、县乡村振兴局、汉阴团县委、县妇联等有关部门的大力支持下,西安培华学院成立了青春聚力乡村振兴暑期"三下乡"汉阴专项实践团,下设28支实践服务队,足迹遍布汉阴县的13个乡镇28个村,服务村民近万人。

**3. 聚焦当地特色　提升产业产能影响**

暑期社会实践过程中,通过专业知识并结合地方特色,有效为当地产业经济赋能,提升效果影响。在汉阴金银花生产基地、富硒产品生产基地、稻虾立体农业示范基地、蜜蜂养殖基地等产业基地,实践队员通过挖掘特色产品卖点,通过融媒体平台宣传扩大影响;在当地旅游服务资源丰富的凤堰古梯田、三沈故里纪念馆、汉阴美食创业街区,围绕"融媒体助力乡村振兴"为主题,在直播平台上介绍当地美景美食,进一步提升当地服务业的产能发展。

**4.搭建育人平台　强化校地有效联动**

在社会实践开展的过程中,队员们与服务地建立了良好的合作关系,与当地的15个村镇建立了大学生社会实践和劳动教育基地。通过社会实践开展服务的队伍,在结束实践后收到当地感谢信共计20余封,有效扩大了社会实践的影响力和覆盖面。

西安培华学院与陕西省安康市汉阴县创新校地联动合作模式,深度参与服务乡村振兴,创新合作项目,培养乡村发展人才,形成推动汉阴县域高质量发展的新模式、新做法(表0-2)。

表0-2　"社科助力县域高质量发展"活动课题研究汇总表

| 序号 | 项目名称 | 分类 | 申请人单位 | 项目负责人 | 职称/职务 | 专长方向 | 项目参与人 |
|---|---|---|---|---|---|---|---|
| 1 | 科学有效治理助力乡村振兴 | "社科助力县域高质量发展"社科普及活动 | 西安培华学院 | 李健 | 助理研究员 | 教育研究管理 | 赵巍　李瑞　孙苛寒　蔡亮　王娟玲　李丹　王思圆 |
| 2 | 聚焦乡村振兴:理论与实践相结合系列讲座 | "社科助力县域高质量发展"社科普及活动 | 西安培华学院 | 陈玲 | 副教授 | 思想政治教育 | 赵艳　王萌　车顿善　罗新远　李梦瑶　王思圆 |
| 3 | 西安培华学院乡村振兴汉阴两河口镇三柳村教学科研实训基地建设项目 | "社科助力县域高质量发展"社科普及活动 | 西安培华学院 | 史立军 | 行政副院长 | 农业经济学生管理 | 唐学学　杜谋涛　张荣花　刘清颖　王思圆　郑祎 |
| 4 | 汉阴县特色农产品短视频传播 | "社科助力县域高质量发展"社科普及活动 | 西安培华学院 | 张荣花 | 副教授 | 新媒体传播文化传播 | 王西娅　肖雪锋　高嘉祎　赵继昌　曹萍　尹慧蕾 |
| 5 | 汉阴县农产品包装设计展 | "社科助力县域高质量发展"社科普及活动 | 西安培华学院 | 刘清颖 | 副教授 | 建筑规划与设计 | 张鹏　杨柳　魏舒乐　崔露　李梦瑶 |
| 6 | 维护妇女合法权益,助力乡村振兴乡风文明 | "社科助力县域高质量发展"社科普及活动 | 西安培华学院 | 班理 | 中级社工师 | 妇女学社会工作 | 王鹏　李蒙　刘境达　张金霞　丁艺雅　黑月　李丹 |

### 三、课题应坚持的原则

党的十九大提出实施乡村振兴战略。党的二十大提出要全面推进乡村振兴。习近平总书记指出:"乡村振兴是包括产业振兴、人才振兴、文化振兴、生态振兴、组织振兴的全面振兴,实施乡村振兴的总目标是农业农村现代化,总方针是坚持农业农村优先发展,总要求是产业兴旺、生态宜居、乡风文明、治理有效、生活富裕,制度保障是建立健全城乡融合发展体制机制和政策体系。"实施乡村振兴战略是破解城乡发展不平衡、农业农村发展不充分的根本途径;实现两个百年奋斗目标离不开乡村振兴战略,乡村振兴的重要性和必要性不言而喻。

党的二十大报告和习近平总书记的讲话提出了新思路、新战略、新举措,为新征程指明了前进方向。全面贯彻党中央关于全面推进乡村振兴重要部署,坚持农业农村优先发展,巩固拓展脱贫攻坚成果,扎实推动乡村产业、人才、文化、生态、组织振兴。

准确把握党的二十大精神实质,全面贯彻落实党的二十大关于"三农"工作的决策部署。深入领会党中央对做好"三农"工作的战略考量,准确把握"三农"工作在党和国家事业全局中的定位,围绕增强脱贫地区和脱贫群众内生发展动力、建设宜居宜业和美乡村,深入谋划、稳步推进,扎扎实实做好巩固拓展脱贫攻坚成果、统筹推进实施乡村振兴战略有关具体工作。

紧紧围绕国家政策方针,坚持把巩固拓展脱贫攻坚成果作为全面推进乡村振兴的前提持续抓紧抓好,聚焦"守底线、抓发展、促振兴"。完善防止返贫监测帮扶机制,抓好就业和产业"两个关键",不断增强脱贫地区和脱贫群众内生发展动力,扎实有序推进宜居宜业和美乡村建设,让包括脱贫群众在内的广大农民生活越来越美好。不断完善常态化动态监测和帮扶机制,健全"上下联动、部门互通、措施共商、风险齐消"的防返贫动态监测帮扶体系。全面推进脱贫人口稳岗就业工作。因户施策、逐户确定脱贫户、监测对象"扶""兜""补"帮扶措施,加强产业和就业帮扶,产业发展和利益联结带动脱贫户发展。

深入贯彻党的二十大精神,紧紧围绕巩固拓展脱贫攻坚成果同乡村振兴有效衔接的实践需要,发扬斗争精神、提高斗争本领,较真碰硬推进工作,坚决战胜前进道路上的各种困难和挑战,推动乡村振兴事业再上台阶、再谱新篇。

## 第二节
## 研究对象

### 一、汉阴县县情

#### (一)历史沿革

盛唐诗人孟浩然《登安阳城楼》曾言:"(汉阴)县城南面汉江流,江嶂开成南雍州。才子乘春来骋望,群公暇日坐消忧……"诗中所提"安阳城"即为今汉阴县故称。北宋初年《太平寰宇记》记载:"汉阴县,本汉安阳县,属汉中郡。有安阳故城,在今县西二十四里,即今敖口东十里,汉江之北故城是也。晋太康元年更名安康县……唐至德二年改安康为汉阴。"唐时改"安康县"为"汉阴县",据说因恶安禄山之姓。其辖地为今石泉、汉阴两县南部及紫阳县地。孟浩然登安阳城楼,眺望的是汉江和对岸的安康县城,当时安阳县名虽已废,但故城仍在,人们习惯叫它安阳城,江南对岸便是安康县城。他登临安阳城楼,被眼前的胜景所陶醉,在诗人的笔下生动描绘了古安阳城(今汉阴县)的地理位置、自然和人文景观,也折射出了盛唐开元之时的古安阳城经济社会面貌。在孟浩然笔下,当时的安康城有相当规模,城美、水美、山美,人更美,才有"楼台晚映青山郭,罗绮晴骄绿水洲。向夕波摇明月动,更疑神女弄珠游"的佳句。

实际上汉阴置县,历史更为悠久,从秦为西城县地始,其置县过程大体可分为以下阶段:

第一阶段,西城县地(前312—前206)。周慎靓王五年(前316),秦国出兵并吞巴蜀,楚国乘机占据汉水中、上游地区,设立汉中郡,今汉阴为其属地。秦惠文王更元十三年(前312),秦"取汉中地六百里",在汉中郡下设西城县,共计106年。

第二阶段,安阳县地(前206—279)。本阶段,汉阴属地历经西汉安阳县、东汉汉宁郡、曹魏西城郡地,至魏黄初二年(221),魏文帝改西城郡为魏兴郡,重设安阳县,属荆州,共计485年。

第三阶段,安康县与宁都县(280—756)。晋太康元年(280),改安阳县为安康县,取"年丰岁乐,平安康泰"之意,南朝宋(420—479),改安康县为郡,下设宁都县、安康县,以后历齐、梁两代,沿袭不变,此后汉阴属地在安康、宁都两地名之间交替,偶有地域空间的交集,直至唐代,实行道、府(州)、县三级制,汉阴前后隶属西安州、直州、金州,本阶段前后总计477年。

第四阶段,汉阴县(757年至今)。从唐肃宗至德二年(757)由安康县改为汉阴县以来,行政归属时有变化,县域时大时小,县名时有撤销、合并。清初,汉阴县属陕西省关南道兴安州。乾隆四十七年(1782),由于战祸、灾荒,人口减少,改兴安州为兴安府,撤销汉阴县,与州辖地并为安康县。乾隆五十五年(1790)分设汉阴厅。民国二年(1913),撤销府、州、厅制,改汉阴厅为汉阴县,县治亦置此城至今。

(二)地理环境

汉阴县,位于陕西省南部,安康市西部。东连汉滨区,西接石泉县。北界宁陕县,南邻西乡县、紫阳县、镇巴县。东西宽51千米,南北长58千米,总面积1365平方千米。

(三)自然资源

水资源:汉阴县地下水资源理论藏量9721.82万立方米,可供利用的水能资源10060.15万千瓦,水面3.1万亩,可供养殖水面近万亩。

土地资源:汉阴县耕地面积32万亩(其中水田12万亩),人均基本农田1.05亩。

生物资源:汉阴县有种子植物3000余种,野生动物400多种,有天然草场68万亩。农作物有30余种,经济作物有20余种,林木有108科300余种。中药材有金银花、天麻、丹皮、杜仲、板蓝根、黄精、桔梗等250余种。

矿产资源:汉阴县已探明的矿产资源有沙金、脉金,瓦板石、石灰岩、大理石、板石,花岗岩、石英砂,煤炭等19种,产地64处。

(四)人口

2021年,汉阴县常住人口23.86万人,比上年减少0.16万人。出生率8.25‰,死亡率7.26‰,自然增长率0.99‰。城镇化率45.7%。户籍人口总户数103416户,户籍人口310942人,其中女性143539人,男性167403人。

(五)行政区划

截至2021年,汉阴县下辖10个镇。2020年2月27日,陕西省人民政府批准汉阴县退出贫困县序列。截至2021年10月,汉阴县下辖10个镇:城关镇、涧池镇、平梁镇、蒲溪镇、漩涡镇、汉阳镇、铁佛寺镇、双河口镇、双乳镇、观音河镇(表0-3)。各镇共下辖141个村。

表 0-3 汉阴县各镇基本情况表

| 镇名称 | 总面积（平方千米） | 总人口（万人） | 村级行政单位数（个） | 社区/街道（个） |
|---|---|---|---|---|
| 城关镇 | 132.61 | 6.41 | 24 | 3 |
| 涧池镇 | 67 | 2.46 | 17 | 0 |
| 平梁镇 | 203.93 | 3.67 | 19 | 0 |
| 蒲溪镇 | 79.72 | 2.85 | 12 | 2 |
| 漩涡镇 | 224.97 | 3.61 | 20 | 1 |
| 汉阳镇 | 163.39 | 2.10 | 15 | 1 |
| 铁佛寺镇 | 163.78 | 1.49 | 10 | 1 |
| 双河口镇 | 141.68 | 1.66 | 10 | 0 |
| 双乳镇 | 37.91 | 1.59 | 6 | 1 |
| 观音河镇 | 88.8 | 1.02 | 7 | 0 |

汉阴县目前经济发展较好的有以下几个镇：

城关镇是安康市第二人口大镇，综合经济实力居全县之首。该镇大力推进产业化、工业化、城镇化建设，创办了月河苗圃、汉源水泥厂、秦南养殖场、饲料加工厂等一大批规模企业，其中汉源水泥厂总投资达1.2亿元。农业三大主导产业初具规模，黄姜种植面积达到3570亩，桑园面积有2735亩，其中果桑1500亩，药、果、菜三大特色产业发展迅速，已发展桔梗、柴胡等中药材800亩，蜜桃、柑橘种植面积1300亩，莲藕等无公害蔬菜种植面积3700余亩，建设拐枣园1000亩，初步形成了工农互动、城乡一体的经济格局。

涧池镇地处县城东9千米月河川道。该镇农业基础条件较好，有交通通信电力便利的粮油、蚕桑、黄姜、蔬菜生产基地。2001年被列为省级乡镇企业示范小区，2002年荣获省级"文明集镇"的称号。近年来，涧池镇政府立足区位优势，以调整产业结构为中心，以集镇建设为依托，以非公有制经济发展为重点，以建设绿色经济强镇为目标，带领全镇干部群众抢抓机遇，团结拼搏，苦抓实干，累计发展蚕桑8460亩、黄姜4113亩、无公害蔬菜3119亩、畜牧大户157户，先后引进建成了环球生物化工厂、中日合资丸正绿色食品有限公司、川邀愚匪陕魔芋精粉厂、植酸厂、荣辉建筑工程公司等20余家企业，发展个体工商户达1120家，各类运输车辆200余辆，2002年全镇工农业总产值达1.4亿元。初步形成了农业以蚕桑、黄姜、畜牧、无公害蔬菜为主导，工业以农副产品深加工、建材为支柱，服务业以餐饮、运输为骨干的农工商贸协调发展的镇域经济新格局，建成了"高效农业示范带""非公有制经济发展带""绿色生态效益型农业带"和"农业生态旅游区"。

漩涡镇地处汉阴县南部，凤凰山南麓，东与紫阳县镇巴县交界，西与汉阳镇毗邻，北依凤凰山与城关镇接界。该镇政府带领全镇干部群众转变观念,狠抓产业结构调整,充分利用本地优势资源,培育主导产业,形成了以蚕桑、黄姜、烤烟、茶叶、林果、畜禽养殖为重点的六大支柱产业。建设了3000亩黄姜产业化种植基地,800亩名、优、特林果园,5000亩优质富硒茶园,年养蚕量突破5600张。

汉阳镇地处汉阴县西南部,汉江西岸。东与漩涡镇交界,南与上七镇相连,西与西乡县两河口镇和石泉县熨斗镇毗邻,北与石泉县喜河镇接壤。省道石(石泉)紫(紫阳)公路穿境而过,汉双公路贯穿南北,村村通公路,60%的组通公路,水路直达安康,因汉阳集镇临江而建,商贸繁荣,故有"小汉口"之美誉。

## 二、汉阴县发展概况

《汉阴县2022年政府工作报告》指出,2017—2022年是该县发展进程中极不平凡、极具挑战、极有成就的5年,县委县政府坚持稳中求进总基调,在决战决胜脱贫攻坚中推进高质量发展,在应对各种风险挑战中坚守经济基本盘,实现"十三五"圆满收官、"十四五"良好开局,较好地完成了县十八届人大一次会议确定的目标任务。汉阴县真正践行了"人民对美好生活的向往,就是我们的奋斗目标",提高了人民群众的获得感、幸福感、安全感,推动人民生活水平实现历史性跨越。

近年来,全县上下以习近平新时代中国特色社会主义思想为指导,认真贯彻习近平总书记来陕考察重要讲话重要指示精神,聚焦"5775"总体思路,坚定实施"工业强县、开放活县、科教兴县、生态立县、产业富民"五大战略,统筹推进"七个现代化"进程,稳步提升"七个收入",开拓进取,真抓实干,县域经济持续健康发展。

### (一)经济层面

2022年,汉阴县生产总值为119.56亿元,同比增长5.3%。其中,第一产业增加值为20.01亿元,同比增长3.5%;第二产业增加值为53.73亿元,同比增长6.4%;第三产业增加值为45.82亿元,同比增长4.9%。

2022年,全县农林牧渔业总产值34.47亿元,同比增长3.6%,实现增加值20.73亿元,增长3.6%。全县粮食产量9.28万吨,下降7.9%;油料总产量2.61万吨,下降2.2%;蔬菜产量22.28万吨,增长4.7%;园林水果产量3.85万吨,增长7.0%;茶园产量0.18万吨,增长2.4%。全县生猪出栏25.72万头,同比增长3.5%;牛出栏1.12万头,同比增长2.2%;羊出栏3.52万只,同比下降0.1%;禽蛋产量7224.4吨,下降1.7%;肉类总产量2.49万吨,增长2.3%。

2022年,全县规模以上工业增加值同比增长8.1%。全县涉及的17个行业大类中有9个行业产值同比增速超过15%。其中,金属制品业、橡胶和塑料制品业、化学原料和化学制品制造业、食品制造业、废弃资源综合利用业、医药制造业分别同比增长42.7%、33.1%、27.9%、20.7%、18.5%、17.8%。

2022年,全县建筑业实现增加值7.2亿元,同比增长16.1%;资质建筑业总产值12.3亿元,同比增长27.0%。

2022年,全县固定资产投资同比增长7.6%。其中,项目投资增长7.9%,房地产开发投资增长5.9%。分产业看：一、二、三产业投资分别下降28.1%、增长2.2%、增长14.9%。全县民间投资下降11%,占比42.9%。工业投资增长2.2%,工业技改投资增长39.3%,基础设施投资增长41%。截至当年12月末,全县施工项目456个,同比增加23个,增长5.3%。其中,本年新增施工项目263个,较去年同期增加50个,1亿元以上项目27个,同比减少10个。

2022年,全县实现社会消费品零售额54.79亿元,同比增长8.1%。其中,限额以上企业(单位)实现消费品零售额31.41亿元,同比增长13.7%。从经营单位所在地看:城镇消费品零售额48.56亿元,增长7.9%;乡村消费品零售额6.22亿元,增长9.3%。从消费类型看:商品零售45.46亿元,增长8.5%;餐饮收入9.33亿元,增长5.8%。

2022年,全县规模以上服务业企业营业收入35075.7万元,增长10.8%。其中,交通运输、仓储和邮政业增长12.1%;房地产业增长57.9%;租赁和商务服务业增长9.4%;居民服务、修理和其他服务业增长28.8%;教育行业增长24.8%;文化、体育和娱乐业增长9.8%。

2022年,全县财政总收入完成5.6亿元。全县地方财政一般公共预算收入完成1.48亿元,同口径增长8.1%。税收收入与非税收入占比为75∶25。全县财政一般预算支出完成27.5亿元,同比增长7.8%。民生支出23.59亿元,民生支出占比85.8%。税务系统完成税费收入合计6.73亿元,同比增长36.9%。其中,税收收入2.35亿元(中央级和地方级),同比增长3.8%(扣除留抵退税因素返还后)。

2022年,全县新登记各类市场主体5652户。其中,企业908户,个体工商户4728户,农民专业合作社16户。截至12月末,全县实有市场主体25651户(企业4853户,个体工商户20232户,农民专业合作社566户)。全县非公经济实现增加值76.38亿元,占GDP比重达63.9%。

2022年,汉阴全体居民人均可支配收入20006元,同比增长6.7%。城镇居民人均可支配收入31535元,同比增长5.1%。农村居民人均可支配收入13258元,同比增长7.1%。城乡收入比为2.38,较上年缩小0.05。

总体来看,2022年汉阴县经济形式稳中向好,建筑业发展迅速,全县规模以上服务业企业营业收入大幅增加,稳住了经济大盘,实现了高质量发展。

## (二) 社会层面

近年来,汉阴县基础设施、产业就业、农村面貌发生巨变。5082 户搬迁群众入住新居,5740 户危房改造全面达标,累计完成村组道路建设 1232 千米,建成投用安全饮水 359 处,改造高压线路 1365 千米。村村水泥路、户户放心水、家家安全房、电信齐配套、增收有门路的繁荣景象呈现在人民面前。该县 20 个易地扶贫搬迁集中安置社区农业产业建园全覆盖,真正实现了搬迁农户"搬得出、稳得住、能致富"的目标。面对生态文明建设,汉阴人民秉持着"绿水青山就是金山银山"的发展理念,着力实施生态立县战略,持续打好蓝天、碧水、净土三大保卫战。2021 年,汉阴县大气质量改善幅度位居陕南 32 县区第一,优良天数达到 343 天。今日的汉阴,水流清澈,堤岸边树木繁茂,绿意盎然,朱鹮成群在河中自由觅食,与美丽的月河共同绘就了一幅水清岸绿的亮丽画卷。汉阴作为"中国硒谷"的核心区,独特的自然资源禀赋赋予了其新的生机。保护和利用生态富硒资源,让汉阴的现代农业逐步走出了一条独具特色的"绿色循环发展"之路。在习近平总书记生态文明思想的指引下,汉阴县先后获得"中国天然氧吧"、国家园林县城、中国美丽乡村建设示范县等荣誉称号。

## (三) 文化层面

近年来,汉阴县委、县政府以筑牢精神高地、开放融合发展、激发乡村活力、满足群众需求为导向,通过传家训、融资源、善治理、优服务,构建"四链一体"的公共文化服务高质量发展新模式,让基层公共文化服务迭代升级,不断满足群众文化新需求,提升百姓文化素养,助力乡村文化振兴,为锦绣汉阴建设提供坚实的文化支撑。根据《2021 汉阴县公共文化服务年报》,2021 年汉阴县坚持以"文化引领"为主线,以"品质发展"为目标,做实基层文化工作,打好文化惠民牌,让更多群众在家门口畅享文化盛宴,用多彩文化为锦绣汉阴建设"凝心聚力",为幸福安康发展、锦绣汉阴建设贡献了文化智慧和力量。重点打造了"三沈文化""美食文化""红色文化""农耕文化""家训文化"5 张名片,培育文化产业新业态。讲好"三沈"故事,建成"三沈文化产业园",做大书画产业,打造集非遗文化展示、展演、展销、研习体验于一体的地方特色文化中心,争创全国民间文化艺术之乡。唱响"陕菜之乡"品牌,突出以烩面片为主打的汉阴美食,推进标准化、品牌化、连锁化、产业化经营,5 年来在大中城市发展汉阴美食标准店 10 家以上。用好红色资源,加快推进陕南抗日第一军战斗遗址陈列馆和爱国主义教育基地建设。依托凤堰古梯田,发展农耕文化体验观光游,做大做强乡村康养旅居产业。立足"沈氏家训馆",开展"树立好家规、传承好家训、弘扬好家风"活动,打造中小学生励志研学基地和家训家风教育基地,持续提升"礼仪汉阴、好客汉阴、文明汉阴"影响力。

### 三、汉阴县域高质量发展

"创新、协调、绿色、开放、共享"五大发展理念是中国共产党在十八届五中全会提出的一种发展理念,这是针对我国经济发展进入新常态、世界经济复苏低迷开出的药方,也为全面建成小康社会、向着第一个百年奋斗目标迈进提供了理论指导和行动指南。近年来,汉阴县在五大发展理念的引领下,围绕"5775"总体思路和"锦绣汉阴"建设目标,突出高质量发展、高品质生活、高效能治理"三个主题",聚焦产业做强、园区做优、城乡融合、活力提升、居民增收"五个重点",为县域经济高质量增长注入了强劲动能。

党的十八大以来,"创新"是习近平总书记历次讲话中的一个高频词。在党的十九大报告中,习近平总书记再一次强调:"创新是引领发展的第一动力,是建设现代化经济体系的战略支撑。"创新发展居于首要位置,是引领发展的第一动力。汉阴县创新推行产业链"一图五清单",集成政策、专班推进,招引华电集团陕西能源有限公司、伟高毛绒玩具总部型企业、好碳复材有限公司等企业来汉阴投资,为县域经济高质量发展注入了强劲动力。2022年招商引资成效位居安康市第一。

"生态兴则文明兴,生态衰则文明衰","保护生态环境就是保护生产力,改善生态环境就是发展生产力"。党的十八大以来,习近平总书记在多个场合提到过绿色发展理念,并用通俗易懂的语言阐明了绿色发展的意义和作用。绿色,是永续发展的必要条件,是处理经济社会发展和自然环境保护关系的价值标准。汉阴县依托资源禀赋和区位优势,重点打造并形成了以新材料、富硒食品、文旅康养三大优势产业集群为引领,智能制造、包装饮用水、新能源、数字经济、毛绒玩具、文创产品等六大新兴产业协同发展的产业格局,经济发展含"绿"量、含"新"量、含"金"量全面提升,获"全国十大富硒之乡""全国食品工业强县""跨境电子商务示范县"等荣誉。汉阴县高起点构筑"蓝轴双心,绿带穿珠"城市结构形态。新理念构建发展新格局,预计到2025年,汉阴县城区集聚人口13万人以上,常住人口城镇化率达56%,县城绿化率达41%,建成宜居宜业宜游宜商"人文汉阴",实现撤县设市目标。

汉阴县用协调发展的理念打造宜居汉阴,自2016年起,汉阴县以森林城市创建为抓手,封山育林,林业育苗,义务植树,实施景区、村镇绿化,建设汉江绿色长廊,落实美丽乡村与森林旅游建设,使汉阴成为宜居、宜游、宜业的天然氧吧。而且汉阴县还坚持"以城促产",以"绣花"功夫造就精美之城,全面推进"四个城市"建设,组团实施五大片区及商业综合体,建设产城融合新高地。近十年,城镇化率增加22.6%,年均增加2.26%,高于全国平均水平2.5倍,荣获国家卫生县城、全省"城市建设先进县"称号。

习近平总书记指出："各国经济,相通则共进,相闭则各退。"这句话道破了世界经济的发展规律。习近平总书记强调："中国开放的大门不会关闭,只会越开越大。"开放带来共同进步,封闭导致彼此退步。这已经被世界历史发展的实践所证明。开放,是国家繁荣必经之路,是引领我国全方位高层次对外开放的行动指南。汉阴县倾心打造"营商环境最安康,投资洼地是汉阴"的金字招牌,全面推行"互联网+政务服务"和"一网一门一次"改革,政务服务标准化经验在陕西省推广。认真践行《汉阴县亲商安商富商九条承诺》,全县各类市场主体达2.3万户,市场活跃度达75%,在陕西股权交易市场挂牌19户,非公经济占比66%,居全省第3位,荣获全国"营商环境质量十佳县区""全国十大最具投资吸引力县"称号。

"共享"是中国特色社会主义的本质要求,是社会公平正义的保证。早在2013年3月,习近平总书记在第十二届全国人民代表大会第一次会议上的讲话中就强调："生活在我们伟大祖国和伟大时代的中国人民,共同享有人生出彩的机会,共同享有梦想成真的机会,共同享有同祖国和时代一起成长与进步的机会。"共享不局限于共享单车,而是一种大的共享,全民共享、全面共享、共建共享,推动全体人民共同进步。汉阴县近年来积极推进城乡教育一体化发展,荣获"全国义务教育发展基本均衡县""陕西省教育强县"称号。推进"1522"县域医共体改革,被列为全国紧密型医共体建设试点县,获评"全省医药卫生体制改革先进县"。创新推行"321"基层社会治理模式,让便民服务更加便民,入选全国首批20个乡村治理典型案例,2021年汉阴县平安建设满意度居全省第一,有力保障了经济社会高质量发展。

2022年8月30日,由《环球时报》举办的第二届中国城市高质量发展与国际合作大会在北京召开,汉阴县高质量发展的改革创新做法成为会议的一大亮点,并因此荣获"2022高质量发展改革创新十佳县(市、区)"称号,也是陕西省唯一获此殊荣的县(市、区)。

党的二十大报告指出："我们经过接续奋斗,实现了小康这个中华民族的千年梦想,我国发展站在了更高历史起点上。"新时代这十年,汉阴这座陕南小城,发生了沧桑巨变。它是龙凤呈祥的福瑞之地,是钟灵毓秀的文武之地,更是汉阴人民砥砺前行的奋进之地。汉阴的土地厚植着淳朴的乡风民情,焕发着蓬勃生机。

## 四、研究方法及线索

### (一)研究方法

**1. 文献研究法**

在研究过程中,最大程度地使用网络、图书馆,查阅关于县域经济高质量发展的文献。通过对文献的检索和研读,对研究的相关成果进行梳理,进行资料搜集与整理、比较分析等方法来整理分析县域高质量发展和乡村振兴战略相关理论,归纳总结当前县域经济高质量发展的路径,掌握最新的研究成果以供借鉴。

### 2.田野调查法

通过对汉阴县村镇调查点的深入走访、调研,掌握现阶段汉阴县域高质量发展情况的客观资料,收集县域高质量发展在"巩固脱贫攻坚成果同乡村振兴有效衔接"阶段,按照"产业兴旺、生态宜居、乡风文明、治理有效、生活富裕"的总要求,实施五大振兴方面发挥巨大作用的第一手资料,包括案例和数据等。选取汉阴县域高质量发展进行现状、存在的问题及效果研究,选取在乡村振兴过程中表现突出的高质量发展典型村镇进行分析研究,以达到以点到线、以线到面的研究效果。

### 3.座谈访谈法

通过座谈访谈法调研了汉阴县各村镇,对县域经济的实际发展情况有了更深入和全面的了解。调研主要采用座谈讨论、实地考察走访等方式,通过与汉阴县人民政府领导以及农业农村局、教体科技局等部门工作人员进行座谈,深入了解汉阴县发展状况及发展的经验与问题;搜集汉阴县与高质量发展相关的材料,包括发展规划、报告等,便于汇总、整理和分析汉阴县域高质量发展路径和特点;到相关村镇、企业实地考察,了解村镇、企业经营中存在的问题,听取村民、企业诉求,挖掘典型经验。

### (二)研究主线

从宏观总体来看,乡村"五大振兴"包括产业振兴、人才振兴、生态振兴、组织振兴与文化振兴在内的全方位振兴。"五大振兴"以乡村人民利益为本位,以实现城乡融合,促进共同致富,与社会主义的本质内在一致。乡村"五大振兴"为共同富裕的实现提供产业、人才、文化、生态与组织等重要保障,共同富裕为推进乡村"五大振兴"提供目标指引。

推进乡村"五大振兴",是补齐社会主义现代化强国短板的重要战略选择,契合本质要求。共同致富不仅是促进城市与乡村融合发展的过程,也是全面协调推进乡村经济、乡村人才、文化建设、生态与基层政治建设,不断促进乡村物质文明与精神文明协同发展的过程。优化乡村产业结构、强化乡村人才机制,加强社会主义核心价值观引领乡村思想,探索建立乡村农业绿色生态方式,深化村民自治、农村基层发展等实践。

在实现共同富裕的过程中,亟须推进乡村"五大振兴",统筹新时期中国特色社主义农业与农村现代化的发展与实现路径。

第一,"产业振兴"是重中之重。从传统角度来看,传统乡村产业包括农产品加工业、针对农林牧渔产品的农产品加工业,还有部分农村建筑业与农村运输业。但随着互联网通信技术发展不断催生出农村商业新的市场需求。从乡村现实市场需求出发,顺应乡村供给侧结构性改革与乡村居民产业升级的大趋势,不断孕育出"互联网+"农业的新型产业发展模式。例如,利用乡村生产性服务业与乡村田园式综合体,发展乡村旅游业与休闲业。探索循环农业、创意农业一体的综合性发展田园综合体模式,不断推进农业现代化与时代化的发展,进一步推进农业科技向科技创新转型。利用互联网的发展,实施乡村电子商务综合示范项目,发展乡村超市与乡村企业,倒逼传统乡村运输业与商业转型,不断探索乡村产业链集群发展新格局。

第二,"人才振兴"是关键支撑。县域经济常囿于社会历史发展与地理位置资源等因素,因此,在城市与乡村发展过程中,要发挥乡村振兴中科技人才支撑作用,具体实施新型职业农民培育工程,转变传统的乡村职业观念,对部分青壮年免费开办乡村农业培训课程,促进新型农民培育工程的精细化。针对乡村人才管理机制不健全问题,建立自主培养与外来人才引进的方式,设立专项农业资金保障与激励机制,鼓励农民参与乡村振兴建设。

第三,乡村"生态振兴"是关键要求。我们坚持以人民为主体,始终将满足人民对美好生活的期望作为发展新的出发点与落脚点。推动乡村农业绿色生态发展,持续改善乡村人居环境,不断全面提高乡村的生态文明发展水平,大力实施乡村人居环境治理行动。例如,利用先进的生态技术、农业的生物学技术将农业生产与环境不断结合起来,在促进乡村居民增收过程中,保护环境。增强乡村产品的供给能力,注重保护与修复乡村生态系统相互结合,不断探索建立乡村农业资源休养生息的制度,保护好农、林、牧、渔业资源。

第四,乡村"组织振兴"是重要保障。全面振兴乡村需要进一步强化基层党组织的领导核心作用,深化农村基层自治与村民自治相结合,进一步规范村民代表会议与村民理事会等选举办法与具体决策,开展"法律进乡"等具体实践活动,引导村民不断形成积极向上的凝聚力。同时,基层党组织应积极引领乡村居民向着统一目标前进,作为乡村组织振兴的重要因素,不断深入发展农村集体经济,进一步推动农村集体产权制度改革,发展多种合作方式。例如,通过农民合作组织与股份制改革等具体形式,大力发展集体经济,凸显中国乡村治理的特色,不断完善乡村组织振兴,实现富裕。

第五,乡村"文化振兴"是灵魂所在。乡村文化振兴是乡村发展的"魂",地方政府要深入探索本地传统特色文化,致力于传统村落物质文化的保护与开发,推动非物质文化的传承与推广,切实增强乡村文化的地方特色。当前城市与乡村文化发展过程中有很多是照搬城市文化发展的内容,对城市文化中的一些元素不加甄选进行宣传,不能真正地做到振兴乡村文化,我们应不断统筹城市与当地文化特色产业发展。同时,还应加强村民的社会主义核心价值观建设,不断完善合理的村规民约,积极开展"文明家庭""最美医生"与"最美村官"等评选活动。在活动中不断传承与发展乡村优秀传统文化,将特色小镇与传统文化结合,最终实现村民物质财富与精神财富的统一。

乡村"五大振兴"涵盖经济、政治、文化、生态与社会文明等方方面面,实现乡村"五大振兴",为共同富裕夯实基础。一方面,乡村"五大振兴"是农业问题中的生动实践。预计到2050年,乡村"五大振兴"得以实现农业兴、农村美、农民富的共同蓝图。另一方面,全体人民富裕的最终目标也为乡村"五大振兴"注入源源不断的精神动力,乡村"五大振兴"坚持广大农民是整个乡村产业振兴、乡村人才振兴、乡村生态振兴、乡村组织振兴与乡村文化振兴的主体力量,同时也是乡村振兴的最直接受益者,要以他们为基础,全面推动乡村经济高质量发展。

## 第三节
## 研究重点

汉阴县在以往的经济发展中,不仅注重量的增长,也注重质的提升。同时,该县还积极推进项目建设、招商引资等工作,为未来的发展打下了坚实的基础。本研究时间跨越三个阶段,既有对于精准脱贫时期的回顾与总结,又有对于实现乡村振兴阶段发展的建言,更有对将来长期稳健发展的智力支持。

本研究在时间上跨越三个阶段:第一个阶段是精准脱贫时期,从党的十八大召开到2020年脱贫攻坚目标任务完成;第二个阶段是从2020年脱贫任务完成到2025年,被称作"巩固脱贫攻坚成果同乡村振兴有效衔接"时期;第三个阶段是2025年以后全面推进乡村振兴时期。

近年来,随着脱贫攻坚战圆满结束及乡村振兴工作持续推进,汉阴县发展取得了很多成就,各项工作取得了扎实进展。2022年是巩固脱贫攻坚成果到实现乡村振兴有效衔接的中间年,衔接期即将过半,尤为关键。因此,该研究主要对汉阴近几年,尤其是衔接阶段的实践进行研究,探讨汉阴县域高质量发展面临的形势和挑战,实现高质量发展的路径经验、特色与亮点,以及在此过程中存在的难点、痛点,以期为未来汉阴实现乡村振兴和县域高质量持续发展提供思路。

## 一、汉阴县域高质量发展的成就和意义

(一)汉阴巩固拓展脱贫攻坚成果取得的成就

2021年以来,汉阴将巩固拓展脱贫攻坚成果同乡村振兴有效衔接作为重大政治任务和重要民生工程,严格落实"四个不摘"要求,抢抓5年过渡期政策,以巩固成果为基础、有效衔接为路径、促进振兴为目标,以三个转向为工作重点。2021年度农村居民人均可支配收入达12374元,全县平安建设满意度达99.21%,居全省第一,获评"2021年度中国乡村振兴百佳示范县",其所创制的"321"乡村治理模式在安康市得以全面推广,汉阴被确定为全国乡村治理体系建设试点县。

2022年7月,省委、省政府办公厅印发《关于全省2021年巩固脱贫成果后评估和乡村振兴实绩考核情况的通报》,汉阴县获得优秀等次,国家巩固拓展脱贫攻坚成果同乡村振兴有效衔接考核评估予以通报表扬,并接受1500万元的财政衔接资金奖励。

近3年来,汉阴县生产总值、固定资产投资、金融机构存款均突破100亿元大关,脱贫攻坚政策调整优化任务全部完成,乡村振兴机构队伍衔接平稳有序,防返贫监测帮扶、"发展壮大帮扶车间,兴产业促就业固成果""'1144'工作法,提升衔接资金使用绩效"等一批典型做法相继在全省交流推广,并得到国家乡村振兴局的肯定。

(二)巩固拓展脱贫攻坚成果的意义

第一,提高脱贫成效的可持续性、筑牢防止返贫致贫防线。部分靠短期帮扶举措脱贫、靠政策兜底脱贫、刚过贫困线仍处于边缘的脱贫地区和脱贫人口,一旦帮扶措施没了或力度不够,很容易返贫,真正实现稳得住、能致富还有大量工作要做,要按党中央要求对脱贫人口和脱贫地区"扶上马、送一程",确保不发生返贫。

第二,提高脱贫地区生产力发展,增加脱贫人口收入。"十四五"和今后一个时期,我国发展面临经济增长承压增大、区域发展走势分化的挑战,农村低收入群体增收难度加大。需要高度重视解决农村低收入人口发展增收和民生困难问题,把这项工作放在实施乡村振兴战略的突出位置抓紧抓好。

第三,推动脱贫地区在全面小康基础上走向共同富裕,实现乡村振兴。脱贫地区为打赢脱贫攻坚战,一个时期以来将资源要素集中投向贫困村、贫困户,重点用于解决"两不愁三保障"问题,在完成脱贫任务的同时,许多其他想办、该办的事顾不过来。

这些地区发展滞后仍然是我国发展不平衡不充分的突出表现。需要推动脱贫地区在巩固拓展脱贫攻坚成果的基础上将工作重心转到实施乡村振兴战略上来，在乡村振兴中赶上来、不掉队。

## 二、巩固拓展脱贫攻坚成果面临的挑战

### （一）特色产业可持续发展能力不足，转型升级滞后

第一，部分特色产业项目单一化、同质化。部分地区整个村庄、乡镇统一种植某种经济作物，导致产品过剩，未达到预期效益，还有部分帮扶产业长期依赖帮扶单位，缺乏市场竞争力。

第二，部分产业高度依赖帮扶单位支持，形成了政策路径依赖。在脱贫攻坚中，广大驻村工作队凭借资金、人才、技术、管理等方面优势，在贫困地区打造了众多的扶贫产业，其中部分产业高度依赖帮扶单位支持，导致产业对特殊扶持政策的依赖性较强，市场化程度还不高、自主发展的持续性不强。

第三，特色产业链较短，产品附加值较低。许多地方重生产基地建设，轻加工物流配套，目前集中在种养环节较多，农产品加工业发展相对缓慢，产业链条延伸不够，产业融合度较低，特色主导产业仍以初级加工为主，尚未形成品种改良、科学种植和加工生产的产业链，农产品加工与农业产值之比较低。

### （二）人才匮乏，科技支撑薄弱

目前脱贫地区有限的人才大多集聚在区域中心，下沉至县乡村的人才较少。高学历、高职称的科技人才深入乡村产业发展一线的数量更少。

### （三）个别脱贫群众就业困难、收不抵支问题比较突出

个别年龄"40+"劳动力文化程度低，体力劳动缺优势、现代生产缺技能，学习和适应能力弱，就业困难更加突出。与此同时，由于生活开销完全货币化，收不抵支问题凸显，需靠低保兜底等救助措施持续帮扶。

## 三、汉阴县域高质量发展的路径

### （一）转型升级扶贫产业，三大产业融合发展

一是继续加强资源要素支撑，保障扶贫产业持续发展和优化升级，深化农村土地、财政、金融制度改革，提升产业层次；二是继续推进三大产业融合发展，推动扶贫

产业由短平快为主的特色种养产业,向以二、三产业为牵引的长效产业发展,延长产业链、提升价值链、完善利益链,提升产业核心竞争力,加快形成优势特色产业体系;三是联动推进集体经济组织和农民合作社加快发展,强化新型农业经营主体的带动作用,提升生产经营组织化程度,壮大产业发展规模;四是不断搭建产品网络销售平台,实现生产、加工、运储、营销等各个环节的相互连接,衔接配套。

(二)从补人才短板到乡村人才振兴

一是鼓励激励在脱贫攻坚阶段涌现出的一大批优秀党员干部,使他们继续在乡村振兴阶段发挥引领示范作用;二是大力培育新型职业农民,完善农民商业知识,改进农民思维理念,在经费支持、措施配套、责任落实等方面构建起新型职业农民培育的体制机制;三是继续引进懂科技、懂管理、懂市场、懂法律的现代化专业人才和党政人才下乡创业和服务,引导外出农民工、退伍军人、农村大中专毕业生等人才返乡创业创新。

(三)文化扶贫,全面提升乡村公共文化资源供给水平

一是激发群众内生动力,培育农民主体意识,宣扬社会主义核心价值观、传统美德和社会道德,倡导和加强文明新风建设,以良好社会风气影响群众尤其是贫困群众;二是充分挖掘利用发挥好农村文化价值,尤其是乡村特色文化资源优势,做大做强特色文化产业,构建"文化+旅游""文化+产品""文化+科技"等文化产业,增强文化在脱贫攻坚和乡村振兴中的经济实力;三是完善公共文化服务体系建设,从文化和精神层面给脱贫地区以扶持,以提高人们的思想文化素质和科学技术水平,培养并提升其内生发展能力。

(四)以生态保护扶贫为核心,构建"三位一体"的乡村生态振兴大格局

一是大力发展多样化生态循环农业模式,着力打造贫困地区具有独特优势的优质绿色农产品生产基地;二是充分发挥自然生态和历史文化优势,因地制宜地发展生态旅游、生态康养、特色餐饮等新产业、新业态,构建更具竞争力的生态产业体系;三是完善农村公共基础设施,抓好农村突出环境问题综合治理,扎实推进农村人居环境整治计划,把增强贫困地区可持续发展能力与实现生态振兴发展结合起来;四是建立健全生态保护补偿机制。

**四、巩固拓展脱贫攻坚成果同乡村振兴有效衔接的重点工作**

把脱贫人口作为重点人群,把脱贫地区作为优先区域,加快改善脱贫人口和脱贫

地区发展条件,着力增强脱贫地区和脱贫群众内生发展动力和发展能力。

第一,要把保障脱贫人口稳定就业作为乡村发展的重中之重。就业是民生之本。巩固脱贫攻坚成果,根本出路在于保障脱贫人口充分就业,持续提高脱贫人口收入,确保脱贫人口在脱贫之后稳定迈向富裕的新生活。巩固脱贫攻坚成果与乡村振兴有效衔接,最核心的一条就是要在推动乡村产业振兴过程中有效保障脱贫人口就业,让脱贫人口完全融入乡村产业发展体系,长期享受乡村产业发展利益。

第二,把加强脱贫地区基础设施和社会保障体系建设作为乡村建设的重中之重。基础设施是乡村振兴的根本支撑,更是改善脱贫人口生活和脱贫地区面貌的先决条件,持续改善脱贫地区基础设施条件,重点谋划建设一批高速公路、客货共线铁路以及水利、电力、机场、通信网络等区域性和跨区域重大基础设施建设工程。

## 五、构建长效帮扶衔接机制和监督考核机制

### (一)确保党组织帮扶衔接机制

第一,组织帮扶衔接机制"以党建促振兴"。健全中央统筹、省负总责、市县乡抓落实的工作机制,构建责任清晰、各负其责、执行有力的乡村振兴领导体制,层层压实责任。

第二,充分发挥中央和地方各级党委农村工作领导小组作用,建立统一高效的实现巩固拓展脱贫攻坚成果同乡村振兴有效衔接的决策议事协调工作机制。

第三,持续加强脱贫村党组织建设,选好用好管好乡村振兴带头人。对巩固拓展脱贫攻坚成果和乡村振兴任务重的村,继续选派驻村第一书记和工作队,健全常态化驻村工作机制。

### (二)大力构建长效帮扶产业体系

第一,坚持宏观抓产业、中观抓企业、微观抓就业,立足脱贫地区资源优势、强化扶持引领、培育产业龙头、完善产业链条,把产业链与帮扶链紧密联结,着力把脱贫人口嵌入产业链、价值链之中,确保脱贫人口能够持续稳定受益。

第二,持续推进农村产业融合发展,积极发展休闲农业、乡村旅游、消费帮扶、农村电商和农产品加工业,延伸产业链条,带动脱贫人口就业增收。

第三,强化党建引领产业,以"基地+合作社+企业+脱贫人口"模式创建扶贫产业园区,拓宽脱贫人口就业增收渠道。

### (三)健全农村低收入人口常态化帮扶机制

第一,加强农村低收入人口监测。对农村低保对象、农村特困人员、农村易返

贫致贫人口,以及因病、因灾、因意外事故等刚性支出较大或收入大幅缩减导致基本生活出现严重困难人口等农村低收入人口开展动态监测。

第二,完善最低生活保障制度,科学认定农村低保对象,根据对象类型、困难程度等,及时有针对性地给予困难群众医疗、教育、住房、就业等专项救助,做到精准识别、应救尽救。

第三,加强社会救助资源统筹,对基本生活陷入暂时困难的群众加强临时救助,做到凡困必帮、有难必救。鼓励通过政府购买服务对社会救助家庭中生活不能自理的老年人、未成年人、残疾人等提供必要的访视、照料服务。

第四,进一步夯实医疗救助托底保障,织密兜牢丧失劳动能力人口基本生活保障底线。对脱贫人口中完全丧失劳动能力或部分丧失劳动能力且无法通过产业就业获得稳定收入的人口,要按规定纳入农村低保或特困人员救助供养范围,并按困难类型及时给予专项救助、临时救助等,做到应保尽保、应兜尽兜。

### (四)做好绩效监督考核评估机制

确定责权主体和考核对象、明晰考核原则和标准,聚焦责任落实、政策落实和内容落实,严格奖惩。

第一,把巩固拓展脱贫攻坚成果纳入市县党政领导班子和领导干部推进乡村振兴战略实绩考核范围。

第二,与高质量发展综合绩效评价做好衔接,科学设置考核指标,切实减轻基层负担。

第三,强化考核结果运用,将考核结果作为干部选拔任用、评先奖优、问责追责的重要参考。对考核中发现工作实绩显著、受到国家表彰奖励或经验做法被全国推广的单位,其党政主要领导和分管领导,符合条件的在提拔使用时可优先考虑。考核结果确定为"差"等次的,按规定对单位党政主要领导或分管领导进行约谈,并问责追责。

# 第一章
## 汉阴县域高质量发展的实践与探索

2015年,党的十八届五中全会提出"创新、协调、绿色、开放、共享"的新发展理念。2017年,党的十九大首次提出了将中国经济转向高质量的发展方向。同年,中央经济工作会议明确表示,推动高质量发展是当前和未来的基本任务。县域经济是国民经济的基本单元,在国民经济体系中占据举足轻重的地位。县域经济的发展,直接关系到国民经济高质量发展的成效。县域高质量发展事关政治、经济、社会、文化、生态诸多方面,是一个多层次、全要素、综合性的深刻变革。习近平总书记强调:"要把县域作为城乡融合发展的重要切入点,推进空间布局、产业发展、基础设施等县域统筹,把城乡关系摆布好处理好,一体设计、一体推进。"

在新时代实现县域高质量发展的实践与探索中,汉阴县积极主动地融入新发展格局,全面提升了汉阴县的经济发展质量和效益。但是汉阴县在取得一系列巨大成果的同时也面临着产业结构相对单一、科技创新能力不足、环境保护有待加强等方面的问题。本书针对汉阴县在高质量发展过程中存在的问题,在总结汉阴县以往成就和经验的前提下,通过实证分析给出合理的对策和建议。

汉阴县坚定不移地践行习近平新时代中国特色社会主义思想,致力于实现高质量发展。近年来在经济、政治、文化、社会及生态建设方面取得了显著成果。在2015—2021年间,汉阴县经济总体上保持着高速增长,三大产业融合发展势头良好,经济发展不断向高质量发展迈步前进。但随着产业结构调整和城镇化建设的推进,汉阴县高质量发展中逐渐显露出一系列问题:乡村产业升级困难、党组织建设工作迟缓、文化建设作用发挥不够充分、乡村社会自身治理能力不足、生态保护和发展工作需进一步加强,等等。

## 第一节
## 党的十八届五中全会以来高质量发展相关政策梳理

发展是党执政兴国的第一要务。高质量发展是全面建设社会主义现代化国家的首要任务。自党的十八大以来，党中央提出并要求贯彻新发展理念，构建新发展格局，着力推进高质量发展，实施供给侧结构性改革，并且制定了一系列具有全局性意义的区域重大战略，我国经济实力实现了历史性的跨越。自从党的十八届五中全会提出了"创新、协调、绿色、开放、共享"五大发展理念以来，我国陆续出台了多个文件，强调要继续贯彻落实五大发展理念，执行协调推进农业现代化与新型城镇化；优化新产品的产业结构，着力推进农业提质增效；推行绿色生产生活方式，增强农业可持续发展能力；发展壮大新业态、新产业，拓展农业价值链、产业链；加强高新科技创新驱动，推动现代农业加快建设等举措，开创农业现代化基本建设新局面。

关于新发展理念与高质量发展的关系，习近平总书记在关于《中共中央关于制定国民经济和社会发展第十四个五年规划和二〇三五年远景目标的建议》的说明中提到并指出："以推动高质量发展为主题，必须坚定不移贯彻新发展理念"，"新时代新阶段的发展必须贯彻新发展理念，必须是高质量发展"。发展理念具备战略性、纲领性、引领性的作用，是促进实践的先导。发展方式要变化，首先变化发展理念。高质量发展是2017年党的十九大首次提出的全新表述，也说明我国经济由高速发展阶段转为高质量发展阶段。推动高质量发展，既是保持经济持续健康发展的必然要求，也是适应我国社会主要矛盾变化和全面建成小康社会、全面建设社会主义现代化国家的必然要求，更是遵循经济规律发展的必然要求。此外，2017年中央经济工作会议及2019年、2020年的中央一号文件都注重实行高质量发展的必要性，并呼吁严格落实高质量发展规定，推进农牧业高质量发展。

除了强调农业领域高质量发展外，政策文件对其他领域也有涉及。如2020年中共中央政治局会议审议通过《黄河流域生态保护和高质量发展规划纲要》，文件指出我们要"贯彻新发展理念，遵循自然规律和客观规律，统筹推进山水林田湖草沙综合治理、系统治理、源头治理，改善黄河流域生态环境，优化水资源配置，促进全流域高质量发展。"2022年党的二十大，提出要"加快构建新发展格局，着力推动高质量发展。"

高质量发展本质上是体现新发展理念的发展，是创新成为第一动力、协调成为内生特点、绿色成为普遍形态、开放成为必由之路、共享成为根本目的的发展。在实现第一个百年奋斗目标基础上开启全面建设社会主义现代化国家新征程,向第二个百年奋斗目标进军,需要更为深入地贯彻新发展理念,进一步推动发展方式根本转变,推动经济高质量发展。为了更好地了解党和国家关于高质量发展的规划,本书对党的十八届五中全会以来高质量发展相关政策及 2017 年以来中央一号文件涉及的高质量发展内容进行了梳理(表 1-1、表 1-2)。

表 1-1 党的十八届五中全会以来高质量发展相关政策梳理

| 时间 | 相关会议或政策文件 | 主要内容 |
| --- | --- | --- |
| 2015 | 党的十八届五中全会 | 审议通过了《中共中央关于制定国民经济和社会发展第十三个五年规划的建议》<br>提出"创新、协调、绿色、开放、共享"五大新发展理念<br>坚持发展是第一要务,以提升发展质量与经济效益为中心,加快构建引领经济发展新常态的体制机制和发展方法 |
| 2016 | 全国两会 | 强调要牢固树立和贯彻落实创新、协调、绿色、开放、共享的新发展理念<br>紧紧抓住发展第一要务不放松。发展是硬道理,是解决在我国各种问题的关键 |
| 2017 | 中国共产党第十九次全国代表大会 | 我国经济已经从快速增长阶段转为高质量发展阶段,正处于变化发展方式、优化经济结构、变换增长动力攻关期,建设现代化经济体系是跨越关口的迫切要求与我国发展的战略目标<br>发展是解决我国一切问题的基础和关键,发展必须是科学发展,必须坚定不移贯彻创新、协调、绿色、开放、共享的新发展理念 |
| 2018 | 中央经济工作会议 | 我国经济发展趋势也进入了新时期,基本特征便是我国经济已经从高速发展阶段转为高质量发展阶段。推动高质量发展,是保持经济持续健康发展的必然要求,是适应我国社会主要矛盾变化和全面建成小康社会、全面建设社会主义现代化国家的必然要求,是遵循经济规律发展的必然要求<br>推动高质量发展是当前和今后一个时期明确发展思路、制定国家经济政策、实施宏观调控的根本要求,必须加快形成推动高质量发展指标体系、现行政策体系、规范体系、统计体系、绩效评估、政绩考核,建立和完善制度环境,推动我国经济在推进高质量发展上不断取得新进展 |
| 2019 | 党的十九届三中全会 | 提出统筹推进"五位一体"总体布局,协调推进"四个全面"战略布局 |

续表

| 时间 | 相关会议或政策文件 | 主要内容 |
| --- | --- | --- |
| 2020 | 中共中央政治局会议 | 审议通过《黄河流域生态保护和高质量发展规划纲要》，指出要贯彻新发展理念，遵循自然规律和客观规律，统筹推进山水林田湖草沙综合治理、系统治理、源头治理，改善黄河流域生态环境，优化水资源配置，促进全流域高质量发展 |
| 2021 | 中共中央政治局会议 | 审议《关于新时代推动中部地区高质量发展的指导意见》<br>恰逢两个一百年奋斗目标历史交汇之时，特殊时刻的两会，习近平接连强调高质量发展，意义重大。并且在同年的9月国务院原则同意关于《推进资源型地区高质量发展十四五实施方案》 |
| 2022 | 中国共产党第二十次全国代表大会 | 提出"加快构建新发展格局，着力推动高质量发展"<br>强调"高质量发展是全面建设社会主义现代化国家的首要任务"<br>推动高质量发展，必须坚持科技是第一生产力、人才是第一资源、创新是第一动力。进一步推动科教兴国战略、人才强国战略、创新驱动发展战略，坚持不懈教育优先发展、科技自立自强、人才引领驱动，加快建设教育强国、科技强国、人才强国，开拓发展新领域新赛道，持续营造发展新机遇新高地 |

表1-2　2017—2023年中央一号文件政策梳理

| 时间 | 主要内容 |
| --- | --- |
| 2017 | 坚持新发展理念，融洽推进农业现代化与城镇化发展，以推进农业供给侧结构型改革创新为切入点，紧紧围绕农业提质增效、农业增效、乡村增绿，提升高新科技创新引领，加速结构调整脚步，增加农业现代化幅度 |
| 2018 | 围绕统筹推进"五位一体"总体布局和协调推进"四个全面"战略布局，坚持把解决好"三农"问题作为全党工作重中之重，坚持农业农村优先发展，按照产业兴旺、生态宜居、乡风文明、治理有效、生活富裕的总要求，建立健全城乡融合发展体制机制和政策体系，统筹推进农村建设，加快推进乡村治理体系和治理能力现代化，加快推进农业农村现代化 |
| 2019 | 围绕统筹推进"五位一体"总体布局和协调推进"四个全面"战略布局，牢牢把握稳中求进工作总基调，落实高质量发展要求，坚持农业农村优先发展总方针 |
| 2020 | 持续抓好农业稳产保供和农民增收，推进农业高质量发展，保持农村社会和谐稳定，提高农民人民群众幸福感、满足感、归属感，确保脱贫攻坚战完美收官，确保乡村同步实现全面小康 |

续表

| 时间 | 主要内容 |
|---|---|
| 2021 | 解决好发展不平衡不充分问题,重点难点在"三农",迫切需要补齐农业农村短板弱项,推动城乡协调发展;构建新发展格局,潜力后劲在"三农",迫切需要扩大农村需求,畅通城乡经济循环 |
| 2022 | 坚持稳中求进工作总基调,立足新发展阶段、贯彻新发展理念、构建新发展格局、推动高质量发展,促进共同富裕,坚持和加强对"三农"工作的全面领导,牢牢守住保障国家粮食安全和不发生规模性返贫两条底线,突出年度性任务、针对性举措、实效性导向,充分发挥农村基层党组织领导作用,扎实有序做好乡村建设、乡村治理重点工作,推动乡村振兴取得新进展、农业农村现代化迈出新步伐 |
| 2023 | 坚持农业农村优先发展,坚持城乡融合发展,强化科技创新和制度创新,坚决守牢确保粮食安全、防止规模性返贫等底线,扎实推进乡村发展、乡村建设、乡村治理等重点工作,加快建设农业强国,建设宜居宜业和美乡村,为全面建设社会主义现代化国家开好局起好步打下坚实基础 |

## 第二节
## 汉阴县发展现状及主要措施

### 一、2015—2021年汉阴县整体发展状况

汉阴县坚定不移地贯彻习近平新时代中国特色社会主义思想,致力于完成高质量发展,并取得了一定成就,为民众增添了众多福祉。在2015—2021年间,全县有将近3万家约8万人的乡村低保贫困人口实现了脱贫,77个贫困乡完成了脱贫,贫困发生率降到了0。在2019年年底,汉阴县顺利完成了整县脱贫摘帽,汉阴县解决了绝对贫困的历史问题。另外在2015—2021年间,汉阴县经济总体上保持着高速增长,三大产业融合发展势头良好,经济发展不断向高质量发展迈步前进。

汉阴县的经济总量在2021年大幅度增长,达到110.9亿元,比上一年增长8.2%。其中,第一产业增加19.1亿元,比上年同期增长5.8%;第二产业增加值48.8亿元,比上年同期增长7.2%;第三产业增加值43.0亿元,比上年同期增长10.3%。三大产业之比17.2∶44∶38.8;工业增加值在GDP中所占比例近40%,全县人均

GDP46328元。

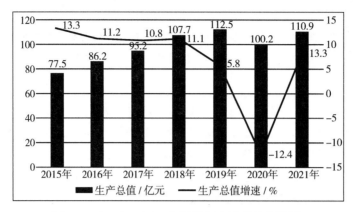

图1-1 2015—2021年汉阴县生产总值及增速

农业方面,2015—2021年,汉阴着力发展现代富硒特色农业,全县农村经济实现高质量发展。2021年汉阴县农业总产值近35亿元,较2015年增加12.36亿元。种植业的产值近20亿元,较2015年增加6.76亿元。林业产值从2015年的1.72亿元到2021年的1.69亿元,基本上保持稳定。牧业产值2021年为9.98亿元,较2015年增加4.35亿元。2021年,渔业产值为0.89亿元,较2015年增加0.32亿元。农林牧渔服务业产值为1.48亿元,较2015年增加0.96亿元。在"十三五"期间,汉阴全县建成83个现代化农业园区,其中还有5个省级园区、39个地市级园区、39个县市级园区,共建成园区约15.5平方千米。全县共有126家重点农业产业化龙头企业,农业产业化联合体14家,家庭农场854家。粮食和油料生产保持基本平稳。2021年全县粮食播种面积达到34.73万亩,粮食总产量在10万吨左右,分别较2015年增加5.08万亩和1.69万吨;油料种植面积15.76万亩,油料总产量2.67万吨,分别较2015年增加0.66万亩和0.15万吨。汉阴县经济作物发展较快,按照"南茶、北果(桑)、川道园(菜)"的产业发展思路,实施"三个一"的发展模式,大力发展茶叶、蚕桑、猕猴桃等富硒特色产业。

工业和建筑业方面,2015—2021年,汉阴县实施各种项目1500多个,累计进行固定资产投资超500亿元。洞河水库下闸蓄水发电运营,G316平梁至涧池改线工程、汉阳汉江大桥等工程建成通车,S213控制性工程凤凰山隧道及引线、通用机场等项目前期加快推进。在"十三五"期间,汉阴县按照高质量发展和产业转型升级的目标,工业经济汇聚发展新动能。以月河工业园区为承载,"一园三区"格局基本形成,月河工业园区创建省级经济技术开发区的审批通过评审,目前工业园区已成为推动全县工业发展的主力军。汉阴县在库规模以上工业企业户数在2015—2021年间总体呈现上升发展趋势,截至2021年12月底,在库规模以上工业企业达79家。

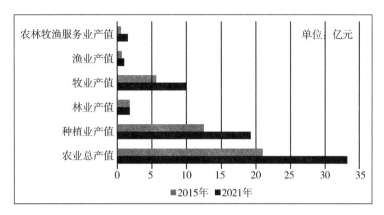

图 1-2　2015 年与 2021 年农业相关数据对比

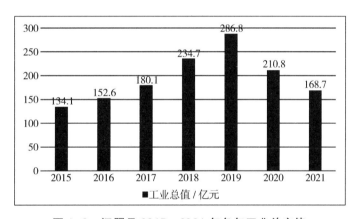

图 1-3　汉阴县 2015—2021 年各年工业总产值

财政金融方面,2015—2021 年,汉阴县收支质量大幅度提高。2021 年全县财政总收入达到 6.68 亿元。超额完成 1.46 亿元的地方财政一般公共预算收入指标,这是全县的一个重大成就。税收在总收入中所占的比例接近 75%。一般公共预算支出 25.5 亿余元,其中民生开支 21.78 亿余元,民生支出占比 85.4%。税务系统全年组织税费收入达 6.73 亿元,比上年同期增长 8.9%,其中税收收入 2.79 亿元(含中省市县级),较上年同期增长 16.6%。

居民消费和商贸方面,2015—2021 年,汉阴居民消费呈现出从注重"量"的积累向追求"质"的提升转变,除了 2020 年社会消费品零售总额下降之外,汉阴全县消费市场整体规模呈持续扩大趋势。汉阴县已于 2020 年成为全国农业电子商务综合示范县。全县共有 350 多家商贸企业(含微商),3000 多名电商从业人员。销售渠道主要有淘宝、天猫、建行善融、832 扶贫平台等。2015—2021 年,东尚明珠、文景新天地、自强金海岸、凤凰国际等大型商业综合体建成投入使用。同时,乡村商业系统不断完善,乡村的消费环境得到了很大的改善。2021 年,新增 16 家限额以上商业企业,2021

年12月底在库的限额以上商贸企业达100家。全年社会消费品零售额达50.7亿元,较上年同期增加15.0%。

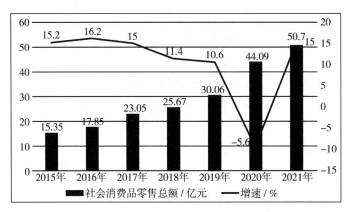

图1-4 2015—2021年社会消费品零售总额及其增速

城镇建设方面2015—2021年,汉阴县城"东扩西延"工程加快推进,24条城市主干道路如花月路、吉庆路、南渠路等已全部竣工,综合承载力持续增强,"一河两岸、五位一体"城区空间布局基本形成。汉阴县持续加大对基础建设的投资,完成了一批棚户区改造、老旧小区改造、市政道路建设、垃圾处理、污水处理、通信设施建设、园林绿化等项目。

社会事业方面,汉阴县将发展教育事业放在首位。"十三五"期间,为了提升教育质量,全县投入了超过7.12亿元,新建和改建扩建了92所中小学、幼儿园。重点工程如县二幼、县三幼、凤台幼儿园、实验中学等已经竣工并投入使用。同时,汉阴县不断提高卫生保障水平,县妇幼保健院、县人民医院和县中医医院都已成功创建或通过了二级甲等医院复审。汉阴县被确定为全国县域医共体建设试点县。汉阴县文旅事业也成就斐然。2015—2021年,汉阴县成功创建国家公共文化服务体系示范园区——凤堰古田园,龙岗公园、双河口古镇被评为国家4A和3A旅游景点,"三沈"文化产业园等特色景点建设稳步推进。

生态环保方面,汉阴县坚持"绿水青山就是金山银山"的理念,生态环境不断改善,"蓝天、碧水、净土、青山"四大保卫战取得了阶段性的成果。2015年,汉阴县无害化卫生厕所的普及率大幅提高,达到了86.8%。"十三五"期间,汉阴县的100条河流都遵循"河长制"规定,严格保护耕地红线,划定了36.25万亩永久性基本农田。完成了28.73万亩的造林绿化项目,其中包括10.18万亩的人工造林、2万亩的飞播造林、2万亩的封山育林、2.4万亩的退化林修复、4.75万亩的新一轮退耕还林工程,森林抚育7.9万亩。全县落实森林资源管护面积107万亩,森林蓄积量达505.56万立方米,森林蓄积净增量46.76万立方米,湿地保有量16.55万亩,天然林管护面积107万亩,林地面积145.98万亩。2021年汉阴全县森林覆盖率达到68%,在全市范围内启动国家级森林创建。

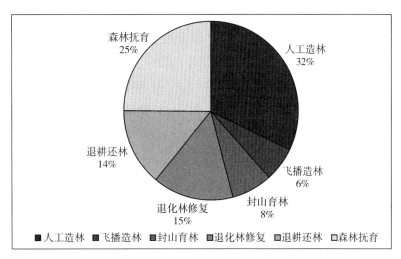

图1-5 汉阴县"十三五"期间造林绿化面积构成

在取得上述成就的同时,汉阴县总体经济与社会发展中还存在一些问题:一是全县经济总量并不大,人均GDP与陕西省平均水平依然存在一定差;二是县内小微企业占比较大,受市场冲击影响较大,经济稳增长基础尚不牢固;三是传统工业产业基础薄弱,产业发展水平不高,产业链条较短;四是科技创新能力不足,企业需要加强创新能力,仍然需要重大项目和龙头企业来带动产业转型升级,科技成果转化还需要进一步加强。

## 二、推动汉阴县域高质量发展的主要措施

(一)经济建设

### 1. 实施"5775"战略

2022年,汉阴县十六次党代会提出"5775"发展战略,即:大力实施"工业强县、开放活县、科教兴县、生态立县、产业富民"五大战略,统筹推进新型工业、农业农村、信息产业、新型城镇、社会治理能力、制度和人的"七个现代化"进程,全面提升全体居民、城镇居民、农村居民、非私营单位人员工资、已脱贫户、财政、村集体经济"七个收入",奋力建设富强、活力、人文、美丽、富裕的锦绣汉阴。把美好目标变为现实,需要全县各条战线、各个阶层勠力同心,矢志奋斗。

"5775"战略是历届汉阴县委、县政府带领全县干部群众为了建设富强汉阴,在持续奋斗的基础上,不断发展、不断完善、不断升华提出的发展蓝图及总体思路。

"5775"战略包含实施"五大战略",推进"七个现代化"进程,提升"七个收入",奋力实现汉阴"富强、活力、人文、美丽、富裕"五大目标。其中"五大战略"是总纲,"七个现代化"是路径,"七个收入"是内涵。

汉阴县始终坚持以工业为主导,坚持"以开放活县""以科教兴县""以生态立县""以产业富民"的发展策略。具体措施表现为:第一,通过加快省级经济开发区建设,在特色优秀项目基础上培育特色主导产业,掀起招商引资热潮从而推进新型工业现代化,着力构建优质高效的现代产业体系;第二,通过搭建数字化平台建设数字化政府,积极构筑数字社会进而推进信息产业现代化,催生高质量发展新动能;第三,通过科学规划聚焦产业以及优化营商环境吸引优秀人才,促进特色产业兴盛,从而推进新型城镇现代化,加快城乡统筹融合发展;第四,通过巩固现有脱贫成果,立足乡村产业特色优势,构建乡村产业体系,进而推进农业农村现代化,推动乡村全面振兴;第五,通过创新社会治理手段建设平安汉阴,推动社会治理能力现代化;第六,通过持续推进"放管服"、农村集体产权制度以及财税金融制度的改革任务,积极探索社会民生领域改革,促进制度现代化,充分释放发展活力;第七,通过提高教育资源水平以及县域医疗水平,提升城镇居民及村民的幸福感,提升社会整体文明程度,不断满足群众对美好生活的向往。

**2. 建立党员领办下的农民专业合作社,村村建立特色产业园区**

为了持续解决稳脱贫、防返贫的问题,汉阴县探索推行"三个一"产业发展模式。通过为每个贫困家庭发放 5000 元产业奖补资金鼓励其发展产业,但考虑到单个家庭规模较小、经验不足等原因,汉阴县政府通过建立以村级党支部为核心的农民专业合作社,鼓励贫困家庭带资入股成为股东。在这之后依托汉阴县富硒土地的优势,县政府和村党委积极做好村级集体经济项目规划,进一步理清思路,深挖自身潜力优势,坚持因地制宜的方式,以实际情况确定发展方向,以自有资源及人才优势确定主导产业和经营模式,促进"一村一品"的发展格局,带动群众一起通过茶叶、金银花、李子等特色产业致富。同时为了促进集体经济组织发展壮大,汉阴县政府出台《汉阴县发展壮大村集体经济奖励办法(试行)》。除此之外,汉阴县探索出了"四社融合"发展模式。

**3. 实行三次产业融合发展**

中共中央和国务院在 2022 年《全面推进乡村振兴重点工作的意见》中明确指出,各地持续推进农村三产融合发展。对此,汉阴县积极推进农业供给侧结构性改革,以粮食、油菜、魔芋、莲藕、蔬菜等为主导的富硒农业种植业产业为根本,加快农业生产主体培育和建设工作以扩大农产品加工业规模,提升农产品附加值。此外,汉阴县开展了农旅融合发展,例如双乳镇千亩荷塘。建成川道荷虾(稻渔)共养、农旅融合的产业布局,盘活荷塘凉亭、观光平台、小木屋、民房等闲置资产,初步形成休闲旅游生态观光区,带动当地旅游发展。"庭院经济"是农村三产融合发展的优秀案例之一。在"庭院经济"中,村落中住户充分利用家庭和院落的空间和其他各种资源,作为副业创造收入的一种形式。将自己家空余房屋以及空置房屋改造成民宿、农家乐等形式进行经营,在农旅融合的基础上,解决了游客"吃饭难、住宿难"的问题,与此同时,改造房屋的群众的收入水平也得以提升。

**4. 当地政府实行国企改革**

自 2020 年以来,汉阴县深入贯彻落实中、省、市国资国企改革决策部署,紧紧围绕服务县域经济发展的功能定位,聚焦打造"第二财政"的目标,同时为了着力优化资本布局,加大资产盘活运作,不断完善制度机制,加快监管强弱补短,推动县属国有企业更高质量发展,实施国企改革再出发。目前,汉阴县将汉阴县投融资公司、汉阴县城建公司、汉阴县工业园区公司、汉阴县交投公司、汉阴县旅游开发公司、汉阴县粮储公司 6 个县属国企重组合并,形成汉阴县发展投资集团,有效破解了该县国有企业分散、体量小、竞争力弱的发展瓶颈,促进县一级国有企业稳定高质量发展,为全县经济发展提供充分动力及兜底保障措施。

**5. 推进农业县域工业化**

这十年,汉阴县依托资源禀赋和区位优势,持续推进供给侧结构性改革,农业基础不断巩固,工业承载力大幅提升,服务业投资保持快速增长,经济结构持续优化。从产业结构看,服务业比重持续提升。据该县统计局数据显示,2012 年,三大产业比重为 20.7∶51.5∶27.8,2021 年三次产业比为 17.2∶44∶38.8。其中 2021 年第三产业所占比重相较 2012 年提高了 11%,撑起了汉阴县生产总值的"半壁江山"。从城乡结构看,新型城镇化扎实推进。截至 2022 年 8 月,县常住人口城镇化率为 46.17%,比 2013 年提高 11.87%,年均约提高 1.2%,城市化进程大幅提升。从收支结构看,2021 年全县财政总收入 6.68 亿元,为 2012 年的 3 倍,一般公共预算支出 25.5 亿元,为 2012 年的 1.6 倍。其中民生支出 21.78 亿元,为 2012 年的 2 倍。

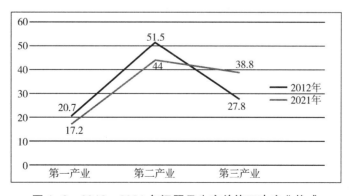

图 1-6　2012—2021 年汉阴县生产总值三次产业构成

#### 6. 产业结构循序演进

产业结构的演变过程是一个从低级向高度化演进的过程,产业结构演变的规律同劳动力在不同产业之间的更替流转密切相关,此外还同经济发展水平密切相关。根据相关资料总结汉阴县产业发展情况:第一产业,2015年至2021年,汉阴着力发展现代富硒特色农业,全县农村经济实现高质量发展;在2021年汉阴县的农业总产值近35亿元,较2015年增加12.36亿元;种植业的产值近20亿元。第二产业,"十二五"期间,累计完成全社会固定资产投资269亿元,年均增长25%,"十三五"期间,累计完成全社会固定资产投资542.4亿元,年均增长12.4%,2021年,全县35个重点项目实际完成投资52.59亿元;第三产业,2015—2021年,汉阴居民消费呈现出从注重"量"的满足向追求"质"的提升的转变,全县消费市场规模持续扩大。汉阴县已于2020年成为全国农业电子商务综合示范县。

### (二)政治建设

#### 1. 加强党政思想建设

汉阴县坚持加强党政思想建设,坚持以政治建设促思想,主要体现为:第一,把干部职工的学习融入日常、抓在经常,要求每位干部职工深入学习中央各项会议精神,结合本职工作贯彻落实中央精神;第二,定期对干部职工开展党章党规党纪文化教育,定期进行组织生活会,进行批评与自我批评;第三,充分发挥党委理论学习中心组的带头作用,坚持用理论武装头脑,加强政治思想的引导作用。

#### 2. 开展党史教育

汉阴县成立了党史学习教育领导小组及办公室。2021年3月26日,党史学习教育工作领导小组办公室第一次(扩大)会议总结了动员会的会议精神、探讨了后面全县党史学习教育应怎样有序开展,怎样落实到位。汉阴县城建局、医保中心、党史馆等有关单位都按照会议精神采取多种学习模式深入开展党史学习文化教育,并把学习模式与学习成果在汉阴县市人民政府平台上予以公示。此外,党史学习教育领导小组领导也对各单位的学习情况进行监督与实地调查,确保党史教育在全县得到有效开展。

#### 3. 实行"三联共建"

"三联共建"是指支部联建、资源联享、产业联盟,是汉阴县在实践中摸索出的促进发展的创新工作机制。这一创新型的工作机制使得汉阴县各单位、各级基层组织在发展过程中协同发展、合作共赢。"三联共建"的基本内容为:第一,支部联建,共建先进支部、共谋发展路子;第二,资源联享,推动信息共享、资本共享、技术共享与人才共享;第三,产业联盟,实行项目共选、建好发展机制、拓宽销售市场。

**4. 重视理论中心组学习,用理论武装思想,引领发展**

汉阴县高度重视理论中心组学习,利用理论中心组学习的表率作用,正确引导各级党组织持续学习党的优秀专业知识,坚持不懈加强理论学习,提高主动,凝聚共识,勤奋建立学习型党组织。各级党委(党组)能够坚持每周扎实开展理论中心组学习,其学习内容丰富多样,且能够聚焦主题,通过传达学习习近平总书记最新讲话的重要指示精神、中央各级会议的会议精神,推动理论学习深入发展。此外,理论中心组还将学习内容形成文字记录,上传于汉阴县政府官网,促进各级党委(党组)相互交流学习。

## (三)文化建设

**1. 开展干部培养——"新竹工程"**

汉阴县为提高干部的工作能力以及思想觉悟,提出了"新竹工程",这一方案为汉阴县的文化建设注入了活力。方案中的"新竹"一词源于郑板桥诗中的"新竹高于旧竹枝,全凭老干为扶持"。汉阴县立足汉阴年轻干部队伍建设实际,制订相应方案,选拔优秀的年轻干部进行培养。通过举办汉阴县"新竹工程"优秀年轻干部培训班,有效构建提高年轻干部高质量发展的新链条。并利用陕西丰富的高校资源进行整合,通过在高校开设课程对汉阴县的干部进行培训。比如,在西安交通大学干部教育培训基地开班,对优秀干部进行培训。

**2. 人才发展专项基金——乡贤招募**

发展是第一要务,人才是第一资源。汉阴县深入学习中央人才工作报告的重要讲话,对人才引入与培养开展重点关注,汉阴县不断优化人才生活环境,提升人才服务效能,释放出人才发展动能,为县域高质量发展保驾护航。汉阴县为全县经济社会高质量发展提供强有力的人才支撑和智力支撑。财政将人才发展专项资金作为优先安排的重点项目,积极筹措资金,安排人才发展专项资金200万元,专项用于全县人才培养等相关支出。同时主动衔接上级财政部门,不断加大对省、市各类人才专项资金争取力度。

**3. 鼓励未就业大学生返乡就业创业**

汉阴县发布《汉阴稳岗位促就业惠企惠民政策服务指南》,大力促进未就业大学生就业。进行事业单位及"三支一扶"的计划招聘(募),做好高层次人才引进、城镇社区专职工作人员和县以下医疗卫生机构定向招聘等各类基层就业项目的招募工作。充分利用县域自带的企业优势,鼓励国有企业扩大招聘规模,推动困难毕业生实现充分就业。对于高校毕业生,所属高校应实施就业创业促进计划,组织学生进行就业实习、见习并发放见习补贴。

**4. 开展新时代文明实践活动**

汉阴县鼓励各镇各村建立文明实践所,文明实践所包含展览室、图书馆、直播室、办公室、体育与健康室、理论宣讲室、文化长廊等具有本地特色的各类设施;开展文明志愿服务活动,文明实践志愿者积极为来往群众发放有关扫黑除恶、平安建设、全民反诈、打击整治养老诈骗、防范非法集资、法治宣传和防溺水等知识宣传彩页,进行文明实践活动。不仅如此,政府部门和企业也积极参与文明实践活动。例如,县自然资源局、县审计局等常态化开展"垃圾不落地汉阴更美丽"文明实践活动;陕煤集团援建汉阴县"慈善爱心驿站"总站志愿服务项目,提升了汉阴县的公益行动能力和社会文明水平。

#### 5. 积极打造当地特色文化品牌

汉阴县始终把文化工作放在突出位置,加大力度进行文化工作,在各方面积极完善文化设施,努力构建适合汉阴县当地发展的文化服务体系,打造出汉阴特色文化品牌,挖掘乡村的乡风文明、民俗文化、非遗文化,保护乡村传统风貌,延续乡村优秀文化。汉阴县是沈士远、沈尹默、沈兼士三兄弟故里,他们不仅是新文化运动的先驱,更是享誉国际的文化大师。在浓厚的文化熏陶下,汉阴县近年来涌现了许多的文化协会和非营利组织,其中书法家协会以及各类文化团体均获得不菲成就,为汉阴县的文化品牌增加了知名度。

#### 6. 大力推进"诚、孝、俭、勤、和"新民风建设

汉阴县贯彻落实《中共安康市委关于大力推进新民风建设的实施意见》,在县域内大力推进新民风建设。在县域内不仅要继续维持经济的发展建设,还要注重农村的精神文明建设,丰富农村的建设体系,保持农村的社会稳定。"诚、孝、俭、勤、和"的新民风建设,重点和难点还是在农村,各个村落均积极开展新民风道德评议、诚信建设等活动。结合本村实际,开展道德讲堂;提倡厚养薄葬,抵制不良风气,健全移风易俗机制;加强优良家风建设,大力推广沈氏家训,深化以沈氏家训为主的好家风家训评选活动,着力抓好先进典型评选活动;建立"诚信榜"发布制度,实施信用建设。

#### 7. 大力弘扬优秀传统家训家规建成全国首个"中国家训文化之乡"

早在2014年,汉阴县就结集出版了优秀传统家训家规,其中"沈氏家训"最具有影响力。2019年,中华家训文化论坛在汉阴举行。2020年,汉阴成为全国首个"中国家训文化之乡",同年举办了"中华好家训"全国书法作品展。汉阴县还成立了家训文化研究基地,对近些年来的家训文化建设经验和成就通过各项示范点进行推广和运用,其中就包括三沈纪念馆、县文联大院等。

### (四)社会建设

#### 1. 持续深化农村改革

汉阴县持续深化农村改革。积极主动准备好粮食作物,确保巩固拓展脱贫攻坚成果,全面推进乡村振兴,乡村面貌明显转变,农民收入持续增长,农业农村智能化获

得关键进度。

### 2. 将改善民生作为财政支出的"优先项"

汉阴县在促推民生发展、推进民生建设中坚持将改善民生作为财政支出的"优先项",将财政支出优先向教育、医疗、公共卫生、社会保障、就业等各项民生领域倾斜,让老百姓有实实在在的获得感、幸福感。汉阴县财政局在2022年上半年组织工作联席会中明确表示,将调整升级汉阴县总体财政支出结构,严格把控一般性支出审批程序,优先保证民生等重点领域得到满足,着力提高财政资金绩效。

### 3. 加大力度改善教育、医疗等民生领域

汉阴县坚持加大力度改善教育、医疗等民生领域。第一,在教育方面,汉阴县在县域经济社会发展规划中明确指出要均衡发展教育,倾力改善办学条件,优化教师队伍管理,大力推行集团化办学,提高县域教育质量,一步步缩小城乡教育差异,让乡村孩子在家门口都能上好学。第二,在医疗领域,汉阴县关键解决医疗卫生基础薄弱、体制养不活、优秀人才难稳、服务项目弱化等问题,持续深化医药卫生体制改革。通过强化组织、资金、基础三大保障和压实基层、夯实基础,县域卫生健康事业蓬勃发展,万人拥有床位数、万人拥有医技人员数、万人拥有全科医生数超越国家平均水平。

## (五) 生态建设

### 1. 退耕还林政策的实施

汉阴县万壑连绵,广阔无垠的大地被翠绿色遮盖,为社会经济的发展提供了宝贵机遇。凭借出色自然生态环境,汉阴县先后荣获国家级别环境卫生、园林景观、植树造林绿化模范县等荣誉。这种荣誉是建立在全县秉持"绿水青山就是金山银山"的经营理念和二十多年的退耕还林政策的基础上的。汉阴的退耕还林政策至今一共经历了两个阶段,第一阶段为1999—2005年,该阶段汉阴全县发展了12万余亩林地。1999年之前,汉阴的森林覆盖率实际上还达不到30%,在西部大开发战略的推动下,汉阴县开始实施退耕还林,政策的落实使得汉阴县的森林覆盖率增加到68%。森林覆盖率的提高,对整个汉阴县的空气质量、生态环境以及经济发展都有明显的改善。2005—2015年十年间,因为国家对退耕还林制度的中止,汉阴县在这个时期也停止了退耕还林的实行,直至2015年又开始了新一轮退耕还林,第二轮退耕还林与第一轮相比缩减了时间范围,且资金分配相对集中。

汉阴退耕还林的成效取决于两方面,一是全县上下同心同向,将"创森"作为一项政治任务和民生工程纳入目标责任制考核内容,全县上下形成上级领导主抓、全民共同参与的长效工作机制。二是汉阴县通过建立义务植树基地与举办宣传讲座,唤起全体市民的绿化意识,使得人民群众对生态建设工作的知情率、参与度与满意度持续

攀升。三是通过信息技术手段探索出生态脱贫、"退耕还林还产业"的汉阴模式,开辟新的林地高效管护方式,借助大数据、云计算等信息技术进行资源数据收集处理,同时聘请保护林员与生态护林员。

### 2. 林下经济的发展建设

汉阴县根据当地具体情况,拓展思路,找到一条综合型林下经济发展模式,这个模式以林下种植、饲养与山林休闲旅游为主导,完成农、林、牧共同进步,提升了林地类经济收益,很好地平衡了生态环境保护与产业发展规划。汉阴秉持"因地制宜、宜养则养、宜种则种"原则,持续创新模式,已经确立了林禽、林果、林药、林下魔芋、林桑、林菌、林蜂、林下苗木花卉8种种养品类。在创新模式的同时扩大生产规模,鼓励建档立卡贫困户利用林下空间,通过培育林下山林示范点,带动了1300多名贫困户增收。

### 3. "双储林场"建设项目

汉阴已经明确一个思路,即国家储备林建设是战略需要,且储备林建设在汉阴也比较贴合实际。通过引进央企与汉阴当地政府合作,利用央企的平台和资金,依据陕西省林业局印发的《关于加快推进"双储林场"国家储备林高质量发展意见》政策文件,与陕西林业集团洽谈合作事宜。由于汉阴现有区域的土地已经按照功能明确划分,因此汉阴当下选择采用在残次林中重新换树的方法来保证国家林木的储备。此举一方面既充分利用了难以发挥效益的残次林地,另一方面又能保证林木的储备和支持碳汇项目。

### 4. 筹备"碳汇"等新交易

汉阴将储备林、碳汇交易、林下经济和林业相关的桑蚕农合有机结合起来,做成一个循环交易平台,储备林项目做活以后,结合前期碳汇项目储备林与新造林地,将这些林地全部打包成碳汇的指标发布到相关平台上,实现多方位盈利。汉阴已做好"汉阴碳汇项目建议书"并上报陕西省,包括预备造林的数量、蚕的配套规模、林下经济的类型,但目前碳汇项目在西北地区都还处于试点、探索阶段。

## 第三节
## 对汉阴县域高质量发展的分析

### 一、汉阴县域高质量发展测度指标体系构建

(一)指标构建原则

一是科学性原则。所选评价指标要能反映汉阴县发展质量本质特征,具有可信

度。二是战略导向性原则。依托乡村振兴战略的实际情况,选取代表性的指标。三是综合性和重点性相结合原则。对乡村振兴的评价应尽可能地反映汉阴县的全面特点。同时要突出重点,深入思考乡村发展的主要矛盾。四是可行性相结合原则。所选指标数据应具有易获得性,方便监测评价和使用,且具有权威性。

(二)指标体系的构建

选择科学研究汉阴县域高质量发展的综合评价指标,必须对经济、社会发展、环境及影响因素进行全方位的综合考量。详细科学的高质量发展评价体系不仅可以更准确地点评汉阴县高质量发展水准,而且能进一步得到每个指标作用,进而针对性地具体指导各地区经济高质量发展过程。本项目依照整体性、合理性等标准选取了经济发展、创新能力、绿色发展、人民生活质量4个方面建立点评指标,在4个准则层指标下选取18个指标层指标,建立了汉阴县域高质量发展评价指标体系(表1-3)。

表1-3 汉阴县高质量发展评价指标体系

| 总目标 | 准则层 | 指标层 | 单位 | 符号 | 功效 |
|---|---|---|---|---|---|
| 汉阴县域高质量发展 | 经济发展 | 人均GDP | 元 | $X_1$ | + |
| | | 第三产业占GDP比重 | % | $X_2$ | + |
| | | 实际利用外资占GDP | % | $X_3$ | + |
| | | R&D经费投入强度 | % | $X_4$ | + |
| | | 财政科学技术支出占财政支出总额的比重 | % | $X_5$ | + |
| | | 地区一般公共预算收入 | 元 | $X_6$ | + |
| | 创新能力 | 专利申请数 | 件 | $X_7$ | + |
| | | 专利授权数 | 件 | $X_8$ | + |
| | | 单位GDP能耗 | 吨标准煤/万元 | $X_9$ | − |
| | | 单位工业增加值废水排放量 | 吨/万元 | $X_{10}$ | − |
| | | 一般工业固体废物综合利用率 | % | $X_{11}$ | + |
| | 绿色发展 | 生活垃圾无害化处理率 | % | $X_{12}$ | + |
| | | 绿化覆盖率 | % | $X_{13}$ | + |
| | | 城乡收入比 | % | $X_{14}$ | − |
| | | 城乡消费比 | % | $X_{15}$ | − |
| | 人民生活质量 | 每千人口卫生技术人员 | % | $X_{16}$ | + |
| | | 人均拥有公共图书馆藏量 | 册 | $X_{17}$ | + |
| | | 失业保险参保人数占年末总人数比重 | % | $X_{18}$ | + |

注:"+"表示正向指标;"−"表示逆向指标

## (三)评价方法概述

基于上述指标体系,选取汉阴县高质量发展的评价方法。根据评价的目的,将各种因素进行转化,并将多维信息进行合并。因此,TOPSIS 模型被应用到汉阴县高质量发展评价研究中。TOPSIS 模型对汉阴县高质量发展评价指标体系进行测度的具体步骤如下:

① 原始数据矩阵为:

$$A = \begin{pmatrix} X_{11} & \cdots & X_{1m} \\ \vdots & \cdots & \vdots \\ X_{n1} & \cdots & X_{nm} \end{pmatrix}_{n \times m} \tag{1.1}$$

其中,$X_{ij}$ 表示第 $i(i=1,2,\cdots,n)$ 个地区第 $j(j=1,2,\cdots,m)$ 个评价指标在统计年鉴中查询到的初始数据,$i$ 表示研究的汉阴县地级市数,$j$ 表示高质量指标数。

② 由于在选取指标体系时,每一个指标数据的单位不同,不能够直接进行比较。因此,为减除指标数据量纲和数量上差异的影响,评价之前运用公式 2 对各个评价指标因素的初始数据值进行标准化处理。

$$Y_{ij} = \begin{cases} \dfrac{X_{ij} - \min(X_{ij})}{\max(X_{ij}) - \min(X_{ij})} + 1, X_{ij} \text{ 是正向指标} \\ \dfrac{\max(X_{ij}) - X_{ij}}{\max(X_{ij}) - \min(X_{ij})} + 1, X_{ij} \text{ 是负向指标} \end{cases} \tag{1.2}$$

将处理后的数据命名为 $Y_{ij}(i=1,2,\cdots,n)(j=1,2,\cdots,m)$;其中,$\max(X_{ij})$ 和 $\min(X_{ij})$ 分别表示指标数据中的最大值和最小值。数据被标准化处理后得到的矩阵如公式 3 所示。

$$Y_{ij} = \begin{pmatrix} Y_{11} & \cdots & Y_{1m} \\ \vdots & \cdots & \vdots \\ Y_{n1} & \cdots & Y_{nm} \end{pmatrix}_{n \times m} \tag{1.3}$$

③ 计算第 $j$ 项指标下第 $i$ 地区占该指标的比重:

$$P_{ij} = \dfrac{Y_{ij}}{\sum\limits_{i=1}^{n} Y_{ij}} \tag{1.4}$$

④ 利用标准化的各个指标的数据 $P_{ij}$,计算第 $j$ 个指标的信息熵 $Ej$:

$$E_j = -k \sum_{i=1}^{n} (P_{ij} \ln P_{ij}) \tag{1.5}$$

其中,$k$ 与地区数有关且 $k = \ln(n)$,$E \geq 0$。

⑤ 计算第 j 指标的权重：

$$W_j = \frac{1 - E_j}{\sum_{j=1}^{m} E_j} \tag{1.6}$$

⑥ 在评价时采用倒数法，基于原始数据①使得负属性指标转化为正属性指标，归一化处理数据后得到数据矩阵 $B$ 为：

$$B = \begin{pmatrix} X'_{11} & \cdots & X'_{1m} \\ \vdots & \cdots & \vdots \\ X'_{n1} & \cdots & X'_{nm} \end{pmatrix}_{n \times m} \tag{1.7}$$

⑦ 对于指标来说，运用以下公式计算各个指标最佳值 $P^+$ 和最差值 $P^-$：

$$P^+ = [\max X'_{ij}]; P^- = [\min X'_{ij}] \tag{1.8}$$

⑧ 计算各个评价单元格与最优值与最劣值之间的距离：

$$D_i^+ = \sqrt{\sum_{j=1}^{m} (X'_{ij} - P_j^+)^2}, (i = 1, 2, \cdots, n; j = 1, 2, \cdots, m) \tag{1.9}$$

$$D_i^- = \sqrt{\sum_{j=1}^{m} (X'_{ij} - P_j^-)^2}, (i = 1, 2, \cdots, n; j = 1, 2, \cdots, m) \tag{1.10}$$

计算各影响因素与理想目标最优解的接近程度 $C_i$：

$$C_i = \frac{D_i^-}{D_i^+ + D_i^-}, (i = 1, 2, \cdots, n) \tag{1.11}$$

其中，$C_i$ 贴近度的取值范围为 $[0,1]$。若 $C_i$ 的值越大，即越靠近1，则该地区经济质量越高；若 $C_i = 0$，发展水平最低；$C_i = 1$，经济质量发展水平最佳。

(四) 数据获取与处理

为了获取各个指标原始数据，主要从 2019—2021 年汉阴县 10 个镇统计年鉴和统计公报来查询获取指标原始数据。此外，由于统计数据的不完全性，有一些数据无法查询到，采用了均值法计算缺失数据来代替弥补无法获取的数据。

(五) 高质量发展水平测算

指标权重结果分析根据公式 (1.6)，对汉阴县综合评价指标体系进行权重计算，结果如表 1-4。

表 1-4　汉阴县 10 个镇的高质量发展综合评价指标层权重

| 指标 | 2019 年 | 2020 年 | 2021 年 |
| --- | --- | --- | --- |
| $X_1$ | 5.9346 | 6.2881 | 5.8968 |
| $X_2$ | 5.4562 | 5.9642 | 6.1875 |
| $X_3$ | 3.2877 | 3.8564 | 4.1192 |
| $X_4$ | 6.6657 | 6.7861 | 6.0542 |
| $X_5$ | 6.3576 | 6.7548 | 6.7963 |
| $X_6$ | 6.0637 | 6.3358 | 6.2467 |
| $X_7$ | 4.3671 | 4.8138 | 4.8923 |
| $X_8$ | 5.7195 | 5.8634 | 5.8995 |
| $X_9$ | 4.4181 | 4.3582 | 4.4319 |
| $X_{10}$ | 5.0053 | 5.0568 | 5.1472 |
| $X_{11}$ | 3.8537 | 3.8646 | 3.9574 |
| $X_{12}$ | 5.5341 | 5.5685 | 5.6638 |
| $X_{13}$ | 5.6729 | 5.4962 | 5.4026 |
| $X_{14}$ | 5.4986 | 5.5381 | 5.5034 |
| $X_{15}$ | 5.7316 | 5.6974 | 5.7297 |
| $X_{16}$ | 6.3291 | 6.5816 | 6.7731 |
| $X_{17}$ | 7.6308 | 7.4861 | 7.5994 |
| $X_{18}$ | 7.5462 | 7.8534 | 7.9867 |

经计算得出的表 1-4 中评价汉阴县域经济高质量发展指标的权重,在 2019—2021 年 3 年间有明显的变化。从目标层指标来分析,各个指标对经济高质量发展评价影响大小各不相同。针对单项指标进行分析如下:

①首先,R&D 经费投入强度($X_4$)、财政科学技术支出占财政支出总额的比重($X_5$)、地区一般公共预算收入($X_6$)、每千人口卫生技术人员($X_{16}$)、人均拥有公共图书馆藏量($X_{17}$)和失业保险参保人数占年末总人数比重($X_{18}$)一直保持很高的占比,比重都大于 6%,说明创新能力的创新投入、人民生活保障在汉阴县经济转型升级,实现高质量发展中起着重要作用。其次,创新能力下的创新产出指标专利申请数($X_7$)和专利授权数($X_8$)比重在逐年递增,说明在创新产出不断提高的情况下,产业发展向自动化、绿色方向转变,人民生活更加便捷等,促进汉阴县经济的转变。最后,城乡收入比($X_{14}$)和城乡消费比($X_{15}$)比重基本保持不变,这样城乡差异不会被逐渐扩充放大,促进农村经济向城镇经济靠拢。表明汉阴县城乡之间正在一步步走上均衡化发展的道路,朝着经济协调性方向大幅度迈进。

②第三产业占GDP比重（$X_2$）权重保持增加的态势，表明汉阴县的产业发展顶梁柱被第三产业所占领，产业结构也在不断优化转型，使得经济发展趋于向第三产业集中，可以充分调动地区经济发展活力，促使汉阴县加快实现经济高质量发展。

③单位工业增加值废水排放量（$X_{10}$）权重呈上升趋势。说明汉阴县提高了对污染物排放程度的管理和增加了对绿色发展的关注。只有提高全县企业与公民的意识，从源头上遏制污染物的产生与随意排放，绿色化发展面临的问题才能被从根本上得到处理，从而实现经济的绿色低碳化。

④绿化覆盖率（$X_{13}$）在不断下降，说明随着汉阴县对绿化重视程度的提升；一般工业固体废物综合利用率（$X_{11}$）和生活垃圾无害化处理率（$X_{12}$）权重影响在攀升，说明汉阴县对于污染物处理利用不断加强，治理能力在不断提高，使得生活环境更加绿色化，表明汉阴县对于污染物的处理和利用在不断加强，促进汉阴县经济的可持续发展。

（六）汉阴县域高质量发展水平测算

通过对于指标权重的测算和分析后，根据公式（1.10）对指标数据进行相应的计算，得出2019—2021年汉阴县10个镇这3年的得分，并利用每年取平均值得到综合得分，如表1-5所示。城关镇、涧池镇、蒲溪镇、平梁镇和漩涡镇的综合得分排名依次位于前五的位置。首先，城关镇是汉阴县第一大镇，综合经济实力居全县之首。这也表明城关镇是汉阴县经济活力与经济质量最好的。其次，涧池镇坚持园区引领，农业产业提质增效。按照"北桑南果川道菜"的产业布局，建成了县域内最大的富硒果蔬、生态渔业、香椿种植等规模化产业园区，配套建成了紫云南郡果蔬交易仓储中心和军坝村农旅观光道路，为打造洞河、月河流域乡村振兴连片示范区奠定了坚实基础。蒲溪镇拥有汉阴县省级经济开发区、富硒农产品聚集加工区，以月河流域为主线，以富硒食品为龙头，以特色产业为支撑，以集镇建设为抓手，保持了经济社会持续健康稳定发展。该镇综合实力位居第三。

表1-5 2019—2021年汉阴县域高质量发展的综合得分

| 镇（办）名称 | 2019年 | 2020年 | 2021年 |
|---|---|---|---|
| 城关镇 | 0.6531 | 0.6684 | 0.6798 |
| 涧池镇 | 0.5384 | 0.5461 | 0.5837 |
| 蒲溪镇 | 0.5166 | 0.5298 | 0.5704 |
| 平梁镇 | 0.5105 | 0.5196 | 0.5249 |

续表

| 镇(办)名称 | 2019 年 | 2020 年 | 2021 年 |
|---|---|---|---|
| 涧池镇 | 0.4963 | 0.4892 | 0.4997 |
| 汉阳镇 | 0.4335 | 0.4502 | 0.4818 |
| 铁佛寺镇 | 0.3615 | 0.3794 | 0.3962 |
| 双河口镇 | 0.3397 | 0.3515 | 0.3647 |
| 双乳镇 | 0.2063 | 0.2893 | 0.3039 |
| 观音河镇 | 0.1938 | 0.2095 | 0.2964 |

## 二、汉阴县域高质量发展水平评价

本项目通过对汉阴县 10 个镇高质量发展水平进行评价测算研究,首先,基于高质量发展内容与汉阴县经济发展实际情况,构建了包含 4 个准则层指标,18 个指标层指标的汉阴县域高质量发展评价体系。然后,通过对汉阴县域高质量发展评价方法的总结,构建了 TOPSIS 经济高质量发展评价模型。接着,对汉阴县各镇 2018—2021 年高质量发展进行综合评价与各准则层要素评价。结果表明,城关镇综合得分始终位居第一,涧池镇、蒲溪镇、平梁镇和漩涡镇紧随其后。此外,不同镇的不同准则层指标得分各不相同,经济发展质量的地域差异性一直在各个镇中存在。结果表明,绿色发展和人民生活质量对汉阴县高质量发展的影响较大;创新发展水平在各个镇的经济发展中起到了巨大的推动作用。因此,准确掌握汉阴县 10 个镇高质量发展的特征,可以帮助找到汉阴县域高质量发展存在的瓶颈问题,为对汉阴县发展中存在的问题进行科学分析做准备和铺垫,对全面统筹、推进汉阴县域高质量发展具有重要意义。

## 三、汉阴县发展存在的主要问题

### (一)乡村产业升级需要转变发展方式

**1.产业结构需要进一步优化**

从绝对总量上来看,除 2020 年生产总值有较大波动外,汉阴县 2017—2022 年生产总值总体呈稳步增长趋势。其中 2021 年汉阴县 GDP 达 110.9 亿元,迎来大反弹,2022 年汉阴县 GDP 总量继续保持平稳增长,达到 119.56 亿元,居安康市第 3 位。

从发展的角度看,经济实力是新时代区域协调发展的物质基础,从国家现代化建设的经济体系来看,现代化的产业体系和结构包括现代农业基础、比较发达的制造业,以及门类齐全、迅速发展的现代服务业。

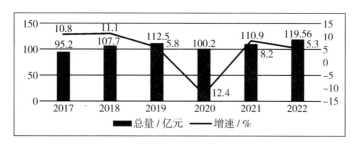

图1-7　2017—2022年汉阴县生产总值及增速

从三大产业结构来看,2017—2022年,汉阴县第一产业占比最高达18.5%,而国家、安康市最高仅占7.9%、14.4%;汉阴县第二产业占比最高达59.2%,而国家、安康市最高仅占40.5%、54.3%(图1-8);第三产业占比最高仅为39%,而国家、安康市最高分别为54.5%、45.3%(图1-9)。由此可见,汉阴县第一、二产业占比整体水平相较于安康市而言占比仍然较高,远超于国家第一、二产业占比水平,而第三产业则低于安康市占比水平,远低于国家第三产业占比水平。

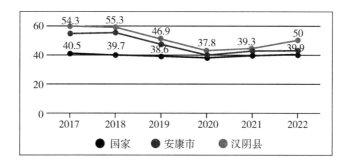

图1-8　2017—2022年国家、安康市、汉阴县第二产业占比情况

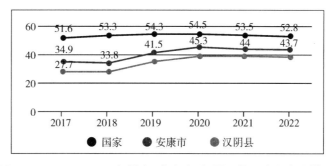

图1-9　2017—2022年国家、安康市、汉阴县第三产业占比情况

尽管如今汉阴县已转变发展方式,调整产业结构,开始逐步降低第一产业占比,重点发展第三产业,但汉阴县身为农业大县的定位仍没有变。第一产业占比下降不

明显;第二产业在2018—2020年比重虽有较大的下降,但2020年后反弹迅速,2022年更是达到了50%;2020年之前,汉阴县第三产业发展势头较猛,增长速度较快,但由于受到本地政策、技术、人才等因素限制,2020年后第三产业整体发展势头缓慢,甚至呈下降趋势。因此,汉阴县想要实现高质量发展,需要转变发展方式,进一步优化和调整其产业结构。

从县域特点来看,该县工业资源短缺,发展实体经济受到一定程度的基础性限制。据汉阴县统计局数据显示,2021年全年度汉阴县新增规模以上工业企业6家,2021年12月末在库规模以上工业企业仅79家。其中,在2021年规模以上工业企业产品产量,因为受到本地自然禀赋影响,其装饰行业及农副食品制造业所占比例比较大,基本原料产业、轻工行业等产业经营规模虽增长速度比较快,但规模仍比较小,无法形成特色优点产业集群式,产生集聚效应。汉阴县想致力于打造工业强县,做大做强县域经济仍存在很大的困难。

此外,汉阴县地处秦巴腹地,耕地面积较小,但森林资源丰富,是国家重要的南水北调水源涵养地和国家重点生态功能区,属于典型的大农业观的农业县。由于个体农户、农民合作社、农业企业等农业经营主体组合方式和功能定位没有很好的优化,"三农"政策的亮点,尤其是"三权"承包地分置还需要有效实施,尤其是乡村振兴才刚刚实施,汉阴县尚未形成自己的主导产业。汉阴县属于经济发展欠发达地域,又是限制开发区,产业发展规划遭受地区生态环境和自然地理要求的制约。但汉阴县具备优势硒资源禀赋,富硒产业现代化发展环境优良。2021年发布的《汉阴县域经济高质量发展行动方案(2021—2025)》明确表述:"依托我县资源禀赋和产业基础,培育壮大特色主导产业,重点打造2个主导产业,第一主导产业为新材料产业,第二主导产业为生态富硒食品产业。"富硒产业是技术含量较高的产业,需要相对完整的技术研发质量检查体系。尽管全县富硒产品硒含量质量标准体系正在逐步形成,但公司生产中确保富硒产品、硒含量稳定技术研发不足,导致富硒产品规范化面积不大,商品量不够,无法满足商品生产的需求。与此同时,汉阴富硒产品大多数还处在传统工艺的初加工,欠缺引入现代机器设备、选用高新技术对产品深加工,全产业链比较短,产品附加值比较低。中小型企业因为资金不足,自主创新能量较弱,生产方式粗放,生产加工局限在半成品环节,大部分公司处在产业链低端,商品无法提高档次,难以实现走出去的发展战略。

品牌建设方面,除了秦巴山珍、天宝贡茗茶及魔芋食品外,其他产品开发力度不足。尽管汉阴县政府开展了区域品牌培育,以政府为主导积极进行富硒区域品牌推广,但产业集群内许多中小企业对品牌化经营意识不强,对政府存在着较高的依赖性,加上许多小企业没有能力进行注册商标和品牌化经营,往往采用"搭便车"的行为,冒充品牌。以上因素导致汉阴特色产品和拳头产品尚未形成,已有农产品加工的技术含量较低,知名度未打开,产品竞争力较弱,难以打开市场取得更高的经济效益,尚未形成集聚效应。从现代产业体系要素的协同和优势互补来看,汉阴县产业结构需要进一步调整和转换发展方式。

**2.农业合作社的作用需要充分发挥**

农业合作社集生产主体和服务主体为一身,融个体农户和新型主体于一体,能极大地扩大小农户融入大市场的能力,无论对数量众多的个体农户,还是对具有一定经营规模的家庭农场和种养大户来说,农业合作社能减少农产品交易费用和交易成本。对于汉阴县而言,农业基础相对较好,多种经营都有各自的适应性和发展空间,汉阴县近年来紧紧围绕国家战略发展需要,从县域经济发展的实际出发,截至2022年5月,全县在市场监管部门注册登记合作社561家,入社成员达1.79万人,全县已创建省级示范社4家、市级示范社13家、县级示范社21家,这些农业合作社已经发展出一批优秀的产业园及特色的成果。但从目前的状况来看,自产自销是常态,规模较小仍然是基本形态。如图1-10所示,2022年全县合作社经营收入200万元以上仅8家,而营收低于50万元的合作社有451家,占总数的80.3%。由此可见,汉阴县农业合作社整体规模较小,难以形成聚集效应。

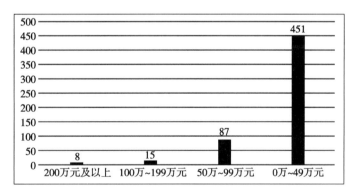

图1-10　2022年汉阴县农业合作社营收情况

注:不含小数

此外,特色农产品销售仍局限于周边地区,产品销售多摆放在本地特产店铺,受限于当地旅游产业尚不发达,产品销量增速也较为缓慢。加之,电商渠道销售缺乏专业的人才,农产品难以提高销量,很难打响知名度。作为联系农民的组织形式,面对日益开放的外部环境和国际国内"双循环",汉阴县农民合作社服务自我的独特功能没有充分发挥出来,在品牌打造和销售渠道拓宽方面,还难实现与市场化大生产无缝衔接。

**3.制度建设有待进一步完善**

融合发展是县域经济发展中不同类型的产业行业因素、规模汇聚扩大和业态创新、新机遇持续发展的有效途径和方法,但是由于县区范畴小、经济体量较小,因此,规模发展的难度较大,如产业升级创新需要以规模效应为支撑,而汉阴国有企业比较分散化,总数过少,规模比较小,加上欠缺科技背景,无法在产业更新创新全过程中发挥引领者的功效。虽然汉阴县通过招商引资吸引企业来本地发展,以此来带动当地产业创新升级,但目前汉阴招商引资行动效果不明显,大中型企业落户汉阴的数量较少,据2020年数据统计,高新技术企业仅2家,这也导致科技创新人才难以在当地企业发挥作用。招商引资行动效果不明显具体表现在新增入库企业明显不足。新增单位为经济增长的生力军,对经济增长的拉动功效尤为明显,2020年,全县申报进库5家规模以上制造业企业(2019年度申报2家,2020年度申报3家)。新增单位不足,在一定程度上说明了全县还存在中小企业成长能力不足,投资项目落地不快的问题,影响全县工业经济持续发展。与此同时,减产面依然较大。2020年全县规模以上工业企业累计同比减产72家(含12户退库留基企业),累计减少产值61亿元,减产面达79.1%,影响全县产值增速29.3%;从促进经济增长的劳动力、土地、自然资源、资本和制度5个要素角度来看,尽管目前汉阴县不断尝试加快国企改革,提升国企活力,促使本土国企担当起其增加经济收入及促进产业升级创新发展的重任,但在涉及企业生产经营的各个方面,一定程度上存在着体制机制供给不足,如多元所有制、多种经营方式构成的混合经济发展是经济高质量发展的基本范式,但在这些方面却存在着产权障碍。从县域经济高质量发展趋势来看,劳动力、土地等要素的流动性会更快,只有制定共享发展制度和共享机制,建立面向各个方面的产业链延伸、作业环节增加、分工分业深化的制度安排,为实现互助共赢、融合发展提供托底的制度支撑,才能优化和释放市场活力、各类产业升级及高质量发展。

**(二)党组织职能需要进一步发挥**

**1.基层党建干部整体水平还有待加强**

汉阴县党建干部中高学历人才干部偏少,一些新入职的党建干部,对于政府职能管理与服务的关系理解不透。第一,业务水平方面。虽然党建干部大多能够积极主动落实上级领导的指示精神,及时完成本职工作,但其工作性质大多为事务性工作,对党的决定和政策理解不到位,这导致党建干部普遍缺乏创新意识,对于党的大政方针,长期处于被动接受学习状态,很少主动研究学习。第二,学历水平方面。汉阴县虽然已经采取了诸如设立人才发展专项基金、鼓励未就业大学生返乡等人才引进措施,但受到汉阴县发展现状等客观事实的限制,人才缺乏仍是汉阴县亟待解决的问题。2014年以来,汉阴县仅引进硕士研究生及以上学历高层次人才30人。其中,通过高层次人才公开招聘28人,外县调入2人。截至2021年年末,已解聘3人,实有在编在岗27人。人才缺乏导致各级党建组织中成员年龄结构与学历结构失衡,缺乏新生力量,后备力量不足。

**2.基层党建干部工作条件还需要改善**

尽管汉阴县各乡镇街道党建工作干部勤奋贯彻执行中央精神,积极提高服务质量,基层党建工作开展主要依靠上级领导拨付,许多理论性很强的工作也比较难开展,一方面,党建工作干部实践中现代化传输技术及管理方法还没获得普及、办公系统技术性还没完成,这不益于行政效率的提高;另一方面,对党建工作干部的奖励机制与业绩考核奖惩机制设计方案还不够健全,党建工作干部工作效率无法提升,乡村振兴过程中还存在基层党组织政治功能充分发挥不全面的难题。

## (三)文化建设的作用发挥不够充分

**1.公共文化实施投入不足**

虽然汉阴县在文化建设中的部分工作令人瞩目,但是整体来看,部分文化工作的投入不足现象仍然存在总体呈"广而浅,窄而深"状态。汉阴在文化工作方面致力于在各领域都面面俱到,但事实上其不可能也没有足够的精力和资源对每项工作都加大力度实施。如在文化基础设施方面,部分村镇的惠民文化场地和文化设施工程仍存在不健全的情况,截至2018年,村级层面的综合文化服务中心建成覆盖率仅36.9%。部分地区虽然装有基础的文体设施,但是由于各村各镇的实际情况不一,还存在分布不均和部分场地设施安装不到位的情况。

**2.文化项目建设主动性欠缺**

文化项目的建设不仅需要政府的努力,更重要的是文化部门的主动作为,还需要人民群众的主动参与。对于各类文化活动和精神文明的实践,受众村民还没有意识到自己作为主人公的重要性,在开展的群众性文化活动中,群众普遍积极性不高,主动参与活动的人更是少之又少。被动参加的人员较多,仅仅只是为了应付检查或者任务;文化产业规划和政策不完善,文化市场体系不明确,没有形成城乡公共文化服务体系一体建设推进格局。

**3.文化资源开发利用不够充分**

汉阴县拥有双河口古镇、"子午古道"等文化遗存,依托古镇3A级旅游景区,修复了古镇老街等古迹,增设古镇旅游基础设施,同时投资建成双河口文博馆、陕西人民抗日第一军陈列馆、红色文化广场等建筑,对县域内文化资源进行了一定开发。但是,如何立足汉阴地域文化特色和历史文化资源优势,开发特色旅游产业,在政策、形式、目标等方面都有较高的要求。但目前该县对社会效益和经济效益有效相统一没有充分认识,对新时期文旅产业高质量发展来说,汉阴县文化资源的开发和利用还不够充分,没有发展新型文化企业、文化业态和文化消费模式。

## (四) 乡村社会自身治理能力有待提高

### 1. 乡村治理体系需要更加完善

在乡村社会治理中,治理体系至关重要。没有完善的治理体系,就没有乡村的全面振兴。汉阴县目前急需的是健全自治、法治、德治相结合的乡村治理体系。但由于此类治理体系蕴含着这三种不同的整治方法,这就需要汉阴县把三者的含义一体推进,结合当地的需求进行理论和实际的有机结合,构建多方参与整治的渠道,支持正确引导社会发展和公众共建、共治、共享,促进政府治理、社会发展调整、人民群众自治,完成良性互动交流。这对于现阶段的汉阴而言,依然存在着很大的难度。

### 2. 村民社会组织参与度有待提高

村民是乡村治理的重要参与者,对于治理体系的良好建设具有重要的义务和责任,但就汉阴县实际情况而言,村民整体参与本村治理活动的积极性不高,更多的是充当旁观者。村民在政治生活中对政治政策不关心,敏感度也较低,很少接触到政治信息,由于文化水平和自身政治觉悟等因素的限制,较少参与乡村的管理或治理活动。

### 3. 自治组织不够健全

在自治组织中,汉阴县农村干部队伍建设不足。作为乡村治理直接的管理者与参与者,乡村治理水平的高低在一定程度上取决于村"两委"干部队伍的能力和水平。但是汉阴县部分村镇的"两委"干部在业务水平、学历水平等方面还有待提高,整体素质不高,服务能力也不强,学历水平相对较低,学习能力仍需提高。在基层服务中,一些新入职的干部,对于政府职能管理与服务的关系理解不透,工作中服务意识不够,全心全意为人民服务的意识不强。

### 4. 多元主体合作面临挑战

汉阴县对于乡村社会自身治理能力的发展,在主体合作上面还存在巨大挑战。由于乡村治理的复杂性,其发展需要不同力量、不同建设主体相互协作,共同制订发展计划并实施监督。政府部门、民间组织、村民个人等之间的系统性的关系处理还不到位,因此涉及农村的经济建设以及产业建设会有较大压力。其中,村民主体意识不强,综合素质不高,对于民主建设等事务并未参与其中,仅由村委会及村干部领导自行决定,在多元治理方面存在较大问题。

### (五)生态保护和发展工作需进一步加强

**1. 秦岭生态环境保护工作需进一步加强**

秦岭生态环保具有长期性、复杂性、艰巨性,汉阴在秦岭的生态保护中仍然存在差距和不足,秦岭"五乱"问题仍然频发。秦岭北麓违建别墅问题的教训是深刻的,汉阴县需要提高思想认识,以高度责任意识抓紧工作落实,将秦岭生态保护工作提升到政策高度,认真总结工作中的成熟经验,并不断创新工作方法、形成长效机制,杜绝秦岭生态环境破坏问题。

**2. 当地"碳汇"交易仍需要合理规划**

森林在实现"碳达峰、碳中和"战略目标中发挥着重要作用。汉阴县森林覆盖率高,整个陕西省的碳汇交易项目尚处于摸索阶段,而汉阴县对照《生态系统碳汇能力巩固提升实施方案》,符合碳汇交易项目条件的林地情况需要进一步确认。由于成本低,是第一大碳库,因此在碳汇项目中仍然需要进一步详细规划。

**3. 生态宜居环境有待改善**

良好的居住环境对人的发展起基础性作用,更是关乎广大农村群众切身利益的实事,当下的乡村振兴工作也是将改善人居环境作为重点内容。汉阴县农村人居环境依然存在提升空间,在村庄清洁、旱厕改造、垃圾污水处理方面还需要进一步完善,应在汉阴"345"模式的持续作用下全面提升农村人居环境。

## 第四节
## 推动汉阴县域高质量发展的对策建议

针对上述问题,汉阴县应将市场在资源配置中的基础性作用深化为决定性作用。在县域经济高质量发展方面,要充分发挥好市场无形的手与政府有形的手的双重作用。要更好推动乡村振兴战略,建设锦绣汉阴,必须牢牢扭住发展第一要务,将发展与高质量有效结合至关重要。以产业优化升级和经济水平提高作为根本,以提升党建机制效能、提升基层干部水平为关键,以公共文化服务"量质齐升"为基础,以建强乡村治理平台、健全高效治理体系为要点,持续提升县域生态环境质量,让优良县域环境成为乡村振兴的基石。

## 一、实施产业优化升级工程,提高经济发展水平

推动县域经济增长的关键在于壮大县域主导产业、培育新兴产业、完善配套产业。只有不断优化升级县域产业,县域经济才能实现高质量发展。因此,只有把主导产业、新兴产业、配套设施产业与县域经济发展有机结合,才能更好地提高县域经济的发展动能和品质,提升经济发展水平。

### (一)壮大主导产业

#### 1.新材料产业

提议对比汉阴县经济开发区的产业规划,以华晔高新科技、新茂生物等公司为核心,重点培育壮大生物基原材料战略新兴产业,扩展杜仲胶、IP6等生物基原料的使用,积极主动开发设计高效率环保塑料增稠剂、高效率环境保护生物防锈颜料等相关材料商品;提议汉阴县精准对接各地知名生物基新材料企业,加快构建生物基翠绿色纤维材料、生物可降解材料、生物医用材料、生物质热塑复合材质等全产业链。扎实推进新式建筑材料基本性产业,以中天高新科技、佳佳乐瓷器、中昌管业公司、顺祥碳素公司企业为核心,积极主动开发设计低碳装饰建材新品,大力推广装配式建筑材料,促进建筑材料产业向轻型化、终端设备化、产品化转型发展,推动建筑规划设计、装配式施工和产品制造发展趋势,完成建筑材料产业翠绿色低碳转型升级。

#### 2.生态富硒食品产业

建基地、建设富硒粮油、富硒魔芋、富硒茶、中药材、食用菌、林果、畜禽养殖等富硒种养标准化基地,配套产地冷藏保鲜、商品化处理、检验检测等服务设施,加大绿色有机食品认证力度。第一,强产品。优化精装大米、双低菜籽油、富硒米线、富硒豆制品、富硒魔芋等基础食品产能,做强以小分子活性成分为重点的富硒功能性食品,开发休闲食品、仿生食品、果蔬健康饮品、即食方便食品等新产品。第二,延链条。做强做优大米高端衍生品、富硒功能食品、高端健康食品等产业链,建设富硒食品交易市场、冷链仓储及物流中心、展示交易中心和产品研发中心,促进"产加销研"一体化发展。第三,促融合。探索"食品+"新模式,推动生态食品与文化、旅游、农业、康养等产业深度融合,同时带动富硒功能农业、文旅康养、文化创意、中药大健康等新型业态的发展,构建大健康产业体系,实施陕澳、陕果、新希望等重点项目,推进五一花遇湾、三柳生态园、盘龙桃花谷等田园综合体及凤堰硒田旅居、双乳硒莲、蒲溪温泉康养等特色小镇的建设。第四,培育企业。并围绕富硒食品的关键环节和重点领域,制订龙头企业的发展促进计划,并建立潜力企业数据库。

## (二)培育新兴产业

### 1. 电子信息产业

积极发展电子电器、新型电子材料及元器件、电子线束、电子塑料零件等电子零部件制造,培育发展移动智能终端、智能家居、智能传感器等为主的电子信息制造,打造承接产业转移示范区。

### 2. 智能制造业

培育发展智能水利设备制造、汽车零部件制造等产业,鼓励发展智能机器人、智能视听设备、网络安全设备等智能制造,建设绿色工厂、数字车间、智造中心,打造全市智能制造创新发展引领示范区。

### 3. 现代物流业

以月河综合物流园为龙头,健全县镇村物流服务体系,建设物流仓储配送中心。依托现代农业产业园区、种植养殖基地合理布局田头市场、冷藏库、预冷库等仓储保鲜设施,完善末端物流服务站点。

## (三)完善配套产业

### 1. 商贸服务业

重点打造凤凰国际、美食街、金海岸、红星美凯龙、公园壹号等商圈,积极发展夜间经济、假日经济、节庆经济等新消费,开发"云上菜场""云上餐厅"等消费新场景。健全流通服务体系,改造提升东南农贸市场、集镇农贸市场,新建双星一组、中堰二组2个智慧化农贸市场,推动发展无接触交易服务。

### 2. 电子商务产业

以"互联网+"农产品出村进城工程试点县建设为契机,完善电商公共服务体系、品牌营销体系、物流配送体系、创业孵化体系,推进电子商务全面升级。提升电子商务公共服务中心功能,建设电子商务综合产业园、镇村电商服务站点,着力培育汉阴网货品牌,打造陕南"互联网+"农产品出村进城示范样板。

### 3. 绿色金融业

建设县域经济发展金融服务平台,适用建立绿色金融投资控股公司、汉阴财信融资担保公司,自主创新金融服务业态,大力发展绿色债券、绿色股票基金、绿色保险等绿色金融。积极发展农业绿色保险服务,推进农业保险扩面、提标、增品。大力发展绿色普惠金融,推广"基地+合作社+农户""产业集群联保"等民生金融服务,建设普惠金融示范县。

## 二、完善党的组织建设体系,提升队伍素质

基层党组织体系建设要适应经济基础、体制环境、社会条件的新变化,确保党的组织和党的工作全覆盖,通过改革创新、强化服务功能,为全面深化改革提供坚强的组织保障。

### (一)完善基层党组织体系,要坚持围绕中心、服务大局

建设基层党组织体系的核心任务,就是要充分发挥党员、党组织在经济社会发展中的先锋模范作用和战斗堡垒作用。所以,要建设党组织体系必须贯彻务实、管用、有效的原则,必须坚持围绕中心、服务大局、结合实际的基本理念。就汉阴县而言,完善基层党组织体系的首要任务就是要围绕"5775"总体思路和建设锦绣汉阴目标,聚焦"产业做强、园区做优、城乡融合、活力提升、居民增收",着力实施"五大行动",推动高质量发展,创造高品质生活,实现高效能治理,全面提升县域综合实力和竞争力等全县中心工作和重点工作。

### (二)党组织"标准化"建设,促进基层党建工作"专业化"

#### 1.建强机制促规范

聚焦村级党组织标准化创建目标,高点定位,精心谋划,有序推动,创新载体,采取县级领导包抓、镇党委统筹推进、村级自查提升等措施,落实以奖代补,打造硬件配套、软件规范、整体过硬的村级党组织标准化建设示范村、达标村。汉阴县目前成功创建省级标准化党组织9个。

#### 2.壮大队伍促提升

选优配强村"两委"班子,对创建村级党组织选优配强两委班子,支部书记全面实现一肩挑;壮大党员干部队伍,选优发展35岁以下年轻党员;选派帮扶队伍,选派驻村第一书记和队员全天候开展工作,为创建工作提供人员支撑。

#### 3.专题培训促成长

强化理论培训,围绕党的建设、产业、基层治理等主题,举办村级"两委"干部专题培训班,全县600余名村干部参加线上线下培训,提升专业化理论水平;主动交流学习,运用"三联"工作机制,通过联建学习交流成功创建村的经验和方法,拓宽思路,改进方法,提升能力;主动提升干部学历,全面提升素质水平。

### (三)以选贤任能为出发点,统筹推进班子队伍建设

坚持把对干部的实践历练放置于全县的发展大局中,要在实践中锻炼、在斗争中

成长。聚焦于巩固拓展脱贫攻坚成果与推进乡村振兴工作的有效衔接,选派干部深入基层,持续开展帮扶。聚焦推动汉阴县及安康市之间的经济圈建设和改革,选派优秀干部深入基层挂职历练,在实践中增长才干,强化自身本领。持续涵养年轻干部源头活水,优化人才引进政策,壮大优秀年轻干部队伍,保持每年为汉阴输送新鲜血液,加大跨层次、跨领域、跨身份发现优秀年轻干部人才力度。完善干部选任制度及考核机制,真正围绕汉阴发展的中心工作,突出事业为上,进行选拔干部、配班子工作。

### 三、加大当地文化开发力度,打造文化品牌新阵地

汉阴县依托政策优势,在乡村文化建设方面进行了一系列制度探索和创新实践。通过新民风建设和乡村文化治理,汉阴县对基层文化设施进行了完善,创新了乡村文化治理机制,并努力发掘"文明生长点",激发了群众的内生文化自信,乡村教育质量有了明显提升。但在进行文化设施建设时,该县依然存在着供需不平衡、参与主体空心化,以及建设模式趋同导致乡村文化特色不足等问题。强化政策支持、激活文化资源、培育文化市场是汉阴县强化文化开发力度、打造强势文化品牌的关键。弘扬当地特色文化,提升县域软实力,既要培育文化产业新业态,又要和当地资源紧密结合。将汉阴打造为既个性鲜明、富有特色,又功能完备、设施完善,保留乡风乡韵、乡景乡味,留得住青山绿水、记得住乡愁的宜居和美乡村。

(一)开发政策支持项目,推动当地文化产业赋能

充分运用汉阴县政府的帮扶、指导和服务职责,制定合理政策,增加政府的大力支持和服务幅度,充分调动市场主体的热情,促进实际项目的落地执行。一是要重视充分发挥重点项目自身的推动带动作用,先遴选一批文化产业赋能乡村振兴的重点项目,并增加服务与扶持力度,尽早推动工程项目的落地执行。二是要注重开发综合性的金融服务保障。依据"保本微利"的原则,为乡村旅游和文化项目提供包括低成本、长周期资金在内的综合性优质金融服务支持。三是要鼓励发展与旅游和创新文化相关的金融服务。激励金融机构依据旅游项目和乡村文化的特点,正确引导各种有关投资机构积极投资乡村文化和旅游新项目。

(二)激活用活红色资源,创建红色旅游新局面

组织相关专家团队对本地重大历史事件精神内核、时代价值进行解读与提炼,形成汉阴县本土的红色精神谱系,创作出一批红色文艺精品。并以本地的历史故事为题材,以快板、现代京剧、情景剧、影视剧等群众喜闻乐见的形式,将汉阴县本土的红色历史遗产搬上荧幕和舞台,让红色故事、红色精神"活"起来。推进宣传展示阵地的

精品化。重点修缮一批红色革命遗址、创建一批"名人故居",聚力打造一批"功能强、有特色、叫得响"的红色文化阵地,并利用短视频、快闪、H5 等呈现手段,让革命旧址"亮"起来、革命历史场景"活"起来,推进宣传展示对象大众化。当地学校可定期开展红色故事进课堂等活动,大力弘扬社会主义核心价值观,利用本地特色红色故事,开展红色研学等活动,增强对红色文化的民族认同感。

**(三)有效衔接主要城市旅游资源,打造农旅融合新名片**

将安康市与汉阴县区域景区抱团营销,设计与规划区域旅游动线,从而减少单独景区的营销费用,弥补汉阴县景区的产品不足及吸引力不强等问题。在区域旅游合作中,实施联合推销、总体宣传策略,强化城市旅游品牌。整合自身资源优势,共同打造安康市城市旅游品牌。借助安康市强大的旅游品牌让游客走进汉阴县,并让汉阴县的旅游资源走出安康市。将挖掘原生态的村居风貌和引入现代的元素结合起来,打造具有特色的现代版"富春山居图"。并围绕民风民俗、传统村落、产业建设等,着力打造农耕文化展示游、农业产业特色观光游、休闲乡村民宿游等各具特色的休闲农业精品,不断丰富休闲农业文化内涵。汉阴县在发展农旅融合的同时要具体分析各村镇特色文化产业,并开展真正能吸引农民群众、引起群众精神共鸣,并对农民生活起到促进作用的文旅活动,才能真正更好地发挥文化对村民生活的带动作用,让文化建设利于民生。

**(四)打造品牌联动,为文旅发展持续发力**

依托沈士远、沈尹默、沈兼士故居,设立"三沈"文化研究学会,不定期开展全国性学术活动,研究"三沈"文化,传播"三沈"精神,打造"三沈"文化品牌。加大群众文化艺术对外交流与推广,做大做响"四季旅游季""农民丰收节""中秋诗会"等群众性文旅活动品牌。唱响"陕菜之乡"品牌,突出以烩面片为主打的汉阴美食,推进标准化、品牌化、连锁化、产业化经营,打造美食品牌。依托凤堰古梯田,发展农耕文化体验观光游,做大做强乡村康养旅居品牌。用好红色资源,加快推进陕南抗日第一军战斗遗址陈列馆和爱国主义教育基地建设,让党史学习教育成为红色旅游发展的强力品牌。让汉阴文化发展成为"吃、喝、玩、乐、学、养"为一体的强势旅游品牌。

**四、提升乡村治理能力,构建共创、共建、共享新格局**

**(一)持续创新"321"乡村治理模式**

汉阴县乡村"三治"从"国家—社会"一体化出发,把对上负责和对下负责、权力规制和任务对等、规范行为和指标管理、合规控制和法律秩序、绩效改进和治理有效内在统一。乡村治理是"制度设计"与"系统治理"的实施过程,治理有效来自方法要素的接地气。首先,在治理理念上,以"三治"为核心,采取目标管理和绩效考核相结合的方式,对治理结果进行量化,将治理目标和结果与治理者的经济利益、政治权利相挂钩,调动治理主体工作热情,提升治理主体内在动力,从根本上改变了治理主体创新能力不强、工作业绩不突出的问题。其次,在治理方式上,由"结果导向"转化为"程序导向"。对经济社会领域发生的诸多矛盾,通过"三治"(汉阴县城关镇三元村进一步拓展为政治、法治、德治、自治和智治"五治")联动,建立健全乡村基层治理体系,真正将制度优势转化为治理效能。最后,乡村治理在目标上由注重秩序转向多维共生,全面建成小康社会之前,乡村基层治理目标主要定位在建立和维护乡村良好的秩序。

新时代"三治"要从乡村实际出发,增加乡村治理制度中权责匹配、协同互动、创造转化、规范组织和激励约束,重塑国家、乡村组织和乡村民众的关系,进一步提升和优化乡村的治理效能。通过"互联网+"思维推广进入乡村治理现代化,加强县镇村三级综合治理建设,并打造成"321"大数据中心。同时,新开发"321"乡村治理信息系统和"321"民情在线公众号,将基层党建、脱贫攻坚、综合维稳、公民保障、环境保障、精神文明和便民服务等有机整合,力争实现政务服务信息实时发布和民情信息掌控,分级办事,第一时间回应群众呼声与诉求。同时,"三线"人员也要面对面向当地网格内服务管理对象宣传政策法规、搜集社情,做到矛盾不激化、不上交。通过"小程序""小服务",推出"马上办""一次办""网上办",实现服务全程全时、管理高效有序、数据开放共享。

### (二)促推"321"乡村治理模式更加坚实完善

汉阴县在推进"321"乡村治理模式中,以"六位一体"村组织体系为核心,县镇"联管服务"工作机制为保障,采用"两说一商"作为纽带,依托信息化服务打造高效治理平台。该县着力构建政治、法治、德治、自治、智治"五治"融合的治理层,最大限度调动民众参与乡村治理的积极性、主动性。在内生动力的基础上,汉阴县建立了"县级领导联镇、部门联村、干部联户、强村联弱村、驻地村联新建社区;村财审计管资金、监委会监督延伸管权力、综合执法队伍强化执法管行为"的"535"工作机制,从外部促推"321"乡村治理模式更加坚实完善,为实施乡村振兴战略提供有力保障。

### (三)加大县乡村公共服务资源投入

以适应农民群众美好生活向往为导向,提升普惠性、基础性、兜底性的建设。将公共基础设施建设重点放于农村,全面规划城镇基础设施建设,加强农村道路、供水、清洁能源、农房质量、安全保障、冷链物流、防汛抗旱、数字乡村等方面的建设;优化交通网络,优先推进便民生活和促进生产力的建设项目。针对农民村口结构和社会形态变化,加大县政府的投入和统筹配置力度,推动县村能力衔接互连,推动形成县乡村功能衔接互补、分级解决不同问题的一体化发展格局,促进县域内基本公共服务体系持续健康发展。

**五、加强当地生态环境保护,发展生态经济**

(一)深化生态环保措施,守住生态环境底线

深化"河湖长制""林长制",通过植树造林治理水土流失。突出抓好大气污染防治,坚持"治源、抑尘、减煤、控车、禁燃、增绿"六措并举,科学治污降霾,确保县域空气质量稳定达标。强化汉江、月河汉阴段综合治理和饮用水源地保护,完成漩涡、汉阳、涧池、蒲溪4镇污水处理厂扩能改造,建成投用月河治污工程,确保汉江、月河水质稳定达标。加强矿山生态修复,探索碳汇资源开发,完成抽水蓄能项目勘察选点,加快新能源产业布局。持续健全秦岭生态环保问题巡查、发现、整改工作机制,强化行业部门和属地镇、村协同联动,杜绝类似环保问题,坚决守住生态环境底线。

(二)深入改善乡村面貌,着力提升人居环境

聚焦村庄清洁,在扫干净、摆整齐上下功夫,聚焦环境整治,在改旱厕、清污淤上下功夫,聚焦"百千工程",持续完善乡村基础设施,深入实施"净美汉阴"村庄清洁四季行动,广泛开展乡村环保公益志愿服务活动,推动城乡面貌显著改善。深入探索推行"345"模式(即创新3个机制:"五个一点"投融资机制、"两化三新四到位"改厕机制、垃圾公益积分管理机制;建立4个体系:组织领导体系、资金保障体系、建养管护体系、督导考核体系;紧扣5项重点:村容村貌、农村垃圾、生活污水、厕所革命、农村废弃物利用),全面提高农村人居环境整治力度及效果。

(三)依托绿水青山,大力发展生态绿色产业

优化提升"南茶北果川道园"生态产业合理布局,聚焦茶叶、蚕桑、猕猴桃、核桃四大产业,持续推进优化"镇园产业联盟"和"三个一"等产业发展模式,共建"公司+基地+农户"的产业化发展新形态。狠抓经济林示范基地建设,结合退耕还林工程,打造茶叶、蚕桑、猕猴桃、核桃、花椒示范基地,扩大漩涡、汉阳沿江富硒茶叶示范带、川道万亩富硒猕猴桃+鲜果示范带、北部山区万亩拐枣+脆李等干杂果经济林带。大力发

展林下绿色产业,全业态打造林下立体经济产业体系,培育绿色发展新动能。

**六、打破城乡二元壁垒,加快城乡融合发展**

乡村振兴与城乡融合发展趋势密切相关,主要表现取决于城镇和乡村是互促互进、互共互生的。汉阴县城乡之间、农业和非农业户口居民之间的差别仍然非常大,尤其是在与安康市间的合理衔接发展中依然存在不协调不一致问题。打破城乡二元壁垒,促进城乡融合发展,是破解汉阴县现阶段发展的关键所在,是扩展发展空间、完成城乡发展均衡的强劲动力。

(一)逐步统一城乡标准,促进城乡生产要素的流动

共同富裕是全体人民享有的富裕,不应存有城乡之分、村居差别。加快推进城镇化进程,助力乡村振兴,促进更多的资金、人才、技术、数据等生产要素向农村流动,巩固拓展脱贫攻坚成果,深入推进农村各项改革,完善农村基础设施和公共服务体系,提升农村人居环境,释放农业农村发展的内生动力,发展更大的活力,逐步消除城市发展的隔阂,补齐农村短板,推进城乡基本公共服务标准统一、制度并轨,推进城乡基础设施建设统一规划、统一建设和统一管理,让农村与城市"比翼双飞"。

(二)打造城乡产业体系、融合城乡的生产生活方式

在县域范围内打破城乡二元分割局面,并率先实现城乡融合发展,推动形成县乡村三级统筹发展的格局。增加县乡村统筹发展趋势幅度及抗压强度,加强产业链、基础设施建设、公共服务等县域内统筹合理布局,持续推进县域内城乡要素供给合理性、城乡公共服务均等化、城乡产业发展规划协同化。促进在县域内基本完成城乡一体的学生就业、文化教育、诊疗、养老服务、住宅等制度体系,同时还需要逐渐摆脱城镇之间的界限,消除群众农民定义,使农民在工农中间随意变换,实现城乡之间的双向流动。

(三)优化农地资源配置,强化土地流转和多种形式规模经营

乡村振兴战略的实施要以农业现代化为基础,汉阴县当前面临的主要问题是土地资源分散,促进有限的土地实现价值更大化和资源配置更合理化是当前亟待解决的问题。深入贯彻落实科学发展观,做"活"土地流转"文章",落实到位各项惠农政策。土地"转"起来的最终目的是激活农地要素市场化配置,开展专业化、规模化、机械化经营。一方面,农户可以通过土地流转弥补细碎化经营的短板,实现规模效应;另一方面,农村土地流转可以促进农地从低效率种植农户或弃耕农户转变为高效率

种植农户。

## 七、走三产融合发展道路,探索新产业、新业态、新路径

以产业兴旺为重点的乡村振兴总目标从微观层面为汉阴县乡村产业兴旺提供了理论指导。乡村振兴离不开产业支撑,产业始终都是地区发展的基础。汉阴县要立足当地的资源优势,针对存在的差距,从实际出发,在提升农业发展的基础上,不断开辟新产业、新业态、新路径。

### (一)实施质量兴农战略,立足农业供给侧改革

推进落实乡村振兴发展战略,把确保关键农业产品,尤其是粮食供给作为首要任务,持续扎实推进粮食产能。培养地区性品牌战略体制,搭建特色鲜明、互为补充的农业品牌管理体系,提升产业素养和品牌溢价能力。牢固树立围绕要求、围绕交易进行加工和优化的思想,充分运用市场的作用,让农业生产者成为真正的市场经营主体,使种植养殖结构和市场要求配对。加强对农业资金、优秀人才、技术等的投入,持续推进农业供给侧结构性改革创新,提升农业质量效益和竞争能力,提升产业布局,平稳粮食生产。

### (二)发展农产品冷链物流联合模式,促进当地特色农产品的品质增效

以猕猴桃、脆李、蔬菜等产业为依托,以冷库为切入点,科学规划冷链,利用农村闲置资源建立冷链,使家家户户的新鲜蔬菜等能够及时送入冷库。支持生鲜商超、生鲜电商、农副产品交易市场、冷链仓配企业等各类商贸流通企业整合资源和需求,分级共建共享冷链前置仓、分拨仓,配备冷藏和低温配送设备。支持农业产业园区、农业合作社、龙头企业、种植养殖大户等结合实际,在集散地、产销地建设规模适度的冷藏仓储保鲜设施。以汉阴物流园区为基地,开展冷链仓储物流区、农副产品交易市场及冷链仓储设施带动和支撑县级冷链体。通过不同经营主体联合起来建设冷库,保证特色农产品错峰上市,使企业效益不断增长,使当地特色产业健康深入发展,实现联农、富农的发展原则。

### (三)推进产业融合与产业振兴衔接,形成"农业+"发展态势

重点围绕蚕桑、猕猴桃、香椿、花椒、天麻五大种植产业、富硒食品、生物医药、休闲娱乐农业和乡村旅游等产业实施帮扶。以龙头企业为引领,优化提升农产品区域品牌建设,提升市场化经营水平,坚持做成大产业。摆脱乡村发展的原始思维,借助城市先进的技术和管理,盘活乡村产业发展的市场要素及市场机制,深度开发和拓展

乡村产业的价值。立足于当地支撑产业,做好示范区整体规划,关注跨界融合,将高效生态农业模式与旅游观光模式深度跨界融合,推进农文旅融合发展。

**(四)立足资源优势,走小农户和现代农业有机衔接之路**

培育新型农业经营主体,如家庭农场、养殖大户等新的经营形态。采取有针对性的措施扶持小农户,把小农生产引入现代农业发展轨道。以专业服务公司、合作社及供销社为代表,大力开展农业生产过程的托管服务,坚持不改变小农户的独立生产经营决策主体地位,让农户直接分享到现代农业生产带来的节本增效收益。建立农业农村培训基地、建立农业农村图书馆、打造农民创业平台。培育一批农业产业园、农业示范园区、农产品加工园区、特色农产品优势区等,实现农业农村现代化发展新模式。

## 八、产业优化与城镇化协调同步,全面推进县域高质量发展

汉阴县产业结构优化及城镇化的步伐已经迫在眉睫,要实现汉阴县域经济高质量发展就必须推动经济结构的战略性调整,为汉阴的产业发展提供新的发展思路及发展动力;适应在城镇化进程中的逆城镇化现象,更加注重由人口型城镇化向结构转变型城镇化过渡及发展,利用好汉阴县本地人口、产业、环境三大承载力。

**(一)激发农村活力与内生驱动力,推动农民就地就近城镇化**

近些年,消费多元化趋势逐渐从城市向乡村蔓延,从近郊向远郊发展。传统的观光旅游也逐渐向休闲度假转变。因此,要充分利用好汉阴县当地优势资源,在农村地域建设有利于旅游度假、休闲观光的设备,推动消费者全程参与的休闲度假、健康消费旅游模式。促进资本下乡、消费下乡和投资下乡,合理布局农村产业结构,以农业、农村、农民的内生力量为依托,在不改变农业性质、不对外转移农业人口的情况下,实现三大产业的纵向融合发展,推动农民在"不离土不离乡"的情况下将生产方式由传统向现代转变,推动农村就地、就近城镇化。

**(二)推动产业能级高质量提升,加快提高城镇化发展水平**

城镇化的内生动力源于高质量就业及产业高质量提升,因此需要吸纳广大农民群众及优秀人才投身于产业发展,选择有思想、懂经营的能人搭建专业合作社平台,吸纳有产业发展意愿的农户加入不同产业类型的专业合作社,继续提高农业劳动生产率。以促进农村产业融合,即打造农业产业化、农业与工业融合、农业与旅游业融合等新的产业体系,在汉阴"一村一品"发展过程中注重产业领军人物的挖掘和培养,

选择产业时重点考虑能否带动留守老人、妇女就业问题,要通过农业专业合作社将农户"小生产"与社会化"大市场"衔接起来;全力推动厂区园区优化提升,健全完善配套服务,加快优势资源聚集,不断形成新的产业增量。要充分发挥龙头企业的引领作用,加快上下游企业招引,延伸拓展产业链条,打造具有竞争力的产业链供应链;利用农业的基础动力、工业的根本动力、服务业的后续动力来推动产业能级高质量提升,加快提高城镇化发展水平。

(三)协同推进新型城镇化建设,为乡村振兴注入"助推剂"

新型城镇化,"新"在以人为核心,"新"在人的城镇化。推进以人为核心的新型城镇化,就要与乡村振兴战略较好地耦合,重点体现在优化乡村产业结构、完善乡村治理体系、传承乡土文化、改善乡村人居环境、提高农民收入等方面。避免盲目地进行"人造城",而是让农民"愿意来"城镇。这是城乡经济的交汇点,是统筹城乡经济发展的重要环节。汉阴市要坚持城镇化发展思路,大力推进城镇建设。提高城镇建设规划的科学性和合理性,提升农业人口的居住环境和居住质量,使农民的钱袋子鼓起来,让农民"能致富"的产业多起来、活起来。紧密结合汉阴县情实际,探索城乡融合发展的新路子,以人为本,解决好农业、农村、农民问题,就能够全面推进乡村振兴。

(四)加快特色产业及主导产业发展,促进城镇化科学发展

利用好汉阴县特色资源和产业优势,挖掘汉阴乡村生产、生活、生态、文化等多重功能。利用环境资源、文化资源、旅游资源等积极打造富硒产业等汉阴县特色产业,文化产业、旅游产业、康养产业和主导产业等。变"输血"为"造血",化外部推力为内生动力。制定可执行的倾斜政策,通过政府有形的手对市场秩序进行有效引导,为返乡创业人员及本地农民创造优质的企业生产经营条件,加快汉阴各项配套基础设施的建设。牢牢抓住因地制宜这关键,根据不同乡镇的优势资源采取差异化的产业政策,对于富硒产业要延长富硒产业链,深化富硒价值链;对于主要产业,要加强配套设施建设。制定和完善各项扶持政策,优化投资结构,明确科学的投资方向,促进城镇化科学发展。

# 第二章
# 产业振兴——汉阴县农村集体经济与物流业的发展

## 第一节
## 汉阴县发展壮大农村集体经济路径

党的十九大报告提出乡村振兴战略,并明确了"产业兴旺、生态宜居、乡风文明、治理有效、生活富裕"的总要求。这将是未来相当长时期中国"三农"工作的总纲要和总抓手。中共中央、国务院印发的《国家乡村振兴战略规划(2018—2022年)》提出要积极发展新型农村集体经济。2022年中央一号文件又明确提出要发展壮大新型农村集体经济。可见,发展农村集体经济已成为今后一个时期基层政府推动乡村全面振兴的重要抓手。农村集体经济作为我国社会主义公有制经济的重要构成和主要表现形式,是打破农业农村发展瓶颈、扎实推进共同富裕的重要力量,也是全面推进乡村振兴、加快农业农村现代化的有利保证。乡村振兴的逻辑起点和物质基础是产业振兴,而产业振兴依赖集体经济的发展壮大。习近平总书记把发展壮大农村集体经济提升到关系乡村振兴战略实施成败的高度,集体经济能够保障乡村振兴战略实施的正确方向,能够引导农民走共同富裕的道路。其发展程度关系着整个农村经济发展大局,是实现全面建设小康社会的坚强支柱,是在新形势下加强和改进农村基层党组织建设,增强农村基层党组织凝聚力和战斗力,进一步巩固党在农村执政基础的根本保障。

2020年8月,中共陕西省委农村工作领导小组印发《关于支持村集体经济发展的十二条措施的通知》,加快推动全省村集体经济发展壮大。安康市也先后出台《支持村集体经济发展的十二条措施》《安康市发展壮大新型农村集体经济五年行动实施方案》等支持文件。本研究基于此背景,站在乡村振兴视角,以汉阴县为案例进行调查研究,分析汉阴县农村集体经济发展状况。目前,汉阴县农村"三变"改革成效未充分释放,存在农村集体经济底子较薄、凝聚力不强、农村集体经营性资产少等问题。农村集体经济实力的增强是促进乡村全面振兴的强大驱动力,研究汉阴县农旅融合村集体经济发展壮大问题,依托汉阴县三大主导产业,在制度和市场原则基础上将农民有效组织起来,这对当前及以后深化推进农村集体经济发展,助推汉阴县乡村振兴战略进程具有较强的实践价值。

## 一、发展壮大农村集体经济的理论意义和实践价值

### (一)有助于推进农民农村共同富裕

习近平总书记在《摆脱贫困》一书中提道:"小农经济是富不起来的,小农业也是没有多大前途的,我们要的是抓大农业。"马克思和恩格斯认为,分散的小农无法适应社会化大生产,需要向集体经济转变。集体经济是共同富裕的根基,是农民走向共同富裕道路的物质保障。共同富裕是社会主义的本质要求,是人民群众的共同期盼。推动经济社会发展,归根结底是要实现全体人民共同富裕。尽管我国已经步入中等收入国家行列,处在工业化中期阶段,但农业在国民经济中的基础地位没有变,农民是最值得关怀的最大群体没有变,农村是全面建成小康社会的关键没有变,"三农"问题依然是经济社会全面发展最明显的短板和薄弱环节。共同富裕之路,最艰巨最繁重的任务在农村,提高农民收入、缩小城乡差距是共同富裕的关键。发展农村集体经济,能够高效整合集体资源,避免资产的闲置或低效利用,按照市场经济配置要素,发展适度规模经济,解决小农无法面对大市场的问题。同时,集体资产收益集体成员共享,农村集体经济发展壮大,集体成员(农户)直接受益,通过参与集体经济组织的生产经营,集体成员还能获得一定的经营性和工资性收入,有效拓宽集体成员收入来源渠道。发展农村集体经济,是推进乡村振兴战略的重要举措,是助推农民农村共同富裕的重要抓手。

### (二)有助于实现农业农村现代化

2017年10月,党的十九大提出乡村振兴战略时,就将"发展壮大集体经济"作为实施乡村振兴战略的重要内容,且提出"实现小农户和现代农业发展有机衔接,建立城乡融合发展的体制机制",需要发展壮大农村集体经济。农业现代化之路需要向农村最重要的资源——土地要效率,发展适度规模经济。农村集体经济将农民组织起来,化零为整,将碎片化土地等村集体资产、资源进行重新组合,通过入股农民专业合作社,与农业公司、基地、园区等合作,对产业进行深层次探索,提高传统农业产业附加值,转变生产方式,培育新型农业经营主体,发展农业新业态,带动农业产业结构调

整和转型,助推农业农村的现代化进程。农村集体经济是将农民组织起来的最为重要的制度基础,是公有制经济在农村的现实表现形式。农村集体经济的发展壮大,在促进农业农村现代化发展方面承担着重要的经济使命。

(三)有助于推动农村基层社会治理

我国广大农村集体经济组织基本是村两委干部一肩挑,在基层党组织的领导下,农村集体经济组织一方面承担着农村经济发展的职能,另一方面也间接肩负着农村基层社会治理的使命。集体经济壮大的增量资源分配能够提升村集体动员能力,也有利于激活村庄协商民主的权利义务连带机制。发展壮大农村集体经济,密切联结着村庄发展与农民获得感,与农民集体意识凝结,有利于农民主体性激发,有助于搭建村集体与农民、农民与农民之间情感连带的桥梁。所以,发展壮大农村集体经济是完善基层社会治理,推进乡村善治的重要载体,与农民的利益息息相关。它对于提升为农村生产提供居间服务水平,巩固农村基层治理的群众基础和物质基础发挥着不可替代的作用。

## 二、汉阴县农村集体经济发展现状

(一)汉阴县农村集体经济概况

汉阴县在县域层面规划了"南茶北果川道园"的产业发展布局,持续推进茶叶、蚕桑、猕猴桃三大特色产业建设,成立"三个一"产业专业合作社136个。积极探索推进"三个一"产业发展模式,采取"村集体+合作社+农户"模式,因地制宜,盘活资源,发展特色产业。截至2021年12月,汉阴县新发展茶叶、蚕桑、林果等产业面积达9.6万亩,为今后农村集体经济持续发展奠定了良好的基础。全县形成了以蒲溪镇盘龙村,平梁镇太行村、兴隆佳苑、涧池镇军坝村、五坪村等为代表的集体经济组织,自主经营型、参股联合经营型、投资收益型、委托经营型、服务成员型等多种发展模式。

2017年,汉阴县启动农村产权制度改革试点工作,通过激活"资源要素",重塑"经营体系",打造"股份农民",以产业扶贫作为脱贫攻坚的抓手,将农户镶嵌在产业链上。以35个扶持壮大集体经济示范村为重点,因地制宜,因村制宜,探索多种集体经济发展模式。全县142个村集体经济组织和136个"三个一"合作社实行代理记账,并签订农村"三资"监管协议,将农村集体资产纳入平台管理。106个集体经济组织开通了"银农直连",实现了集体资产管理信息化。

## (二)产业发展状况

### 1. 产业基地不断扩大

汉阴县围绕"南茶北果川道园"的产业布局,以提升"一村一品一园"工程为重点,推进特色产业发展,大力开展产业基地建设。截至2021年12月,通过产业专业合作社,累计发展茶叶8.52万亩、猕猴桃2.68万亩、蚕桑2.58万亩、林果4.6万亩、中药材及其他1.3万亩,渔业发展总面积1.24万亩。同时注重标准化水平的提高,根据"统一选地、统一技术、统一物资、统一苗木、统一品牌"的标准,力争打造汉阴富硒有机农产品品牌。

### 2. 经营主体不断壮大

据汉阴县农业农村局统计,截至2021年12月,全县共有市级以上农业龙头企业22家、专业合作社17家、家庭农场85家。各类经营主体发展近年呈现数量逐年增多、规模逐年扩大的态势。

### 3. 带动能力不断增强

汉阴县农业产业通过实行"企业+基地+合作组织+农户"的形式,带动1.5万户农民发展生产,有力地促进了农民增收。通过政府搭建平台,企业与村镇对接,把村级合作社及其带领的农户与农业企业联系起来,形成利益共同体,推动了企业发展壮大和农户长期稳定增收。在发展茶叶、蚕桑等传统优势产业的同时,抓住陕西省猕猴桃产业"东扩南移"的有利时机,着力打造陕南猕猴桃产业发展基地,培育汉阴富硒有机品牌,同时逐步提高产业发展标准化水平。近年来,农业产业品牌建设取得较大成效,涌现出红星、蜡烛山、盛发、虎标等一批省、市知名品牌;全县认定绿色、有机、无公害产品7个,区域公用品牌1个,拟申请地理标志产品1个,农产品市场占有份额有所增加。

## (三)汉阴县农村集体经济发展现状

2021年11月至2023年2月,本研究课题组多次赴汉阴县走访调研,与县农业农村局、县乡村振兴局、县发改局等相关部门进行深入座谈了解,走访若干个行政村进行集体经济调查,共发放问卷107份,回收有效问卷96份,问卷有效率达90%,覆盖了汉阴县64%的行政村(社区),其中平梁镇18个村、双河口镇10个村、铁佛寺镇6个村、城关镇12个村、涧池镇14个村、观音河镇3个村、漩涡镇10个村、蒲溪镇7个村、汉阳镇10个村、双乳镇6个村。问卷内容如下:

### 汉阴县村集体经济发展调查问卷

您好!我们是陕西省社科联"社科助力县域经济高质量发展——县域高质量发

展的汉阴实践与探索"课题组。本问卷聚焦汉阴县村集体经济发展状况,希望得到您的配合和支持!

问卷不需填写姓名,答案没有对错之分。您的相关信息和资料我们都会根据《中华人民共和国统计法》的要求严格保密,请您根据所了解的情况回答或填写,谢谢!

1. 您所在的地区或部门:汉阴县_____镇_____村
2. 您的年龄?
   A 30岁以下　B 30岁~39岁　C 40岁~49岁　D 50岁~60岁
3. 您的文化程度是(　　)
   A 初中　B 高中　C 大专　D 本科　E 本科以上
4. 您所在的地区集体产权制度改革完成情况(　　)
   A 全部完成,已发放土地确权证　B 基本完成　C 未完成
5. 您所在地区村集体经济合作社服务方式是(　　)
   A 种植业　B 养殖业　C 渔业　D 林业　E 非农产业(含服务业)
6. 您所在地区村集体经济合作社拥有土地资源情况:
   1)您所在地区____(有/无)村预留地(村集体依法按户发包以外预留的土地)。
   2)如有,村预留地占比是_____。
   3)您所在的地区村集体经济合作社主要通过流转土地发展经济____(是/否)。
7. 您所在的地区村集体经济合作社负债情况:
   1)流动负债_____(万元),长期负债_____(万元)。
   2)负债来源(　　)
   A 信用社　B 其他银行　C 一般工商企业法人　D 个人　E 民间金融机构
8. 您所在的地区村集体经济合作社收入情况
   1)村集体经济合作社年收入_____(万元),经营性收入_____(万元)
   2)村集体经济合作社收入来源(　　)
   A 转移性收入(如上级下拨或补贴)
   B 财产性收入(如土地征用补贴款、房屋租赁款等)
   C 经营性收入
9. 您所在的地区村集体经济合作社运营负责人情况:
   1)村集体经济合作社运营负责人是_____(村"两委"干部/职业经理人)。
   2)如是职业经理人,其____(有/无)接受过高等教育,____(有/无)经商背景。
10. 您所在的地区村集体经济合作社____(是/否)属于汉阴县"三个一"产业发展模式。[加入一个组织(产业专业合作社),发展一项长效特色产业,扶持一笔产业奖补资金]。

11. 您所在的地区村集体经济合作社收益分配模式：_____（收益分配模式包括"136""1117"模式等,如分配比例不固定或不清楚,请据实填）

12. 您所在的地区村集体经济合作社____（是/否）建立健全的管理与监督制度。

13. 您认为影响村集体经济发展的主要因素有(    )（多选）
A 发展思路　B 优质项目　C 启动资金　D 致富带头人　E 经营管理　F 其他

14. 您认为村集体经济发展过程中存在哪些突出问题？(    )（多选）
A 村级治理资金缺乏　　B 乡村人才不足　　C 村级集体资产流失
D 产业发展模式不明确　E 管理不规范及领导班子意见不统一　F 其他

15. 您认为政府应该为村集体经济发展提供哪些支持？(    )（多选）
A 资金　B 政策　C 技术　D 引进企业或项目　E 人才

16. 您认为目前的村集体经济发展政策措施是否到位？(    )
A 非常到位　B 较到位　C 一般　D 不到位

17. 您认为政府对村集体经济的发展支持的力度如何？(    )
A 非常大　B 较大　C 一般　D 太小

18. 您认为政府对村集体经济发展的支持是否存在偏差？(    )
A 完全没有偏差　B 有一些偏差　C 一般　D 完全偏差

19. 您对村集体经济未来发展相关的建议有哪些？（请填写回答）

---

通过对回收的问卷进行分析,发现汉阴县村集体经济呈现以下特征：

**1. 村集体经济呈稳步发展态势,但基础不够坚实,且不平衡性突出**

由于历史和区位等多重原因,汉阴县大部分农村乡村振兴的起点为脱贫攻坚后的脱贫村,即多数村为无历史积累的"空壳村"。近年来,随着党的十九大乡村振兴战略的提出,巩固拓展脱贫攻坚成果同乡村振兴有效衔接工作的开展,汉阴县委县政府出台了一系列政策,鼓励和扶持农村集体经济发展,全县农村集体经济呈稳步发展态势。2021年基本消除村集体经济"空壳村",2022年8月,实现村集体经济全面"消薄"。但总体来看,村集体经济基础不坚实的现状未呈现根本改观,部分村在完成家庭承包责任制和集体产权制度改革后,集体资产"分"得彻底、"统"得不够,可利用的经营性资产和可开发的资源性资产并不多。大多数村集体经济收入主要还是依靠财政资金支持,形成的村集体经济资产主要是交通等公益性资产,经营性资产特别是土地等资源难以有效盘活,村集体经营性收入占比偏低,收入稳定性和持续性较差,村集体经济自我发展、自我积累能力不足。据汉阴县农经站统计,2021年全县村集体经济组织有经营性收入的有100个,占比70.42%,总收入达1273万元,但各集体经济组织整体收益水平偏低,且发展不均衡。截至2022年12月,村集体经济收益在5万

~10万元的占54.9%,10万~50万元的占40.8%,50万~100万元的占3.5%;100万以上的占8.3%。

**2. 村集体全面消薄,但收入结构尚需调整,收入稳定性和持久性有待提高**

发展壮大村集体经济,以经营收益为核心考量指标,即提高村集体的经营性收入为工作落脚点。村集体经营性收入指村集体开展各项生产服务等经营活动取得的收入,包括农产品销售收入、销售物资收入、劳务收入等。在调研的96个样本村中,转移性收入(如上级下拨或补贴)为村集体经济收入主体的村占51%,经营性收入为主体的村占33%,财产性收入(如土地征用补贴款、房屋租赁款等)为主体的村占16%(图2-1)。显然村集体收入结构尚需调整,经营性收入占比不高,转移性收入未能最大化发挥整合其他资源产生效益的"输血促造血"作用,调研中还发现有的转移性收入下拨后一直"躺"在账上。而靠自然资源获取的财产性收入缺乏稳定性和持久性,且大多数项目处于低效运行状态或仅能据以获取较低的租金收入,部分村单纯依靠项目实施或为企业生产提供服务获取"协调费"或"赞助费",没有找到如何发挥资源优势、产业优势、以项目为支点实现持久发展的途径,一旦项目结束或是工程停产、搁置,又退回"空壳村"的可能性,在发展壮大集体经济上力不从心、后劲不足。

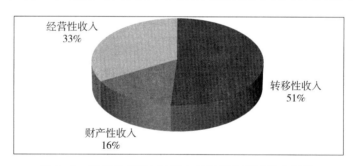

图2-1 汉阴县2021年样本村村集体经济收入结构

**3. 村集体产权制度改革持续推进,但改革成果尚存巩固提升空间**

汉阴县自2017年启动农村"产改"以来,开展了以农村集体资产清产核资、成员界定、股权量化为主要内容的农村产权制度改革。强化村党支部引领村集体经济发展,成立的农村集体经济组织已全部建立组织机构,村集体经济组织管理制度比较健全。截至2022年年底,全县成立了142个村集体经济组织(表2-1),其中2016年成立28个、2018年成立113个、2022年成立1个,实现了农村集体资产由村民委员会代管过渡到集体经济组织自主经营管理。脱贫攻坚以来的政策资金和项目扶持,为集体经济注入发展动力,农村集体资产总量由2017年的9.8亿元增长到2020年的19.5亿元。截至2021年2月,以土地承包经营权确权登记颁证、农村集体产权制度改革、农村土地流转等措施稳步推进农村改革。确权农户6.66万户,确权面积37.13

万亩,颁发经营权证书6.1272万户,颁证率92%;累计流转土地面积12.38万亩;完成各村(社区)集体资产清产核资工作,清理农村集体资产总额12.844亿元。142个村(社区)完成集体成员身份界定,确定成员26.37万人。116个村完成股权量化,量化集体性资产8870元,颁发股权证书6.95万份;汉阴县出台了《汉阴县关于扶持壮大村级集体经济的实施方案》,142个农村集体经济组织全部获得正式登记证书。村级组织按照农业农村部农村集体"三资"清理的要求,各村对村集体的资产进行了摸底清理,推动了农村经济发展。但农村集体产权制度改革成果尚存巩固提升空间。首先盘活存量方面,闲置或低效使用的集体房产、公共物品等集体资产整合不足,存量资产的利用率和收益率不高;村集体资源有待进一步统一开发,可以提高农村四边空闲地利用率,废地变宝地,增加集体收入;推进土地承包经营权流转。其次村委会和集体经济组织实行"政经合一",村干部大量精力用于处理农村社会事务,集体经济组织主体和职能被弱化,导致个别农村集体资产管理混乱,进而引发集体资产流失、被侵占,集体经济发展受到影响,所以在规范农村集体经济组织运行管理、加强农村集体资产监督管理、保障农村集体经济组织成员权益等方面可进一步加强巩固改革成果,推动汉阴农村集体经济发展。

表2-1 2022年汉阴县村级集体经济经营情况统计表

| 序号 | 镇 | 登记集体经济组织数 | 集体经济收益 | | | | | | | | |
|---|---|---|---|---|---|---|---|---|---|---|---|
| | | | 5万元以下的情况 | | 5万~10万元(不含10万元)的情况 | | 10万~50万元(不含50万元)的情况 | | 50万~100万元(不含100万元)的情况 | | 100万元及以上的情况 | |
| | | | 村数 | 占比 | 村数 | 占比 | 村数 | 占比 | 村数 | 占比 | 村数 | 占比 |
| 1 | 城关镇 | 21 | 0 | 0.0% | 6 | 28.6% | 13 | 61.9% | 2 | 9.5% | 0 | 0.0% |
| 2 | 涧池镇 | 20 | 0 | 0.0% | 8 | 40.0% | 12 | 60.0% | 0 | 0.0% | 0 | 0.0% |
| 3 | 平梁镇 | 20 | 0 | 0.0% | 13 | 65.0% | 6 | 30.0% | 1 | 5.0% | 0 | 0.0% |
| 4 | 蒲溪镇 | 12 | 0 | 0.0% | 4 | 33.3% | 7 | 58.3% | 0 | 0.0% | 1 | 8.3% |
| 5 | 双乳镇 | 6 | 0 | 0.0% | 5 | 83.3% | 1 | 16.7% | 0 | 0.0% | 0 | 0.0% |
| 6 | 观音河镇 | 7 | 0 | 0.0% | 5 | 71.4% | 2 | 28.6% | 0 | 0.0% | 0 | 0.0% |
| 7 | 铁佛寺镇 | 10 | 0 | 0.0% | 6 | 60.0% | 3 | 30.0% | 1 | 10.0% | 0 | 0.0% |
| 8 | 双河口镇 | 11 | 0 | 0.0% | 8 | 72.7% | 3 | 27.3% | 0 | 0.0% | 0 | 0.0% |
| 9 | 漩涡镇 | 20 | 0 | 0.0% | 11 | 55.0% | 9 | 45.0% | 0 | 0.0% | 0 | 0.0% |
| 10 | 汉阳镇 | 15 | 0 | 0.0% | 12 | 80.0% | 2 | 13.3% | 1 | 6.7% | 0 | 0.0% |
| | 全县合计 | 142 | 0 | 0.0% | 78 | 54.9% | 58 | 40.8% | 5 | 3.5% | 1 | 8.3% |

数据来源:汉阴县农业农村局

**4. 村集体收入渠道尚需拓宽,持续性收入占比不高,集体负担尚重**

农村集体收入包括村集体经济组织的发包及上交收入、农业税附加返还收入及其他收入。汉阴县一些村集体主要收入还是依靠资源型资产的出租和村集体土地的征用等,集体经济的好坏与出租资源型资产和征用土地多少直接相关,并没有广开思路,大力增强集体经济。集体收入渠道单一,良性运行能力较弱。一些传统的主要集体收入渠道收紧,一是村集体一些可以利用的集体资源和集体资产已基本分给农户,难以找到"新的增长点";二是有限的村集体土地、山林和公房等资产发包和租赁收益低,处在价值链底端,难以带来高收益,集体经济发展空间狭小,创收渠道狭窄,集体经济积累缓慢。调研中发现一些村集体经济发展路径较为封闭,既没有盘活和整合村庄可以利用的资源,也没有孵化出新的业态,仍然呈现规模小、层次低、链条短、效益低、风险大的状态。这些村集体经济收入来源单一,集体经济发展处于被动状态,同时村财务支出增长迅速。

汉阴县财政投入的发展村集体经济的资金,多数投入到"三个一"合作社发展产业或村集体经济组织发展产业,普遍存在管理水平不高、技术指导力量不足、劳动力匮乏、产业发展效益低下等问题,加上茶叶、蚕桑、猕猴桃等多为长效产业,投资大,见效周期长,短期内直接影响集体经济收益。特别是各村资产性收益资金收回后,部分村对资金使用没有明确的方向,大部分都闲置在各村账户上,造成资金闲置,资金使用效益不高。而同时存在部分村集体负担比较重的现象,出于上项目、发展产业等需求,村集体为了发挥下拨扶持专项资金"四两拨千斤"的作用,进行融资,绝大部分村集体集中于信用社渠道,其他按比例依次是个人、其他银行、一般工商企业法人、民间金融机构(图2-2),集体负担尚重。只有村集体经营收益多了,才能让集体成员享受到农村集体产权制度改革的红利,切实增加农民的财产性收入,不断提升农民的获得感、幸福感。

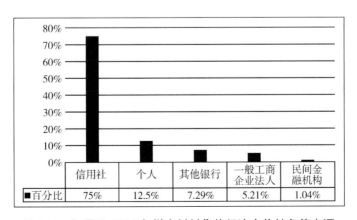

图2-2 汉阴县2021年样本村村集体经济合作社负债来源

### 5. 村集体经济产业初具规模,但发展方式单一

汉阴县围绕"南茶北果川道园"的产业布局,大力开展产业基地建设,在保障富硒粮油等传统产业的基础上,推进特色产业发展。截至2021年12月,通过"三个一"模式,汉阴县内136个产业专业合作社,新建及改造茶园6850亩、蚕桑1250亩、猕猴桃4380亩;发展粮油51.5万亩、蔬菜20.2万亩、连片50亩以上林果7150亩;生猪存栏16.5万头、出栏25万头,家禽存栏92.13万只、出栏65.29万只。同时其标准化水平也不断提高,按照统一标准打造汉阴富硒有机农产品品牌。在发展茶叶、蚕桑等传统优势产业的同时,利用陕西省猕猴桃产业"东扩南移"的有利时机,打造陕南猕猴桃产业发展基地。汉阴县集体经济产业已取得明显成果,但调研情况显示,汉阴县样本村集体经济合作社服务方式占绝对主体的是种植业(82.29%),其次是养殖业(9.38%),最后是非农产业(含服务业)占比最低(8.33%),村集体经济发展途径相对较少,发展方式单一(图2-3)。汉阴县农村集体经济低水平发展、低效益运行的局面尚未取得根本改观,村集体资金投资渠道少,使用风险大。全县大部分村集体资金用于发展农业产业,效益低,抵御市场和自然灾害风险能力差。虽然目前产业已经有了一定规模,但是在经营管理方面有心无力,缺乏有效管理方式和风险防控措施。

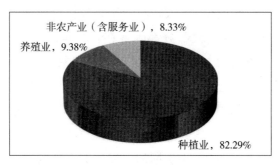

图2-3　汉阴县2021年样本村村集体经济合作社服务方式结构

## 三、制约汉阴县农村集体经济发展的成因剖析

### (一)对集体经济认识不足,村民缺乏集体参与感

改革开放以前,我国农村社会治理,从个体农户到合作社、人民公社,均实行"政社合一"的管理体制。家庭联产承包责任制确立以后,农村出现了短暂的"治理真空"。乡政村治体系的构建,明确了村委会是基层群众自治组织的治理格局。村干部的综合素质对农村经济发展和社会治理始终是非常重要的,但是基层村干部大多年龄偏大,学历不高,汉阴县样本村村干部调研情况显示,占主体的年龄段是40~49岁(37.50%)和50~59岁(35.42%),学历方面占比最高是高中(44.79%),其次是大专

(29.17%)、初中(20.83%),本科学历比重最低(5.21%)(图2-4,图2-5)。受主客观因素影响,部分村干部观念陈旧,在农村集体经济认知上存在一定偏差,认为只要经济发展了,有无集体经济无关紧要,缺乏干大事、创大业的开拓进取精神,常常抱怨没有资源、没有资金、没有政策,对如何发展壮大村集体经济没有明确的思路,导致对农村集体经济开拓性和创新性不足。调研中发现个别村发展集体经济,各级政府下拨和配套的财政专项资金,两年来一直未动,村干部不知道怎么干,认为集体经济风险自己担、利益集体享,担心发展集体经济搞砸了会新增债务,还会遭到斥责和埋怨,甚至会丢选票。试错成本高,存在求稳怕乱的思想。不敢整合其他要素资源使用,最后干脆不求有功,但求无过,什么也没干。这种"无为而治"是村干部的认知和观念问题,同时也说明农村集体经济发展的初期阶段隐性成本很大,需要完善导向机制。

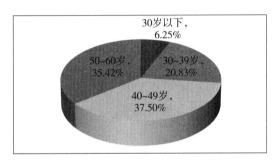

图2-4 汉阴县样本村村级干部年龄段结构

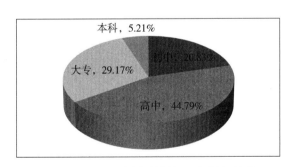

图2-5 汉阴县样本村村级干部学历结构

此外,广大农民参与集体活动主动性和积极性也不高。自实行家庭联产承包经营为基础、统分结合的双层经营体制以来,农民的生产积极性被包干到户充分调动起来,生产重心在自家经营的土地上。由于统分结合双层经营体制集体"统"得不足,农户对于集体收益缺乏预期,加之市场风险的不确定性,农民更难以接受集体发展带来的可能的潜在不利后果,更倾向于保守。所以对于集体经济农民一方面无积极性参与,不愿意付出,但另一方面又抱有侥幸心理,多多少少寄希望于在政府撬动下或能人带动下的集体经济间接给自家带来益处,即存在经济学视角的"搭便车"心理。乡村振兴的主体是通过集体经济组织起来的农民,而这种避险的心理和客观行为使得集体经济失去了灵魂,集体经济的发展壮大也就困难重重。

(二)合作社缺乏"领头雁"式带头人

我国乡村振兴发展东西部不均衡,如果说东部沿海和发达地区乡村振兴已是"轻舟已过万重山",那么广大西部地区才刚刚蹒跚起步,陕西作为西部典型的农区,乡村建设任务任重道远。纵观南北发展水平差异的农村地区,村干部领导能力和管理素质参差不齐,好的村庄大多具有相似的特征,经济积累较好的村,往往都与"能人治村"紧密相连,而且村经济发展与村"两委"班子的依存度较高。"火车跑得快,全凭车头带",搭建一个强有力的班子,把村自治组织的领导核心作用充分发挥出来,农村集体经济才能发展好。课题组在汉阴县调研的96个样本村,普遍存在村"两委"干部年龄偏大,文化程度不高的事实,且村"两委"干部无一例外地担任村集体经济合作社运营负责人,他们欠缺经营能力、工作思路老套、缺乏新时代下发展农村集体经济的规划和思考,也无法在集体经济发展过程中提供有效指导。村支部书记、村主任、村集体经济合作组织法人"一肩挑",多重身份要求村干部既要搞党务村务管理,又要发展集体经济,常规工作任务重、压力大,疲于应付,未能把主要心思和精力放在发展农村集体经济和增加农民收益上,无论是在精力还是能力上都无法保证同时推动多重身份的工作。

发展农村集体经济涉及农村集体经济组织、产业的选择、整合与对接社会资源等各个领域,政策性和专业性都很强,覆盖面广。村集体经济合作社作为农村集体经济组织的有效实现形式,客观上需要一支懂政策、懂经济、懂管理的领导班子来运营,合作社的"领头雁"式带头人能够驾驭市场,规避风险,获得市场竞争优势,以带动农村集体经济发展壮大。农村集体经济缺少"能人"的原因,一是年富力强有经济头脑的"农二代"流向城市并毫不犹豫地选择留下;二是大学生群体往往受现实等更多因素影响,依然首选城市为就业地,而不是交通不便、待遇不优、条件不好的农村地区;三是派驻干部人事调动频繁,难免浮躁,没有坚定做好这份事业的雄心。

(三)过于依赖转移性收入

发展壮大农村集体经济的归宿和落脚点是增强农村集体经济组织的"造血"功能,科学合理地对集体资产进行整合并有效配置,集体经济组织在市场条件下获取市场收益,最终惠及集体经济成员,达到增加农民收入和促进农村产业发展的目的。所以集体经济组织收入高低及其来源是农村集体经济发展壮大的基石。近10年来,在国内总体经济形势持续向好的宏观环境下,集体经济总收入平稳增长,但经营性收入在集体经济总收入中的占比却由2010年的41.6%下降到2017年的32.3%,而同期的转移性收入占比却从2010年的14.5%上升到2017年的24.4%。汉阴县村集体经济收入结构样本村调研数字完全吻合这种国内趋势,集体经济收入占比过半的是转移性收入,经营性收入仅占33%。这充分说明广大农村地区的集体经济并没有跟上全国经济一盘棋的节奏,前进的步伐相对滞后甚至变化不大,集体经济对国家转移性补助的依赖性还比较大。此外,农村集体经济发展融资困难,前些年有一种观点鼓励社会资本通过"公司+农户"模式参与乡村振兴,结果许多公司抱怨有些农户见利忘"约",铩羽而归。经济学告诉我们,人们在熟人社会里采取机会主义的概率远低于在陌生人的社会,这种模式下个体农户对企业违约的成本几乎为零,个别农户违约往往让许多社会资本投资裹足不前,结果使更多农户利益受损。制约了社会资本进入集体经济的投资意愿。如此一来,农村集体经济组织寄希望于社会资本用于发展集体经济的路径并不通畅。

截至2021年1月,汉阴县近年来通过财政资金、项目支持等方式直接用于村集体经济发展资金达到1.62亿元,重点用于支持村集体经济组织发展特色产业、开发村集体资源、盘活村集体资产等方面。一定程度上起到了输血促造血的作用,但是在促进产业发展增长点、有效整合资源等方面尚存较大的改进空间,资金使用效益还需提高。过于依赖国家政策补助的输血喂养,会反噬地区的造血功能。

(四)产业发展缺乏多样化、深层次探索

乡村振兴战略,产业振兴是关键,集体经济的发展壮大需要有与地区实际情况相适宜的产业支撑,整合周边资源,发展规模适度的可持续性产业,以追求规模效益。缺乏适宜的产业,往往是农村集体经济弱小、农村发展滞后的重要原因。壮大集体经济要发挥双层经营体制下"统"的功能,小农经济下农业资源碎片化严重阻碍了农业现代化进程。汉阴县样本村中,农村集体经济服务方式绝大部分依然是种植业,占比高达82.29%,养殖业占9.38%,非农产业(含服务业)占比最低8.33%,且村与村之间存在产业趋同性,导致特色不明显,无竞争优势。产业发展缺乏多样化、深层次探索的原因有两方面:首先是汉阴县多数村为无任何历史积累的"空壳村",产业基础薄弱,其次集体经济产业选定由谁来选,缺乏懂市场、懂经营,熟悉当地实情,又有胆识有魄力的"能人"。所以一肩挑的村"两委"干部为规避市场风险,加上村务繁忙也无瑕探索产业发展,现实中只能维持低收益的传统种植业生产。反之,如果有"能人"带领,村集体经济将会发生极大的改观。军坝村就是一个在"能人"带领下"无中生有"抓产业的典型例子。军坝村经村"两委"班子多方考察,2019年利用不能发展工业的零星地块(坡地)尝试种植香椿,在当地率先开展规模性种植,当年建成温室大棚,抢在春节前销售"香椿芽",一度出口远销澳大利亚等国家,促进涧池镇香椿合作总社成立。此外,2021 年,该村扩大废弃的堰塘探索"活水养鱼",邀请专家论证后,梯度养殖白鲢、花鲢等传统鱼,2022 年又引进高位养鱼池,通过封闭式水循环模式提升养殖密度,养殖性价比更高的品种。所以,通过考察、调研、论证,多方整合资源,创新发展和培育农村产业新业态,积极进行产业深层次探索对于壮大集体经济意义重大。

### (五)面临土地资源不足的瓶颈

土地是农村农业最重要也是最基本的资源,是农村经济发展和增长的基础,土地适度规模经营又是发展现代农业的内在要求,所以能否实现向集约的土地要效益,直接关系到农村集体经济的发展壮大问题。现实的窘境,首先来自政府征用土地,政府经济增长过度依赖土地,大量农村土地资源被侵蚀,调研中汉阴某村三分之二土地被征用于发展工业;其次源于我国实行以家庭联产承包责任制为基础的统分结合双层经营体制,"分"得彻底,"统"得不足,集体产权制度改革以后,集体土地均确权颁证发包到农户,汉阴县已全部完成,调研样本村中,村集体几乎没有任何预留地(村集体依法按户发包以外预留的土地),只能在现有土地政策范围内流转已发包给农户的土地。部分村集体土地虽然确权清晰,但存在被侵占或长期低价租赁的情况,发展集体经济用地难以得到保障。土地资源不足成了农村集体经济发展的现实问题。

### (六)合作社监管制度不完善

新时代下广大农村发展实践证明,农村集体经济合作社是农村集体经济组织的有效实现形式。农村集体资产由合作社负责管理,其组织设置、治理结构、管理制度与现代企业制度不在一个层面上,虽然形式上由村民代表大会决策、有村财务监督小组约束,但日常经营管理、收益支配集中在少数村干部手中,即农村经济合作社中的"精英俘获"现象,存在着"道德风险增加发展风险、结果公开掩盖过程公开、财务审核代替责任审计"的可能性。制度经济学告诉我们,一个组织的制度是否规范、完备会促进或延缓组织的有效运行,规范、完备的制度体系和结构能有效引导和激励组织内人员的经济行为,并积极推动组织的发展,反之则阻碍组织发展。在调研的样本村中,各村集体经济合作社均建立了基础的管理与监督制度。汉阴县制定了《汉阴县村集体经济组织运营管理办法(暂行)》《汉阴县农村集体经济组织财务管理办法》等管理制度,定期开展检查督导和年度审计等监管措施,建立了村集体经济"三资监管"三级联动联网体系,142 个股份经济合作社和 136 个"三个一"产业合作社账务全部录入系统,已开通 106 个村,来保障集体经济组织比较规范地运行。但合作社企业化管理水平不高,制度章程建设的规范程度不够,运作经营机制不够健全,不少成员对成员的义务、权利、监事的职权、理事会的各种职责、成员大会的运作等不甚明白,大多数普通成员没有被视作专业成员,缺乏足够的合作参与积极性。究其根源,一是内部人的问题,合作社监管制度是否合理,内容是否全面,体系是否完备,由谁来设计、制定并评价,显然靠目前当下各村留守"部队(老人、妇女、儿童)"是不现实的;二是外力援助的问题,缺乏来自农业龙头企业、上级政府部门搭建的平台、社会资本注入等各方力量的专业指导。

## 四、汉阴县农村集体经济发展模式探索

### (一)典型案例分析

#### 1. 推行"三联共建"机制

"三联"共建指支部联建、资源联享、产业联盟共同推进农村集体经济发展的工作机制。汉阴县兴隆佳苑社区是易地搬迁社区,建成于2019年5月,地处县城以西7千米,占地面积60.62亩,共有11栋楼29个单元,设4个居民小组,安置搬迁群众443户1756人,其中党员17名。社区建成后,兴隆佳苑社区党支部率先推行"三联共建"工作机制,与地域相邻、产业相近的兴隆村、西岭村联合,成立兴隆佳苑蚕桑专业合作社,建成千亩蚕桑产业基地,实现优势互补,推动共同发展,带动群众致富增收,取得了良好成效。该做法得到中央电视台《新闻联播》《人民日报》头版和新华社等媒体报道。其获得成功的关键在于如下几点:

第一,支部联建。兴隆村党支部是省级示范党支部,组织力强;兴隆佳苑作为搬迁社区,新党支部各项工作有待完善;而西岭村党支部相对涣散,需提升组织能力。基于三个党支部工作进展不平衡、组织威信力差距较大的现状,镇党委通过班子共带、发展共商、活动共办进行党支部联建,先进带后进促发展。

第二,资源联享。联享联建村(社区)的集体资源,实现资源的规模化效益。一是基础设施共享。联建村(社区)通过整合基础设施资源,以扩大产业规模,联合申报项目。截至2021年,联建村(社区)修建产业道路3.8千米、灌溉渠道2.6千米、水窖8处,在此基础上进一步规划形成三纵多横、相互联通闭合的产业道路。二是劳务资源共享。兴隆佳苑社区利用搬迁群众的劳动力优势,牵头组建劳务公司,对三个联建村(社区)劳动力资源进行调研摸底,并建立台账,实现农民"家门口"就业。三是人才技术共享。选派若干名养蚕技术骨干到外地学习技术,掌握最新的养蚕技术,学成回来现场教学,对蚕农提供全程技术指导。此外蚕桑专业合作社自主研发了"省力化蚕台",有效降低了养蚕成本,提升了产业效益。

第三,产业联盟。搬迁社区农民具有传统的养蚕技术优势,且有产业发展资金,

但发展瓶颈是缺乏土地资源。而西岭村和兴隆村有可利用的土地,但是缺乏"能人"带动,发展资金不足。三个党支部联合成立蚕桑产业专业合作社,采取土地入股、集体资金入股和农户带资入社的方式,筹集产业发展资金。按照户均2.5亩、增收10000元的标准规划,新建高标准蚕桑产业园1500亩,建成20处5600平方米标准化蚕室工厂、1处20亩林下养鸡场。2021年养蚕种蚕206张、土豆套种200亩,林下养鸡销售2万余羽,总收入237.5万元,社区集体提纯收入33万元。同时,蚕桑专业合作社与茶叶专业合作社共同研发桑叶茶、桑枝茶等产品,延伸了产业链,增加了附加值。

平梁镇的"三联"促发展工作机制,通过支部联建,使党建工作水平整体得到提升;通过产业联盟,解决了产业碎片化、规模小的问题,提升了产业效益,带动了农民增收;通过资源联享,解决了资源分散、资源闲置的问题,改善了村基础设施条件,实现资产效益最大化,为巩固脱贫攻坚成果、推动脱贫攻坚与乡村振兴有效衔接奠定了坚实基础。

**2. 搭建"镇园产业联盟"平台**

"镇园产业联盟"是由政府搭建的各镇村党支部、村集体经济组织与农业园区企业产业对接平台,把村级合作组织及其带领的农户与农业园区及农业企业联系起来,形成利益联结共同体。通过此平台,消除农户种什么、怎么种、卖给谁的迷茫,也解决了园区、企业基地销往哪里、原料供给的问题。"镇园产业联盟"是以市场为导向的利益联合体,村集体经济组织外联园区企业内联农户是关键环节,体现了组织生产、规模发展、集约经营的方向和要求,最终农户成为产业发展的追随者及受益人。

漩涡镇东河村、双河村、塔岭村通过"镇园产业联盟"和"三个一产业"发展模式,成立了东河丰和茶叶专业合作社,动员群众参社入股,新建陕茶一号茶园500亩,发展有机水稻500亩、富硒油菜500亩。协调阳晨牧业公司发放猪仔155头,发放高产新品种红薯苗10万余苗建成花椒产业园195亩、拐枣产业园516亩。通过相关部门人、财、物的投入,村上的产业发展发生了翻天覆地的变化。

在"镇园产业联盟"模式下,镇、村结合当地资源禀赋和产业要素,精选产业,通过完善利益联结机制,将农户牢牢嵌入农业产业链中,生产经营主体与农户形成利益共同体,以达到最终收益惠及农户的目的,使农户有土地的可以流转、有资源的可以分红、有劳动力的可以务工,多途径实现农户增收。同时各村选择有思想、懂经营的"能人"组建专业合作社,吸纳有产业发展意愿的农户加入不同产业类型的专业合作社,从根本上解决土地、资金、技术、市场等制约产业发展的要素,推动产业走集约化、规模化、专业化发展道路,不断壮大农业经营主体实力。

**3. 本土化"企社加盟"经营模式**

"企社加盟"模式是以产业为依托、市场为导向、品牌为纽带、产权联合为手段,引导同类农民专业合作社之间、农民专业合作社与农业龙头企业之间进行多种方式的联合与合作,实质是企业与企业、法人与法人的联合。尤其是在农业"三产融合"发展的实践中,对农产品市场主体进行的探索。但"企社加盟"的具体形式需结合本地资源和要素实际,来加快产业带动农村集体经济发展的进程。

蒲溪镇盘龙村自2018年开始探索落地"公司+合作社+农户"的"企社加盟"发展模式。2018年1月,完成了农村集体清产核资、成员身份认定及股权量化工作,成立了盘龙村股份经济合作社,全村3324人都成为合作社的股东。通过清产核资盘清集体资产,其中包括林地资源4852.7亩,村"两委"利用"三变"改革这一契机,将农村集体资源性资产全部纳入村级股份经济合作社,同时流转撂荒土地150亩用来种植红桃。与三马公司签订合作协议,三马公司向持股股东统一发放股权证,并建立档案,对农户入股的土地、林地,在合作社纳入经营的地产股,实行"保底收益,持股分红",未纳入经营的土地、林地,仍由原承包户自己经营,不参与地产股分红,待后由合作社统一经营时,再进行分红。同年12月,盘龙村成立了村级产业合作社(汉阴县鑫龙泰红桃种植专业合作社),依托合作社积极推动产业发展,以红桃、蚕桑、水果大棚等为主导产业,盘龙村呈现良好的发展势头。2020年6月,回购三马公司发展的红桃园,农村集体经济资产实现了增长,全村种植红桃1000亩、水果大棚200亩、栽桑410亩。该村依托产业长短结合,做到产业长期有发展、短期有收入,在桃园内套种西瓜、土豆等,既增加了合作社收入,又减少了产业园日常管理费用,实现了效益最大化。2020年,草莓、红桃、蚕茧、民宿餐饮等收入共计50余万元。盘龙村充分整合现有资源并创新实践,建立了适合本村发展的农民专业合作社推动型"企社加盟"模式。

2018年,双河口镇三柳村开始实践创新"企业+党支部+基地+农户"经营模式。同年,村股份合作社与安康嘉汇铭公司以"公司+党支部+农户"的模式进行整体开发。建成一座300余平方米的烘干厂房,配备15P、7P空气能烘干设备一套,共同研发金银花系列产品"五朵金花"(金银花茶、金银花蜜、金银花黑糖、金银花土鸡、文创产品)和"三柳共米"等,并通过"电商+"销售模式进行线上线下销售,其中金银花、红花产品广受消费者青睐。2020年,该园区被评为县级现代农业园区。通过几年的运行,三柳村摸索出一种"企社加盟"的经营模式——农业企业与合作社组成的特色农业集团(公司),即将农业产业与休闲旅游业、文化产业有机结合。充分发挥了龙头企业、专业合作组织的引领和带动作用,并通过引导土地流转,增加租金收入和务工收入,为农村集体经济发展助力。

**4. 推进"三个一"产业发展模式**

汉阴县早在2019年就创新推行了"加入一个产业专业合作社、发展一项长效特色产业、扶持一笔产业奖补资金"的"三个一"产业带贫益贫模式,发展富硒猕猴桃、茶叶、蚕桑三大特色产业,将贫困户镶嵌于产业链中,帮助他们实现稳定增收脱贫。脱贫攻坚后,发展壮大农村集体经济继续沿用该产业发展模式。蚕桑产业当年种、当年养、当年见效益,通过推行"三个一"产业发展模式,不仅能把土地利用起来发展产业,也能给农户增加务工岗位,实现农民增收。平梁镇新河村通过流转土地 300 亩,2021 年冬至 2022 年春育桑苗 270 亩,每年土地流转费近 20 万元,同时还有许多村民在桑园育苗基地务工,每天仅务工费就有 2500 余元。

涧池镇军坝村也将村集体经济合作社和村"三个一"产业发展有机结合起来。2018 年成立村集体经济合作社以来,财政拨款资产性收益本金 19 万元,2019 年带动贫困户 36 户配股收益分红 1.9 万元,财政拨款发展壮大农村集体经济资金 129 万元。这些资金全部被投入到"三个一"产业合作社,村香椿种植专业合作社现有香椿种植基地 700 余亩,大棚香椿基地 2 亩,采摘的成品香椿芽销售给外省销售商,形成生产销售产业链,通过长期销售合作,达到互利共赢。此外,2021 年军坝村探索"活水养鱼",梯度养殖白鲢、花鲢、草鱼等传统鱼,2022 年引进陆基圆桶形高位养鱼池,养殖鲈鱼、黄骨鱼等性价比更高的品种。当地经过几年的探索和论证,大力发展香椿种植及水产养殖产业,实现集体经济合作社资金的有效利用。截至 2021 年年底,军坝村香椿种植专业合作社新增大棚香椿 4 亩,组织移植大棚香椿 10 万余株,并发展种植育苗基地 8 亩,为后期发展大棚香椿移栽及香椿种植基地扩大提供保障。水产养殖产业合作社自主经营培育鱼苗 10 余万尾,并投放养殖大池塘,实现年产值 40 余万元,预计到 2025 年"三个一"合作社销售年产值将超 500 万元。

几年来,军坝村集体经济合作社总收益 144 万元(其中饮水厂水费收益 83 万余元,公租房收益 25 万余元,财政拨款资产性收益及壮大集体经济资金收益 28 万余元,将集体经济资金用于发展香椿、水产养殖产生的收益 8 万余元)。军坝村结合实际,持续推进"三个一"产业发展模式,发展壮大村集体经济,带动村民稳步增收,同时为脱贫攻坚成果巩固和乡村振兴有效衔接奠定了坚实基础。

### 5. 创新"136"收益分配模式

平梁镇太行村从不同经营主体、地域条件、土地类型和农户需求出发,创新实行"1117""136"和"双托管"等多种分配模式,充分调动了各方积极性,有效带动了相关产业发展,切实推动了农村集体经济发展壮大,农民收入得到提高。一是土地入股"1117"分配模式。花椒种植专业合作社与村集体经济股份合作社合作,因花椒三年后挂果,前两年为生长期、不盈利,前两年每亩土地暂不支付土地租金,第三年开始支付土地流转费,从第四年开始除每亩土地支付的租金,每亩花椒纯利润按照"1117"利益分配方式进行分红,即利润的 10%分配给村集体,10%分配给土地入股农户,10%留作风险金,70%分配给企业。二是种植托管"136"分配模式。为切实扩大花椒种植规模,太行村村集体与花椒专业合作社达成共识,由花椒专业合作社负责土地流转,并将种植的花椒幼苗交由农户托管,前两年企业每年支付给农户200元/亩托管费,从第三年开始按照"136"的利益分配方式,即每亩纯利润的10%付给村集体、30%付给合作社、60%留给农户(如有土地无劳动力的农户,将地流转给有劳动能力的农户,本人占10%、种植户占50%)。农户托管过程中,由花椒专业合作社免费提供技术支持、农药、肥料和产品保底回收等服务。三是养殖"双托管"分配模式。该村与养殖专业合作社达成协议,将西门塔耳牛幼崽交由有养牛经验和养殖能力的农户代养,销售方面由企业负责,农户和企业按照60%和40%的比例分配利润;同时,对于没有养殖能力的农户,可以在企业购买牛幼崽,由养殖专业合作社代养,等出栏后所得利润按照农户四成、企业六成进行分配。

创新收益分配机制,通过明确合作各方权利和义务,严格兑现协议承诺,减少和化解合作风险与矛盾,以此提高农民、村集体和专业合作社在合作发展中的参与度,最大化保障农民和村集体的收益。太行村农村集体经济发展效益及带动群众增收效果初步显现。

(二)经验与启示

汉阴县各村镇(社区)在探索发展壮大农村集体经济方面,充分发挥了基层工作者和人民群众的智慧和创造性,"三联"共建工作机制被央视媒体推广,"镇园产业联盟"模式和"三个一"产业模式写入省委一号文件,这充分说明该地区对农村集体经济发展模式探索的创新性和科学性。汉阴县模式,用实践证明坚持党建引领、注重提高农业产出率、有效组织农民提高其积极性的做法,对发展壮大农村集体经济具有重要意义和推广价值。

首先,基层党支部务必坚持党组织领导。我国农村集体经济的所有制属性,客观上要求基层党组织要起到思想引领和决策指导的作用。汉阴县在不改变原有各村的行政区划和财产所有权的前提下制度化同构农村基层党支部,在"三联"共建工作机制中,"支部联建"是组织者和引领者,"产业联盟"是抓手,"资源联享"是保障。"三联"充分发挥了基层党组织的战斗堡垒作用,通过党支部最大化整合周边农业资源,盘活集体资产,优化配置要素,把党支部的政治、组织优势转化为经济发展优势,实现村域协同发展,走集约化产业之路,壮大农村集体经济,实现农民稳定增收。

其次,提高农业产出率。世界农业发展规律表明,农业的经营效益与规模直接相关,而适度规模需与相应的科技、资本、人才及经营方式等适应,农业经营效益即产出率,同等投入追求产出最大或一定产出的情况下投入最小。实现从生产端到销售端的流转,农业产出率才能变现,这样就涉及经营主体和经营规模的选择问题,汉阴县

"镇园产业联盟""三个一"和"企社加盟"较好地从不同角度给出了解决方案。小农户无法面对农产品大市场的供给端,同时与需求方信息不对称。农产品生产与销售分割为多个部门管理,生产环节是分散的农户、农业大户和农民专业合作社等,而农产品的流转部门(收购、加工、销售)是农业企业。两方经营主体其中任何一个意在做全产业链都不符合市场经济的分工论,大而全是在弱化、抵减经营主体的优势。生产主体和经营主体要运用产业生态思维合作,形成一个完整的农产品产加销一体化经营体系,发挥农产品市场经营主体的作用,这成为解决农产品卖难买难、实现农业产业化经营和农业现代化的一条重要途径,有效推进了汉阴县农业的"三产融合",带动能力不断增强。

最后,有效组织农民并调动其积极性。从精准扶贫到乡村振兴,"三农"问题的出发点和归宿均是实现广大农民的发展。全社会有共同的责任推进乡村振兴,各级党委政府只是乡村振兴战略的领导者、推动者、助力者,但战略的主体是农民。要实现2050年的农业强、农村美、农民富,需要农民自我发展意识的觉醒和自我组织能力的提高,只有亿万农民受益者参与进来,才能有效推动乡村建设进程。当前农村集体经济股份合作社作为新时代农村集体经济组织的有效实现形式和运行机制,被广泛推广和实践,它能够有效组织农民,尤其是村集体入股农民专业合作社,能够将农民牢牢镶嵌在产业链中,继而该模式下不同主体之间的利益分配就显得尤为重要,既要能通过产权权益充分调动各方积极性,体现集体经济组织的集体属性,同时给予公司、基地或园区必要的激励,最终又必须惠及广大村民。由于各地农村资源禀赋差异较大,要素资源产权不同,农民专业合作社的内部组成结构及分配形式也各异。不管是土地入股"1117"分配模式、种植托管"136"分配模式,还是养殖"双托管"分配模式,落脚均是给资源匮乏的农民通过农村集体经济合作社这一农村集体经济组织在农民专业合作社的框架下赋予市场要素入股,合作社在公司与农户、村集体之间进行谈判博弈,确保农户、村集体和企业双方利益均衡,不能因为市场价格波动和农产品生产资料品质而违反契约,追求市场共赢。显然农民专业合作社显性成本和隐性成本投入较高,合理的利益联结机制,大大调动了农民的主体性和积极性。汉阴县在发展壮大集体经济分配模式方面,进行了创新性的探索和实践。

### 五、汉阴县发展壮大农村集体经济路径的对策和建议

**(一)坚持党组织对集体经济的引领和指导**

2018年,中共中央组织部、财政部、农业农村部印发的《关于坚持和加强农村基层党组织领导扶持壮大村级集体经济的通知》提出,要充分发挥农村基层党组织的政治功能、组织优势,把党员、群众组织起来,有效利用各类资源资产资金,因地制宜发

展壮大农村集体经济。汉阴县部分村面临着集体穷、支部弱、群众散、产业衰的难题,坚持党建引领下的农村集体经济成为资源分布不均、村庄空心化和老龄化、集体经济基础不高的村庄的现实选择。汉阴"三联"共建工作制中的"支部联建",充分发挥了农村基层党组织的领导作用,而且在实践层面,明确了村级组织之间的关系,有效推动了"产业联盟""资源联享"。鼓励产业相同、地域相近的合作社,成立联合党支部及联合社,实现资源共享、优势互补。支部联建有助于化解不同农村组织之间的组织目标冲突,厘清村级各类组织功能定位,实现各类基层组织按需设置、按职履责,积极引导全体村民参与。同时对于不满足产业和地域条件的村,借鉴山东省村党支部领办合作社的经验,即由村党支部代表村集体注册成立农民专业合作社,村集体以资产、资源等入股,农户以劳动力、土地、资金等入股,把农民组织起来。村党支部书记、村民委员会主任"一肩挑"的村党支部领办合作社,既可以推动多种形式的适度规模经营,提高农民进入市场的组织化程度,又可以充分发挥合作社对接市场的优势,壮大集体经济,又有利于推动农村基层社会治理工作,加强党组织对农村工作的领导。当然,村"两委"一肩挑一定程度上难免滋生"精英俘获"的土壤,实践中需要通过完善管理和监督制度规避。

(二)多元探索集体经济收入渠道

农村集体经济的发展需充分挖掘地区资源禀赋优势,在此基础上定位发展的产业。汉阴县在县域层面规划了"南茶北果川道园"整体产业布局,明晰了集体经济发展思路。通过对样本村的调研,课题组认为影响所在地区村集体经济发展的主要因素中,"发展思路"比重最大,占72.92%,足见一村一品产业选择的重要性。目前通过以村集体经济合作社和"三个一"产业农民专业合作社为实施载体,发展了协作共赢型、资源开发型、资产经营型、产业带动型和服务创收型集体经济,初显成效。但面临样本村82.29%的村集体依然依托种植业发展的现状,作为参与市场竞争的主体,村集体经济合作社需整合内外部资源,突破仅停留在种植业初级层次生产层面的限制,向产业链中下游延伸,提高附加值,进行产业深层次探索。因地制宜发展特色优势产业,宜农则农、宜林则林、宜果则果、宜桑则桑、宜游则游,村(社区)突出一业为主,多业为辅,集中发展一项长效特色产业。

**1. 延伸种植产业链**

太行村花椒产业的选择由最开始的单一青麻椒种植,发展至现在的青麻椒、红花椒等多个品种的种植,与农业科技公司合作,建立了花椒烘干厂房、60亩现代化育苗基地,进行花椒产业深加工,将花椒制成花椒粉、花椒油等产品,将花椒籽提炼花椒油、有机肥,销往全国。诸如此类村自然资源优势明显的村集体,可由单一侧重于种植业向产品加工环节(第二产业)转移,村集体经济合作社和农户都可以通过土地、劳务、资金等形式入股农业专业合作社获得市场信息和技术指导等,同时与农业公司、园区、基地等合作。农户通过村集体获得集体经营收入分红和入股分红,拓展经营性收入渠道。

#### 2. 打造农旅融合经济

利用农村农业的生态功能和价值,打造休闲经济。盘龙桃花谷利用油菜旅游季人流量大的契机,开展桃花旅游活动周系列活动,进行"三生盘龙·十里桃花"的宣传,活动迎来游客5万余人次,盘龙村在拓宽产业基础的同时,积极挖掘内生资源,打造"春赏百花、夏闻荷香、秋摘硕果、冬泡温泉"的"农旅+"模式。发展四季旅游经济(第三产业),拓展村集体经济收入渠道。农旅融合经济在推广发展到一定程度,可以结合文创产品进一步升级,树立农旅、文旅品牌,提升旅游附加值。

#### 3. 树立文化品牌经济

太行村立足内生资源,深度挖掘历史文化元素,打造太行村文化品牌,探索发展文化产业。将文化保护和产业发展有机结合,大力发展民宿经济,规划打造特色乡村旅游点,鼓励村集体经济合作社吸引社会资本开发项目,走"生态兴村""文化兴村"的农村发展道路。

#### 4. 发展庭院经济

有条件的村、农户结合本地资源条件,充分挖掘农业资源的生态价值,将庭院经济与特色种植、特色养殖、特色手工、特色休闲旅游相结合,通过精选品种,力争做到"四季有花、四季有果、四季有景"。同时,鼓励农户通过休闲采摘、农家乐等经营方式,拓宽庭院经济发展形式,如316国道周边的村。发展庭院经济需要当地政府及相关部门在基础设施及配套服务上提供支持,拓宽公路、绿化亮化、建设停车场,使村容村貌、生态环境、承载能力得到一定改善。

#### 5. 探索集体新业态

以村集体经济合作社为主体,联合社会资本、供销社等各类主体建设农村电商产业发展平台,拓宽农产品、民俗产品等市场,促进农村电商产业集聚。结合现代农业发展,依托"互联网+"和"双创"推动农业生产经营模式转变,积极培育健康养生、农耕文化体验、养老服务等新业态,探索农产品个性化定制服务、创意农业、智慧农业等新模式,实现城乡生产和消费多层次对接,促进农村集体经济发展。

#### 6. 依托现代农业

围绕汉阴主导富硒产业,特色农业,发挥地域优势,由政府主导,集体经济组织参与,通过实施农地整治、农田改造、提供农业社会化服务等措施,大力发展一批现代农业产业化项目,积极兴办一批高效农业、设施农业、生态农业示范项目,加大农业基础服务设施投入,推进农业产业结构调整,形成"一村一品",辐射带动农村集体经济发展。

### (三)进一步巩固提升集体产权制度改革成果

为了解决以家庭联产承包经营为基础,统分结合的双层经营体制下集体经济组织"统"的职能被弱化的问题,组建村集体经济合作社对内组织农户,对外对接市场,这就面临合作社及其他相关主体的产权问题。在这个背景下政府推出了农村集体产权制度改革。按照《中共中央 国务院关于稳步推进农村集体产权制度改革的意见》要求,陕西省和全国多地一样,于2021年基本完成农村集体产权制度改革阶段性任务。汉阴样本村调研显示,农村集体产权制度改革也基本完成,截至2022年1月,86.04%的样本村中已全部发放土地确权证。改革在取得阶段性成果的同时,还需进一步提升巩固集体产权制度改革成果,产权制度改革深度不够。

**1. 进一步盘清家底,盘活资源**

集体经济组织建立、集体资产管理权移交等基础工作任务未全面完成,集体资产清产核资只是摸清了集体资产底数,并未对历年沉积的矛盾纠纷、财务问题、债权债务、经济合同、资产侵占等遗留问题进行专项清理和有效解决。

盘活存量方面,闲置或低效使用的集体房产整合不足,农村的闲置资产除了属于集体所有的废弃学校、厂房等,还有一部分"沉睡"在农户手中。如农户在宅基地建造的自家房子,盖得很大却基本闲置。通过农村集体产权制度改革,推动要素流动,激活这部分"沉睡"的资产。可以通过参股经营、租赁经营和联合开发等方式兴办政策允许的各类经营项目,以提高存量资产的利用率和收益率;村集体公用设施及机械设备等可通过拍卖、承包等方式对外发包,以获取经营收入,增加村集体收入。

盘活村集体资源,对属于集体所有的林地、草地、荒地等集体资源,建立集体资源登记簿,逐项记录。对于集体所有没有实行家庭承包的荒山、荒滩等采取公开协商或招标投标方式进行承包租赁,有规划地实施开发利用,实现村集体可持续增收,发展高效农业,通过租赁、发包、股份合作等形式,承包费归村集体所有,增加村集体收入。

**2. 盘活农村土地资源,推动土地流转**

土地资源是集体经济发展的基础和前提,汉阴县各村在家庭联产承包责任制下基本没有预留依法按户发包以外的土地,所以利用土地整治、旧村改造腾出的土地非常重要,可通过复垦和综合开发利用,增加村集体收入。盘活村集体土地,按照依法、自愿、有偿的原则,积极推动村集体经济组织、农户、新型经营主体发挥现代农业的主力军作用,将闲置的土地资源、经营性资产通过土地流转、入股、托管、股份合作等形式盘活利用,发展多种形式农业适度规模经营,提高土地收益率,增加农户收入,提高村集体的收入。对于土地整治出来的新增耕地,交由村经社进行经营。鼓励在依法征收集体土地时,按照实际征收村集体土地面积的一定比例,预留国有建设用地,交由村集体组织投资兴业。

### 3. 规范农村集体经济组织运行管理,加强集体资产监管

村集体经济合作社作为一种有效的农村集体经济组织的实现形式,履行着村集体资产运营管理的职能,以实现村集体资产的保值增值,为农户组织生产和各类经营主体提供居间服务。它与现代企业制度下的股份制在资金制度、财产制度、管理制度、分配制度和财产组织形式方面具有相同点,所以应建立产权明晰、机构健全、管理规范的农村集体经济体系,健全法人治理机制和理事会、监事会等机构,规范章程、集体资产经营和财务管理等事项,落实村党组织书记通过法定程序担任村级集体经济组织负责人的要求。农村集体经济组织与农民实际上是一种委托代理关系。基于此,需加强农村集体资产的监督管理,建立核查集体资产数量、产权归属、台账明细、制度建设等管理体系,用好农村集体资产监督管理平台,推进集体资产分类管理;同时强化集体经济组织负责人任期和离任审计,对一些集体经济体量大、工程项目建设多的村,加强审计监督。

## (四)多措并举培养、引进人才

农业农村人才是强农兴农的根本,农村集体经济发展壮大更是离不开人才的支撑。2021年12月,农业农村部印发《"十四五"农业农村人才队伍建设发展规划》,要求加强农村改革服务人才队伍建设,壮大农村集体经济。汉阴县农村集体经济发展现状中暴露的问题,反映出农村人才建设的不足,从村"两委"班子缺乏"领头雁"到村集体经济合作社亟须懂经营管理的带头人等,都说明要发展好农村集体经济,必须强化人才队伍建设,充分发挥人才的组织引领作用。关于人才振兴对于农村集体经济发展的支撑作用,对于农业农村现代化的推动作用,国内学界已形成共识,农村集体经济人才匮乏的问题,一是农村劳动力的流出,2021年汉阴县农村劳动力转移就业人数8.2万人,现有农村生产生活状态和环境对外流人员回流乏力;二是区域外人才的流入不足,现有人才体系结构不完善和激励政策力度不够,人才流入缺乏吸引力。

### 1. 部分村推进人才吸引模式

人才吸引模式适合汉阴县部分集体经济发展水平较高和农村新业态已建立的村,具体有两种实现途径:一是集体组织通过赋予非村内成员一定集体股份收益分配权,利用较高的集体股份分红吸引外来专业人才,进而提升农村集体经济组织的集体资产经营管理水平和治理能力,如村集体经济收入在50万~100万元之间的兴隆佳苑社区等。二是引入"乡村CEO",产业兴旺的核心问题是缺乏能够将乡村资源转变

成产业的经营人才,通过在乡村打造新业态,建立合作社或公司的经营机制,在合作社或公司中聘请职业经理人,即"乡村 CEO",如太行村一年来集多方力量打造太行村文化品牌,发展农村新业态。

2. 择优择机实施人才选派模式

当地主管农业农村工作的上级政府等相关部门,联合制定选派干部驻村指导和策划的用人制度,派驻的干部需要具备丰富的农村工作经验和专业的指导能力,且对农业工作有情怀,通常为长期从事农业工作的专业人员,通过政策鼓励他们带动资源、项目。还有可能是社会资本走入农村,对当地集体经济组织运营进行指导并协助推进集体经济发展壮大。这种模式受政策制定、人员条件及财政保障等限制,可在汉阴县政府及县乡村振兴局、县农业农村局及相关部门的支持下视具体情况实施。人才选派模式能够在相对短的时期内为农村集体经济组织注入专业水平高、实践经验丰富的人才。

3. 多方协力落地定向培养模式

择优培养当地高中毕业生和优秀的青年农民,由财政出学费,使其进一步接受高等教育,待学业完成后,服务于所在村镇(社区)。这种类似于订单班培养的方式也是教育部推出的"一村一名大学生计划"的具体形式。这种培养虽说周期比较长,但是在培养农村经济发展的后备力量方面起到了人才振兴蓄水池的作用,当然这依然需要汉阴政府财政的大力支持。

4. 实施人才激励模式

通过提高农村集体经济组织管理者、运营者等相关人员的待遇来推动其进一步发挥组织管理能力,提升集体经济收益。当下汉阴村集体经济合作社管理人员均为村"两委"班子兼任,村务繁忙,客观上无暇经营村集体经济,其次由于经营好了受益为村民,经营出现问题则受责难,所以主观上也缺乏动力。可见,基于各村集体经济收益对管理者进行按比例奖励,不失为一种推动农村集体经济发展的有效措施、汉阴县 2021 年各村集体经济收入多数在 5 万~10 万、10 万~50 万,可以考虑集体经济收入在不同区间,设置不同的奖励比例。人才激励模式可在汉阴县各村推广实施,起到有效的激励作用。

5. 开展常态化培训和宣传

常态化开展农业农村现代化培训,针对部分村干部和村民对发展集体经济存在思想认知不清、定位不明的问题,推进思想政治素养和现代农业生产经营专业技能的培训学习和宣传教育,提高村干部和村民的思想认识水平。

(五) 完善政策保障,加大支持力度

首先,财政优先保障。调研发现,样本村村干部面对"所在地区政府为村集体经济发展提供哪些支持"的问题时,资金、政策、技术、项目或企业、人才的五个选项中,资金占比最大(89.58%),其次为政策(79.17%),可见村"两委"对于政策和资金保障的诉求力度,也反映出基层在集体产权制度改革尚不完善、"三变"改革推进中,村集体经济组织面临的现实困境。汉阴县集体经济发展处于起步阶段,建议政府及相关部门把产业振兴放在财政优先支持的位置,健全涉农资金统筹,整合长效机制,制定产业发展奖补政策。重点奖补到终端农产品、接环补链项目上,防止"撒胡椒面",对有限且宝贵的资源造成浪费。统筹实施省级财政扶持壮大村集体经济项目,完善用地保障政策,优先保障产业发展用地。同时鼓励涉农金融机构创新金融产品和服务,积极探索农村集体建设用地使用权、土地承包经营权、村集体资产等抵押贷款,拓宽村集体融资渠道。

其次,纳入考核规定。把发展壮大村集体经济列为乡村振兴工作的重要考核指标,县级强化对发展壮大村集体经济的全盘统筹。考核内容具体到村级集体经济收入额(包括当年的经营收入、发包收入、投资收益、补助收入及其他收入)以及村创办集体经济组织情况(村办企业、村办农民专业合作社等),考核其手续是否完善、村集体占有年度盈利分配状况等。

最后,强化利益联结机制。持续推进"三个一"产业发展模式,把利益分配重点向产业链中下游倾斜。为提高农户参与度,扩大群众受益面,把农民组织起来,建议将财政投入经营主体项目资金量化为村集体及农户股权,这样经营主体和农户在产业链上就能实现优势互补,进行分工协作,将农户引入现代农业发展轨道,形成"龙头企业带动、合作组织跟进、广大农户参与"的抱团发展模式,实现集体经济发展壮大,农民持续稳定增收。

# 第二节
## 汉阴县物流业发展现状及对策

### 一、国家支持农村电商物流发展的相关政策及国内优秀案例

(一)国家相关政策梳理

在乡村振兴大背景下,农村电子商务发展前景广阔,农村物流作为农村电子商务中必不可少的一环,同时也作为中国乡村振兴战略中的重要支柱,将农业区域、农产

品市场、村镇电子商务产业等诸多关键领域紧密联系在一起。汉阴县曾是国家扶贫开发工作重点县，是秦巴山区集中连片特困地区覆盖县之一，位于陕西南部，成渝、关中—天水、武汉三大经济区域几何中心。汉阴县发展现代物流业可以促进区域经济一体化发展，优化整合区域资源配置，优化调整服务方式，降低中间的交易成本，大大提高商品流通效率，提高商品附加值，从而实现对汉阴县各产业部门的产业链与价值链的完善和提升，带动全县经济的全面发展。

党的二十大报告指出，全面推进乡村振兴，坚持农业农村优先发展，巩固拓展脱贫攻坚成果，加快建设农业强国，扎实推动乡村产业、人才、文化、生态、组织振兴。2022年6月，我国现有行政村已全面实现"县县能5G，村村能宽带"。行政村通光纤比例从不到70%提升到100%，平均下载速率超过100Mb/s，基本实现与城市同网同速。2022年7月13日，国家邮政局发布上半年邮政行业运行情况，上半年我国西部地区多省邮政快递业务量增速超20%，"快递进村"工程的深入推进是直接原因。截至2022年6月底，全国共建成各类农村快递服务站点26.7万个，全国村快递服务覆盖率达到90%。

国家邮政局监测数据显示，截至2022年12月1日上午8点10分，全国快递累计业务量突破1000亿件，比2021年提前7天达到千亿件，充分彰显了行业发展的强大韧性。其中，农村物流正在发生可喜的变化：农村寄递物流体系加快建设，"快递进村"覆盖率持续提升，目前已实现每天1亿多件快递包裹在农村进出。快递业务加大向农村地区倾斜和覆盖，一方面彰显了我国乡村振兴战略取得积极成效，另一方面也与农村居民收入和农村地区道路、物流等基础设施大幅度提升关系密切，这背后得益于"快递+现代农业"带来的积极成效。

党中央、国务院高度重视农村电商发展，2021年中央一号文件提出，加快完善县乡村三级农村物流体系，改造提升农村寄递物流基础设施，深入推进电子商务进农村和农产品出村进城。2022年中央一号文件提出，实施"数商兴农"工程，推进电子商务进农村；促进农副产品直播带货规范健康发展。在顶层设计方面，《电子商务"十四五"发展规划》明确要将电子商务与一二三产业加速融合，全面促进产业链供应链数字化改造，成为助力传统产业转型升级和乡村振兴的重要力量。2021年新增支持206个县（包括26个脱贫县）。累计建设县级电子商务公共服务中心与物流配送中心2400个，村级电商服务站点14.8万个，带动618万名贫困农民增收。商务部实施"数商兴农"行动计划，聚集"三农"，发展农村电商新基建，打造农产品网络品牌，培育直播新农人。农业农村部出台《关于加快农业全产业链培育发展的指导意见》，提出"加强农村电商主体培训培育""实施'互联网+'农产品出村进城工程""发展直播带货、直供直销等业态"。

2020年4月,中国快递协会联合13家快递物流和电子商务公司,联合发起了"快递进村"倡议,主动回应和实施《快递进村三年行动方案(2020—2022年)》,同心协作推进"快递进村"。阿里推出"千县万村"的行动计划;京东以"京东农村超市"发展模式和"乡村推行员"团队为基础,将快件物流配送到村;拼多多构建"农货智能处理系统"和"轻仓储"的现代化物流配送管理模式,协助"小农户"连通"大市场";菜鸟协同通达快递构建了一张覆盖县乡村的三级物流配送网。各大机构都纷纷开始在农村物流领域发力,进行战略布局,农村物流市场发展前景好,发展后劲足。

2018—2022年的中央一号文件中多次提及乡村振兴相关内容与农村电商物流(表2-2)。

表2-2 2018—2022年中央一号文件支持农村物流发展的重点内容

| 年份 | 文件名称 | 关于农村物流的重点内容 |
| --- | --- | --- |
| 2018 | 《中共中央 国务院关于实施乡村振兴战略的意见》 | 着力破解农产品销售过程中的突出问题,建立现代化农业产品冷链及仓储物流配送系统,深入实施电子商务进农村的综合示范,加快推进农村物流现代化 |
| 2019 | 《中共中央 国务院关于坚持农业农村优先发展做好"三农"工作的若干意见》 | 健全乡村配送设施网络,进一步完善乡村优质农产品配送的骨干服务网络和冷链物流配送系统工程的建设,拓宽农民增收渠道,推进乡村振兴战略实施 |
| 2020 | 《中共中央 国务院关于抓好"三农"领域重点工作确保如期实现全面小康的意见》 | 启动农产品仓储保鲜冷链物流设施建设工程,进一步完善乡镇电商业务网点建设,带动乡村农产品进城、工业品下乡双方流转 |
| 2021 | 《中共中央 国务院关于全面推进乡村振兴加快农业农村现代化的意见》 | 加快建设并完善城镇及农村物流体系,改造升级农村寄递配送设施;推动农产品仓储及保鲜冷链商品配送基础设施建设工程,深入推进农业供给侧结构性改革 |
| 2022 | 《中共中央 国务院关于做好2022年全面推进乡村振兴重点工作的意见》 | 加快农村物流快递网点布局,实施"快递进村"工程、建设"一点多能"的村级寄递物流综合服务点;支持大型流通企业以县域和中心镇为重点下沉供应链;加快实施"互联网+"农产品出村进城工程;推进农产品产地仓储保鲜冷链物流设施建设 |

同时期,为逐步健全乡村物流配送体系,激励、指导和帮助物流配送公司向乡村区域拓展,各项针对性优惠政策也频频落地(表2-3)。

表 2-3 2018—2022 年国家支持电商物流发展的政策及重点内容

| 发布单位 | 文件名称 | 关于农村物流的重点内容 |
| --- | --- | --- |
| 中共中央 国务院 | 《关于全面推进乡村振兴加快农业农村现代化的意见》 | 全国促进农村消费,加快完善县乡村三级农村物流体系,改造提升农村寄递物流基础设施,深入推进电子商务进农村和农产品出村进城,推动城乡生产与消费者有效对接 |
| 国家发展改革委 | 《关于支持推进网络扶贫项目的通知》 | 扎实推进农村电商,建立完善适应农产品网络销售的供应链体系和物流、仓储等支撑保障体系,支持农村物流配送体系建设,进一步提升贫困地区快递网点乡镇覆盖率 |
| 国家邮政局 | 《快递进村三年行动方案(2020—2022年)》 | 推动"快递进村"是邮政快递业未来三年的工作重点,分三步实现到2022年年底符合条件的建制村基本实现"村村通快递"的目标 |
| 商务部、发展改革委等9部门 | 《商贸物流高质量发展专项行动计划(2021—2025年)》 | 建设城乡高效配送体系、促进干线运输与城乡配送高效衔接、改善末端冷链设施装备等 |
| 国务院办公厅 | 《关于加快农村寄递物流体系建设的意见》 | 健全县、乡、村寄递服务体系,补齐农村寄递物流基础设施短板,推动农村地区流通体系建设,为全面推进乡村振兴、畅通国内大循环做出重要贡献 |
| 商务部、发展改革委等17部门 | 《关于加强县域商业体系建设促进农村消费的意见》 | 改造提升县域综合商贸服务中心和物流配送中心,在整合县域电商快递基础上,搭载农资下乡和农产品进城双向配送服务,推动物流快递统仓共配 |
| 交通运输部、国家邮政局、中国邮政集团公司 | 《关于深化交通运输与邮政快递融合推进农村物流高质量发展的意见》 | 文件全文 |

## (二)国内农村物流发展优秀案例

### 1. 山东蒙阴县"电子商务+联配联送"

为解决农村物流成本高等问题,山东省蒙阴县积极发展"电子商务+联配联送"模式,推进"快快合作、邮快合作、交快合作"的农村物流服务模式,将快递企业化零为整,大幅降低快递成本。

第一,坚持规划引领,大力发展电子商务。蒙阴县政府在2018年印发了《关于蒙阴县电子商务进农村综合示范工作实施方案通知》,并且在政府的引导之下,蒙阴县部分快递公司联合成立了"快递e站"。

第二,完善三级物流体系基础设施。按照"多站合一、资源共享"的模式,完善"3+N"物流配送网络,即整合完善县、乡、村三级物流站场设施,在城区设立了若干(N)"快宝驿站"。

第三,整合物流基础设施和配送资源,实现"快快合作""快邮合作""交快合作",打通物流配送"最后一公里"。

第四,构建电商服务体系,农村客运班线运邮。以电商进农村综合示范项目为抓手,建设六位一体的县电子商务公共服务中心,推动县乡村三级电商服务体系建设。蒙阴县"电子商务+联配联送"模式,顺利打通物流配送的"最后一公里",为农产品上行外销提供支持。

优点:蒙阴县"电子商务+联配联送"这种发展方式不仅能够降低物流成本,而且还促进了电商、果业、物流三方融合发展,带动当地果业销售,为当地农民提供就业机会。

### 2. 广西富川瑶族自治县"电商物流+特色产业"

富川瑶族自治县通过"电商物流+特色产业"发展模式,推动特色产业与电商物流融合发展的网络化、集约化、标准化,有效降低农村电商物流成本,提高物流运作效率。

第一,完善组织领导体系。成立以县委书记、县长为组长的富川瑶族自治县电商产业发展建设领导小组。县交通运输局、经贸局、财政局、发改局、农业局、邮政公司等相关部门主要领导为领导小组成员。同时,组建正科级事业单位——富川电商发展中心,统筹推动农村物流发展。

第二,发挥交通运输基础性作用。按照"县级干支衔接、乡镇级集散分拨、村级配送入户"的运输组织模式,完善依托县乡村三级节点的运输配送线路网络。

第三,强化电子商务带动性作用。富川瑶族自治县采用"区域公用品牌、产品品牌""区域公用品牌、企业品牌"的双品牌战略,依托线上和线下双驱动的营销模式,线上农产品消费服务、线下农家体验,不断提高富川品牌知名度,实现农村物流的降本增效。

第四,改善发展软环境。通过充分发挥交通运输在促进农村物流发展中的基础性作用,强化电子商务对农村物流发展的带动性作用,不断改善依托特色产业,发展电商物流的软环境。

优点:富川瑶族自治县"电商物流+特色产业"这种农村物流发展模式,不仅提高了农村物流的效率,将电商引入更是推动当地特色产业发展,这样既完善了农村物流网络体系,又带动了当地经济。

### 3. 浙江嵊州市"公交带货为主、专线物流为辅"

为了破解目前农村物流成本高、运输难等问题,浙江嵊州采用"分拨中心—配送中心—农村物流服务网点"三级城乡物流服务网络,形成了"公交带货为主、专线物流为辅"的农村公共物流服务体系。

第一,坚持需求为导向,加强农村物流基础。浙江嵊州因为地理环境("七山一水二分田")的限制,交通运输并不便利,当地的农村物流也就跟不上,所以当地就采用坚持以需求为导向出台实施相关政策,补足基础设施不足短板,以及引进社会资本的方式来夯实物流基础。

第二,整合各类资源,完善三级物流服务网络。2018年6月以来,嵊州市持续对"四通一达"、邮政等快递资源进行整合,强化合作。并且利用"公交带货"这种客货线路资源共享的方式,结合地方特色农产品电商销售需要,积极推进农村物流专线开辟。嵊州市还根据当地农村交通需求以及农村人口分布情况,积极整合各类资源,推动快递服务网点下沉。

第三,提升服务水平,推动农村物流可持续化发展。嵊州市大多数村子都采用小卖部、便利店等收发快递,这样虽然比较方便,但是相关人员的服务水平和质量难以得到保证。所以嵊州市对此展开了一系列的措施。首先是规范化运营,打造星级服务网点,其次利用数字化管理提高运营效率,最后通过跨领域合作的方式来提升末端服务网点的可持续性。

优点:嵊州市以"公交带货为主、专线物流为辅",有效促进了农村物流降本增效,带动了农产品销售,有力推动了乡村振兴战略的实施。

### 4. 湖南攸县"城乡驿站+邮政快递"

湖南攸县打造"城乡驿站+邮政快递"农村物流服务品牌,高效整合电商、邮政、快递、供销等物流资源,以物流园区为核心、城乡驿站为节点,农村物流服务网络覆盖所有自然村,实现"串联式"配送一日达。

第一,强化政策扶持。出台政策措施,积极培育和发展具有较强竞争力的物流企业,提升农村物流运营管理水平,鼓励企业搭建以农村物流为核心的多元服务平台,助力农村物流发展。

第二,健全组织协调机制。建立由县级政府统一领导,多部门共同参与的农村物流工作领导小组,发挥政府在促进农村物流发展中的主体作用。

第三,统筹规划物流节点。交通、农业、商务、供销等部门加速推进"资源整合"和"多规合一",统筹规划建设物流节点布局,形成了"县有物流中心、乡有农村物流服务站、村有农村物流服务点"的农村物流发展格局。

第四,依托城乡驿站,攸县还打造了"物流+电商"项目。在县内 15 个发展较滞后村,攸县以城乡驿站为载体,通过统一培训、设置专职农产品销售人员等方式,服务当地农产品外销,并制订"一村一品"推广培育策略。

优点:攸县"城乡驿站+邮政快递"的发展模式,依托"城乡驿站"项目,整合资源开展共同配送,降低了物流成本,提高了末端配送效率。

### 5. 浙江德清县"交邮商融合发展"

浙江德清县通过大力发展电子商务、积极建设农村物流体系,加快完善县、乡、村三级物流网络,加快基础建设,推进"交邮商融合发展"。

第一,完善三级物流网络,加快基础设施建设。浙江德清县为了积极推动乡村振兴发展,在全国范围内率先加快实施快递下村工程,积极完善县、镇、村三级物流快递网络。并且于 2019 年 8 月底之前已经建成一个农村快递物流中转中心以及 30 个村级快递物流中心。

第二,快递运输准时有序,村民生活水平提高。德清县物流运输车严格遵循行业派送标准,确保每天一次,把村民的快递送至物流服务中心点,使得村民可以不出村就能享受到准时、及时的快递服务。

第三,全面展开物流中心建设,全力打造快递物流一张网。在全县范围内全面铺开农村快递物流中心建设,率先实现"村村通物流""快递普服化"。并且全力打造全县快递物流一张网,既让工业品下乡,又让农产品进城,同时开通同城配送功能。

第四,提升电商物流服务能力。大力发展社区电商,持续加快"电商换市"。搭建新零售营销体系,培育提升农村电商专业村。

优点:德清县通过"交邮商融合发展",整合物流资源,降低配送成本,发挥了交通、商务、供销、邮政等多部门多行业的整体服务效能。

### 6. 陕西扶风县"电商引领+精准扶贫"

近年来,扶风县通过整合已有的县级配送中心、镇村超市、下乡商品配送、上行农产品采购等节点和运力资源,搭建了农村物流三级物流服务体系,打通了农村地区农产品的上行和工业品的下行,探索"电商引领+精准扶贫"的农村物流发展道路。

第一,构建农村物流三级配送体系。扶风专业农村物流有限公司整合其已有的县镇村级超市,搭建县乡村三级物流节点,并与快递企业开展合作,结合其商超日常配送,开展共同配送。

第二,搭建电商平台。扶风县搭建全县农商互联电商平台"印象扶风",涵盖工业消费品、农特产品两大类 8300 个单品,授权设立"印象扶风"镇村网购体验店 151 家。采用手机 App 运营模式,开启扶风一站式网购商城,同城一小时快捷配送。通过电商平台,利用农村物流专线车辆实现了农村地区工业品的下行和农产品的上行,同时一定程度上降低了车辆的空载成本,最终降低了农村物流的配送成本。

第三,加大政府支持力度。扶风县作为国家电子商务进农村综合示范县,拿出300万元资金用于农村物流体系建设,先后出台了《扶风县电商集中销售活动物流奖励暂行办法》《扶风县农产品上行物流补贴办法》等奖扶办法,采取以奖代补、专项补助等多种形式,加大对示范企业及建设项目的扶持。

优点:扶风县通过"电商引领+精准扶贫"发展模式,利用信息平台,发布各类供求、物流信息,实现工业品、快递配送量上涨,使得农副产品销量上升,帮助众多贫困户脱贫摘帽,对推动农村物流健康发展和助力脱贫攻坚起到了积极的示范引领作用。

### 7. 浙江宁海县"交通运输+邮政快递融合"

浙江宁海县通过积极实施村邮站和交通物流共建、成立农村邮政物流服务站,完善县、乡、村三级物流网络,实现"交通运输+邮政快递融合"的发展模式。

第一,加快推进标准化农村物流体系。宁海县把发展农村物流作为乡村振兴的重要抓手,不仅通过完善县、乡、村三级物流网络,而且还充分发挥了交通、商务、供销、邮政等部门的资源优势,结合邮政快递企业、金融机构、宁海公交、农村电商人员,使之发挥主体作用,加快打造标准化的农村物流体系。

第二,打造农村物流生态联盟创新模式。宁海县于2020年5月揭牌农村物流生态联盟,进一步推进农村物流发展体系的建设。并且在同一时段,宁海县政府又联合宁波物流规划研究院建立农村物流发展研究室,为宁海县的农村物流体系的发展助力。

第三,四种模式联合升级打造驿站。宁海县重点打造了"交邮合作邮政物流网点模式""顺丰速运—农商行丰收驿站网点模式""快递企业农村末端网点整合模式"和"菜鸟驿站农村末端整合模式"等四种模式。并且在这四种模式的基础之上升级打造了"农村集士驿站",联合菜鸟驿站、移动驿站、人保驿站、苏宁驿站、丰收驿站、公交驿站和农产品创客驿站等,打造"农村邻里中心",实现农村物流网点的全面提升。

第四,大力推进农村物流车辆标准化。宁海县率先在全省实现了快递邮政下乡、电动三轮摩托车依法上路。同时全力打造快递合作公交专线标准化,通过智慧公交系统助推和新型快递循环周转箱应用,实现了承接快递进村业务的农村客运班车的规范化运营。

优点:宁海县"交通运输+邮政快递融合"这种发展模式不仅有效发挥了各部门的资源优势,更推动了当地多个企业、单位的发展,推进社会资源的整合共享和优化配置,进一步助推了快递进村和乡村经济发展。

### 8. 四川蓬溪县"交通运输+快递超市+网络平台"

四川省蓬溪县以农村路网为依托,对客运站进行功能拓展以及优化改造,整合交通、商务、供销、邮政、电商资源优势,形成了"交通运输+快递超市+网络平台"的发展模式。

第一,加强农村物流基础建设。蓬溪县为了能够加快完善县、乡、村三级农村物流网络,实现"客货同网、资源共享、信息互通、便利高效"的农村物流发展新格局,还在一些条件比较好的乡镇积极规划多功能一体化乡镇运输综合服务站,为农民提供更多服务。

第二,完善农村快递服务网络。依托快递服务网络打造集中配送和共同配送体系。优先利用乡村客运招呼站附近的村委办、农家店(超市)、村邮站等现有场所,规划布局以"邮政车为主、农村客运辅助、社会化车辆补充"的农村物流服务点。

第三,推进快递业信息化发展。依托菜鸟乡村网络平台,联合快递公司打造"统一分拨处理、统一运输配送、统一末端站点、统一服务标准、统一信息系统"的共配模式。通过政策、资源和技术、商业的有效整合,实现物流共配效能升级。

优点:蓬溪县这种发展模式不仅能实现运输网络共享,有效地减少资产、运输、仓储、人员等方面的投入,而且还能提高物流效率,提高企业运营效益,节省运输资源,大大降低物流成本。

### 9. 福建沙县"新型邮政+电商物流"

福建沙县通过积极与邮政和快递公司合作,探索出一条"新型邮政+电商物流"发展模式。

第一,加强快递品牌合作,有效推进"邮快合作"项目。福建沙县有效构建起县、乡、村三级农村物流网络体系。帮助邮政公司与多个知名快递品牌合作,依托三级物流体系实现邮件上下行以及末端投递,减少社会物流成本的重复投入。

第二,发挥"三农"资源优势,实现线上线下同步销售。沙县联合多个部门形成"助农联盟",发挥邮政的"三农"资源优势,搭建电商平台,帮助当地农民实现农产品的线上线下同步销售,帮助农民销售滞销农业特色产品,增加收入。

第三,降低快递价格,提升快递速度。沙县通过为乡村居民免费派件、平价揽件,减轻了百姓的负担,有效地杜绝了乡镇快递末端违规收费的乱象。积极提升当地快递分拣人员的工作能力,加强当地的快递基础设施,全面实现县至乡"T+0"、县至村"T+1"配送能力。

优点:沙县"新型邮政+电商物流"服务模式,不仅解决了当地快递进村"难"的问题,还有效地帮助当地农民实现收入增长,销售滞销农产品,同样也为当地的农民生活带来了便利,使得农民的生活质量水平更进一步提升。

10. 山东莱西市"共享平台+邮政快递"

山东莱西市通过"共享平台+邮政快递"的形式,创新开展邮快合作模式,打造综合示范店。

第一,山东莱西创新开展邮快合作模式,在当地的龙泉湖村打造了全省首家镇级"邮快合作+渠道平台转型"综合示范店。由河头店镇政府提供网点店面,青岛邮政分公司进行网点转型升级,形成"网点+邮快处理中心+示范店+服务站点"同心圆模式。示范店涵盖邮快合作收发件、惠农同城寄递、邮乐购、邮烟合作、邮商合作等综合服务功能。

第二,借助邮快合作物流体系,破解销售难题。组织邮政莱西分公司、邮储银行联合成立"助农联盟",借助邮快合作三级物流体系建设,搭建线上线下展示展销平台,通过线上电商平台、线下渠道"直播+寄递",破解农产品进城销售瓶颈。

第三,打造"交邮合作"项目,提升快递效率。组织邮政青岛分公司与青岛城运集团,达成战略合作伙伴关系,打造"交邮合作"项目,解决快递进村"最后一公里"的人力、运能不足等问题。利用交运客车将邮政支局邮件带往乡镇分局,提升邮件运输效率,为三级物流体系建设提供有力支撑。

优点:山东莱西市利用青岛首个"邮快合作"项目,积极打造了市镇村三级物流体系,实现了村村通快递的目标,使得农产品销售之路更加顺畅,并且利用网络共享平台帮助农民解决销售难的问题,同时也给农民的生活带来了便利,提高了邮件的效率,同样也促进了当地农村物流体系的建设。

## 二、汉阴县物流业发展现状分析

汉阴县位于成渝、关中—天水、武汉三大经济区域几何中心,是月河川道城镇带中部区域城市,是安康市九县三区中区位优势最明显、交通最便捷的县。阳安铁路、"十天"高速、316 国道穿境而过,安康机场相邻而建,公路、铁路、交通网四通八达,是连接西北、西南、华中地区重要的交通枢纽,是关中、江汉、成渝三大经济区的最佳辐射区和重要的物流集散地,因此汉阴县发展现代物流业可以促进区域经济一体化发展,优化整合区域资源配置,优化调整服务方式,降低中间的交易成本,大大提高商品流通效率,提高商品附加值,从而实现对经济社会发展的各产业部门的产业链与价值链的完善和提升。

汉阴县人民政府在《汉阴县域经济高质量发展行动方案(2021—2025)》(汉发〔2021〕12 号)、《汉阴县国民经济和社会发展第十四个五年规划和二〇三五年远景目标纲要》中都指出要把现代物流业作为培育壮大的新兴产业来发展。但目前汉阴县物流业处于发展初期,物流运作模式单一、效率低,企业规模普遍处于"弱""小"的生存状态，物流建设不完善等现实问题严重制约着汉阴县经济发展。因此汉阴县在"十四五"期间大力发展现代物流业，完善物流信息平台，加强基础设施建设，尽快形成与区域经济发展相适应的现代物流体系，助力汉阴县经济的提速发展。

(一)"十三五"物流业发展总体情况

2021年，汉阴县实现电子商务交易额7亿元，同比增长16.6%。通过高质量实施国家电商进农村示范项目，建成县级三级物流分拣配送中心。培育出的"人文汉阴"区域公共品牌，搭建网货供应中心，助力县域农特产品销售额过亿元。同时，利用县电商专项资金用于扶持、鼓励电商企业发展壮大，逐步培育出富硒食品、书法文创、跨境电商三大支柱产业。依托陕西书法之乡和厚重的"三沈"文化底蕴，培育出全省领先的线上书法文创产业和全市领先的跨境电商产业。由书法文创产业衍生出的纸箱、泡沫、有机玻璃等配套产业，逐步完善了文创产业的供应链体系，文创产业成为汉阴县域电商产业发展的支柱。

"十三五"期间，县电商公共服务中心重点打造"人文汉阴公共区域品牌"，形成了聚力量、育人才、树品牌、助振兴、促消费的青年电商工作格局，建立"三步走"的村级服务站建站模式，即选准人才引进门——下沉业务保生存——分类施策做运营。全县10个镇141个行政村中建成镇村级电商服务站78个，占行政村总数的55.3%。同时开展电商直播、网点开设、运营、产品网货化等一系列孵化工作，推动镇(村)富硒产品线上线下融合发展，从而更好地发挥农村电商助力乡村振兴的作用。同时，按照重点培养、梯次推进的原则，做精农村电子商务培训体系，实施电子商务万人培训计划，建立了资深高级、中级、初级"金字塔"人才库，为电商产业发展奠定坚实的基础。

(二)汉阴县电商物流基础设施建设情况

汉阴县快递物流产业园占地2000平方米，整合了6家县内快递及电商平台入驻园区，建成三级物流分拣中心，从县至村的快递逐步交由三级物流统一配送。78个村级电商服务站均具备快递收发及农产品购销、便民服务等功能。未建立电商服务网点的村，则由邮政快递建立代收点，目前全县快递48小时送达，快递覆盖率达100%。

截至2021年底，汉阴县整合11家快递公司派送业务，规划开通了4条配送专线，建成县级三级物流分拣中心，镇村级电商服务站77个。2021年1—7月快递公司上行揽件量共计62.8万件，同比增长29%，下行派件量共计573.8万件，同比增长5%。汉阴县300余家从事电商的商贸企业和个体迎来了政策赋能的良机，39期共计5148人次的电商培训。

截至2022年年初,全县拥有道路普通货物运输企业11家、道路危险品货物运输企业1家、物流企业11家,全县共有货运车辆542辆,运载能力共7131吨。全县12吨以上的重型货车251辆,运载能力共5633.915吨,分别占全县货车数量的46%和全县79%的运力。道路危险货物运输企业1家,危运专用车辆38辆。

(三)电商物流运维综合服务能力

自2018年运营以来,汉阴县电商办整合电子商务全产业链服务资源,先后引进多个运营商进驻,搭建起网络交易平台、信息共享平台、商品整合平台、创业融资平台和人才培训平台、"人文汉阴"电商公共服务平台,建成"建行善融商务扶贫线下体验馆""汉阴县电商中心消费扶贫专馆""汉阴县电商中心832消费扶贫馆""网货供应中心""西部数字农业研究中心调研基地""西安电子科技大学汉阴数字电商联合研究基地",成立"电商直播产业联盟",形成了集产品展示、人才培训、创业融资、商务办公、品牌培育等于一体的电子商务服务链,为全县电商从业者提供集约化、一站式、全流程的公共基础服务。

在实施"快递下乡、进村"工程中,通过邮快合作兜底,鼓励邮政、快递企业整合末端投递资源开展合作,加快推进基层寄递物流体系建设。漩涡镇为邮快合作试点镇,20个行政村建立综合便民服务站前期筹备已经完成。

(四)电商物流人才基础及培育情况

汉阴县全县货运物流行业从业人员900余人,其中持证(货运从业资格证)人员600余人。电商公共服务中心由20余名"80""90"后年轻人组成,包含村镇等地区电商从业人员超过3200名,凝聚450余家电商企业、培训电商青年5630人次、服务企业(个人)800余人次、成功孵化422人、帮助汉阴300余款农特产品借网出村,销售扶贫产品价值过千万元。

(五)物流相关政策支持

2022年7月,安康市人民政府办公室出台《加快推进农村寄递物流体系建设实施方案》(以下简称《方案》),要求聚焦农产品进城"最初一公里"和消费品下乡"最后一公里",强化农村邮政服务体系基础作用,在确保邮政普遍服务和特殊服务质量的前提下,支持农村邮政基础设施改造提升和服务网络开放共享,发挥邮政网络在农村寄递物流体系建设中的基础支撑作用。《方案》提出鼓励邮政快递、供销合作社和其他社会资本投资建设农产品产地端和市场端冷藏保鲜设施,提升全程冷链配送水平。鼓励支持邮政、快递、物理企业围绕县域特色农业、现代工业和新社区工厂发展需求,大力发展"寄递物流+"、定制化、个性化、专业化供应链服务。

2020年10月,汉阴县人民政府印发《汉阴县电子商务鼓励扶持办法》,文件积极培育电子商务市场主体,培育壮大电商企业,大力支持农特产品上行和"电商+农户+合作社"的多渠道销售,鼓励扶持建设聚集度高的电商商务产业园区,鼓励物流快递企业发展壮大,提升镇村电商服务站点运营能力,引进培育电商人才。

## 三、汉阴县物流业发展中存在的问题

### (一)汉阴县物流业成本整体较高

汉阴县下行物流主要涉及环节一般包括整车入库、分拣、出库、派送、转运、再派送(特殊区域)等5~6道环节,每个环节都涉及人力成本、时间成本、场地使用、设备损耗等多项成本。汉阴县独具特色的山区地貌,使得从物流仓储中心到末端村镇的配送难度加大,同时受制于上游厂家及物流企业的配送时效要求,汉阴县物流业态综合成本处于较高位置。

各区域物流需求的不稳定性导致单件物流货物履约成本较高。汉阴县人口居住区域较为分散,除汉阴县中心区域以外,其他村镇多分布于山区地带,区域通达性较弱。同时,各村镇人口基数有限,且主要为中老年居民,呈现出较低的网购需求,这些因素导致多个村镇单日快递下行量过小且稳定性较差,在网购市场处于淡季时会出现一个村镇下行数量仅有个位数的情况,最终表现为每完成一件货品的配送所涉及的各项服务履约成本较高。

上游厂家对配送时效要求的严苛性提高了当地配送企业环节成本。汉阴县目前的汉阴县快递物流产业园(月河村)聚集了如申通快递、韵达快递、极兔速递、拼多多、美团等多家上游物流企业及电商厂家。所述上游企业已在全国拥有较为完整的市场布局及完善的服务评价体系,为了保证服务质量以提升市场竞争能力,上游企业通常会要求较为及时且快速的配送到端服务。通过本次企业访谈及市场调查的信息可知,汉阴县快递物流产业园(月河村)面临的快递配送到端的服务时限要求为24~48小时,如果超时则将面临罚款等惩罚措施,这使得园区不得不实施每日派送的工作任务。通常,当地物流公司的环节成本项目较多,如场地费用、员工工资、车辆油费、车辆养护费用及各项税费等。上游企业的期望配送要求和当地企业所面临的实际配送成本之间的矛盾,使得当地物流企业常常处在延迟配送罚金或过高配送成本的两难境地当中。

### (二)汉阴县物流信息化建设相对落后

物流是物品的流通,其有效、高效的运转依赖于信息的顺畅流通。目前,受益于国家对通信基础设施建设的发展红利,汉阴县已经跨越了"技术沟壑",全县可以享受到较为便捷的有线宽带及移动互联网服务。然而,信息化及互联网化技术在汉阴物流服务中的渗透程度还比较低,降低了行事效率,同时也使打通全域物流信息交流的壁垒较为困难。

一方面,通过本次调研可知,信息技术在汉阴物流仓储管理方面普及有限,过度依赖传统人工操作方式。在入库、出库管理时,目前汉阴县快递物流产业园(月河村)的工作人员仍然通过手工录入的方式进行商品信息录入。同时,工作人员也对物流信息化技术软硬件更新的主观动力不足。缺少先进信息技术手段及软硬件的协助,带来了信息录入出错的风险,使得货物的库存管理、订单跟踪等环节出现信息缺失、管理缺位的现象,最终导致不必要的责任纷争。

另一方面,汉阴县缺乏全域物流信息统筹配置,物流企业之间信息渠道不通畅。通过调研得知,汉阴全域涉及多个物流配送单位,但出于信息安全、利益竞争等多方面原因,各物流单位之间缺失基础信息的共享,物流配送信息交流壁垒较高。这导致汉阴县物流管理相关责任主体较难建立市场综合物流数据库,在进行实时资源配置、配送调度等决策时缺少数据及理论支撑,表现出同一天、同一目的地由多家物流配送企业重复往返取送货物的现象。

## (三)汉阴县物流基础设施较薄弱

随着新农村建设,汉阴县的交通基础设施和信息基础设施建设已日益完善,各村镇与汉阴中心区域之间的往返道路较往年已有较大改观。但是,汉阴县目前与物流相关的基础设施建设标准仍仅能满足货物通达的基础要求,距离提升物流效率、物流服务质量的要求还有一定距离。

物流园区内高标准物流服务设施较少,缺乏自动化分拣及仓储设施,仓库空间利用率较低,人工作业成本较高,综合效率提升空间较大。根据调研信息,目前汉阴县快递物流产业园(月河村)的货物入库、分拣、搬运、出库等环节全部由工作人员手工完成,耗费大量时间、人力成本,同时会出现货品分拣错误的风险。另外,仓库内部货物摆放以平面展开为主要形式,内部动线混乱,缺少对立体空间的有效利用,导致空间资源浪费。

除此之外,汉阴县拥有独特的山区特征,区域路网建设密度受限,路网间缺少物流仓储配送的中间节点。汉阴县物流仓储配送中心设置在汉阴县中心区域,有效且合理的辐射范围不广,而汉阴县因其特殊地貌又凸显出村镇与中心直线距离近、驾驶时间长的问题,沿途也缺少中转或集散节点,使得物流联运难度较大,导致部分村镇单程配送时间过长、市场化物流企业主观不愿配送的问题。

### (四)汉阴县物流专业化人才缺少

由电商的发展所带动的现代物流业,是一项兼具现代信息技术特性与现代管理行业特性的新兴服务业。在物流实操的过程中,既需要掌握数字化专业技术,也需要懂得资源整合管理,还需要了解物流高效装载配送的各类人才。

目前,随着城市化的发展趋势,汉阴县各类青年人才因外地就学、外出务工等原因大量流失,受教育程度较高的汉阴本地人才返乡热情不高涨。同时,留守在当地的居民以中老年为主,他们所掌握的物流专业知识较少,对数字化技术熟悉程度不高,且多数居民学习意愿较弱,共同导致了汉阴县熟悉物流管理、信息技术、包装技术、成本优化、路线规划等知识的人才的缺失。

### (五)汉阴县农产品冷链物流发展水平低

近年来,陕西省冷链物流发展迅猛,但在县域农产品流通过程中依然存在着较大问题。从农产品的运输到消费的各个环节都存在着较大的损耗现象,同时从农村运输到城市消费者手中的物流成本也较高,这给汉阴县农产品流通效率带来了较大的消极影响。

一方面,汉阴县冷链物流体系上位规划亟待完善。目前汉阴县还缺少相关管理决策部门对全域农产品冷链需求及供给的系统性规划与分析,缺少一定规模及功能的农产品冷藏库、速冻库、运输车等现代化冷链基础设施的分布与建设规划,农产品在产地与集散地的分拨与冷链运输没有形成有效衔接与统一规范,这也使汉阴县冷链物流行业存在着较多重复建设的问题。

另一方面,汉阴县现有冷链物流服务设施设备较为简陋。汉阴县的第三方冷链物流企业规模小且集中度低,行业标准不规范,采用的主要运输方式仍然是传统的冷柜车运输方式,同时也缺少信息化处理流程。冷链服务过程中的不当操作也会导致运输过程中的温度控制稳定性、产品溯源性等问题,会有造成农产品损坏和浪费的风险。

## 四、汉阴县物流业发展对策

### (一)建立县镇村三级物流服务体系创新模式

利用已建成的县物流中心作为物流的集散、分拨、配送、信息交换中心,每天快递、物流公司将各乡镇的快件包裹配送到该物流中心,然后由工作人员将快件进行分拣,配送到各乡(镇)、各村的村级物流服务点,最后由服务站站长完成最后的分发。

利用服务站、村级物流服务点等物流基础设施为触角的县、乡(镇)、村三级农村物流服务网络体系,实现中心到站、站到点的精准服务,有效解决农村物流"最后一公里"的问题。实现"站到站、站到点、点到户"的精准定向服务,有效解决农村物流双向流通问题。

首先,县级为营,整合物流快递资源,利用县级物流中心,整合全县大部分物流快递公司的乡(镇)快件到运营中心(县邮政、圆通、中通、百世汇通)。运营中心工作人员统一签收,并按收件地址整理分类,再由中转中心的物流车送到各乡(镇)、村服务站。物流服务中心主要是搭建农村物流信息平台,建设农村物流集散中枢,开通农村物流货运专线,承接快递及其他物流企业需开展的城乡农村物流业务。

其次,乡(镇)级服务站,乡(镇)为仓,搭建城市农村桥梁。全县建立20个乡(镇)级物流中心,各乡(镇)、村级服务站作为基店,选取综合素质优良的群众作为站长。目前各乡(镇)服务站已覆盖。利用乡(镇)级、村级服务站加强与快递、物流、村级服务站及农村各类服务站和农户的沟通交流,收集、整理、归纳、发布相关物流信息,构建城乡对接平台。在物流件下沉方面,镇级服务站主要接收分发区物流中转中心配送的快递件,分拣后按路线送到对应村级服务站,另外代收向外发送的快递件,交给县级物流中转中心,实现农村城市快速流通,集中、高效的县、乡(镇)、村三级物流体系。

最后,建设村级服务站。以村级服务站为点,提供买卖收发便捷。实现在全县农村物流配送服务点全覆盖。

### (二)建立全县物流一体化信息服务体系

**1. 积极创建线上物流综合信息服务平台**

建设一个县域(农村)电商物流仓储配送管理系统及公共服务平台,用于支撑县乡村三级物流网络公共服务体系运营,以统揽和有效整合我市现有电商企业和实体企业的物流配送,为我市提供县域电商物流实际运行数据,实现对县域电商物流的实时监管。系统包含仓储管理、运输管理,制定相应的信息接口标准,对接电商平台、电商ERP、物流设备、物流企业、物流从业人员,实现全流程信息化管控、可视化运营,打造高效率、低成本、低差错率、高安全性的县域物流运作。仓储配送管理系统主要功能包括订单管理、收货入储、库存管理、拣货、包装复核、配送出库、费用核算、跟踪查询、统计分析以及App工具等。

**2. 完善县级综合物流配送中心**

引导县内邮政、快递、商贸、电商、交通运输、供销等物流服务企业通过市场运作模式进行充分合作,整合现有处理场地、设施设备、运输车辆、运输线路、物流资源和从业人员,通过多家联合的方式,采用"总体规划、预留空间、按需分期分点扩容拓能"的模式,完善县级综合物流配送中心。

初期,该中心场地规模控制在15000平方米左右,设置收货区、仓储区、分拣区、发货区、办公区等,根据实际需要配备统一的货架、仓库、分拣线、配送车辆等设施设备,具备物流快递件的仓储、分拣、中转、配送等服务功能。参建或使用县级综合物流配送中心的市场主体,采取统仓共配的物流整合模式,在整合县域电商快递的基础上,搭载日用消费品、农资下乡和农产品进城双向配送服务。

中期,随着业务和市场主体的不断整合,该中心可根据实际需要,在预留空间内扩建并配备相应的冷藏冷冻仓储设施及冷链物流车辆等,并建立仓储物流管理信息系统,实现相关信息的互联互通。

后期,随着业务量的增加和服务需求的提高,该中心可根据实际需要,对现有场地进行信息化、自动化、标准化改造,配备自动化包装、分拣、装卸设备,加强条形码、射频识别技术等终端信息建设,实现信息发布、平台交易、支付结算、运输跟踪、大数据分析等全链条管理和服务。

**3. 打造电商供应链体系**

加快电商供应链与县乡村三级物流体系融合发展,以物流支撑电商发展,以电商提升物流业务。鼓励邮政、供销、电商、快递、物流、商超等企业共同组建县级电商联盟,支持电商企业建设县域电商配送平台,引导入驻淘宝、京东、抖音直播等平台,加快构建"乡村集货、云仓集单、数据互通、统仓共配"和"一个产品多仓卖、零散产品汇集卖"的电商供应链体系。加快推进汉阴"物流配送中心"建设,以物流园区仓储物流设施为载体,以专业的电商培育平台体系为支持,聚集全县乃至全省种类最全、品质最优、数量最大的农特产品,并提供实物参观体验展示、电商运营咨询、品牌培育等服务。

**4. 培育县域快递物流和商贸流通龙头企业**

通过政府引导和市场运作相结合,鼓励和支持县级快递物流和商贸流通企业整合资源,采取多家联合、一家牵头多家参与等方式成立县级快递物流和商贸流通运营主体,促进企业优化重组业务流程和组织结构,提供上下游供应链一体化服务,实现线上线下融合发展,提升管理水平和流通效率,形成县域行业龙头企业,有力推动县乡村三级物流体系建设完善。

**5. 建设改造农村物流综合服务站点**

引导农村邮政、供销、电商、快递、交通、金融、商贸流动等开展市场化合作,下沉网络和服务,以村内公共服务设施、便民服务站点、便利店(农村超市)、村级合作社、电商服务站等场所为载体,联合建设改造一批农村物流综合服务站点,鼓励"多站合

一、一点多能、一网多用",推动共建共享,丰富邮件快件代收代投、电商交易、电商培训、信息查询、便民缴费、小额存取、保险服务、百货零售、农资直销等功能,搭载日用消费品、农资下乡和农产品进城双向服务,提升可持续运营水平。选择试点乡镇的5~10个村开展试点建设,结合各村实际,通过站点布局优化、功能整合新增、统一挂牌、规范运营等方面,推进农村物流综合服务站点升级增效。后期总结试点村建设经验,全面推广村级站点改造升级,提升站点覆盖率,打通农村物流"最后一公里"。

(三)物流园区功能改造及利用率提升

**1. 建设县级快递物流园区**

努力建设县级快递物流园区,县级快递物流园(物流仓储配送中心)必须配备专业团队,针对县、乡、村三级物流制定相应的管理制度、登记流程、产品货架归类制度、问题件处理流程、配送员考核及其他工作流程。农村物流配送要固定时间、固定地点、明确价格,每项制度及工作流程应具有针对性、可操作性,保证后续落实到位。集中公开展示全县仓储安检体系、物流配送网络、县乡村组邮路及寄递运营模式和各快递企业寄递资费标准,开通全县物流专线电话,设立专人服务,在方便广大群众自主选择快递企业提供服务的同时,掌握全县物流配送大数据,及时分析优化全县物流配送实施方案,切实满足农村电商发展需要。

**2. 加强乡镇物流仓储配送中转站建设**

充分利用乡镇邮政所等现有场地资源规划建设,与乡镇农村电商服务中心共同协作运营,实现货物包裹寄递中转。村(组、户)"最后一公里"末端物流寄递配送业务整合到村级电商服务站运作(无电商站点的村另选寄递配送点),最终实现降低农村物流成本,真正打通农村电商物流"最后一公里"。商品从县到乡镇到行政村配送时间不得超过1天,从行政村配送到组户原则上不超过1天,特别偏远的可2~3天配送一次。

**3. 充分发挥邮政快递服务优势**

一是提升邮政快递综合服务能力,加大政府扶持力度,充分发挥邮政快递服务商流、物流、资金流、信息流"四流合一"的优势,创新镇村便民服务体系的指导思想。二是建立市邮政管理局、民政局、交通运输局、商务局、农业农村局、税务局、公安局,各县(市、区)政府与邮政、快递企业的协调工作机制,加强资源整合、信息共享,进一步提升服务效能。三是实施"邮政便民服务能力行动、三级物流体系提升行动、邮政普惠金融服务提升行动、邮政惠农服务提升行动和中心镇、村邮政快递服务能力优化行动"等五大行动。四是由市邮政管理局牵头,统筹农村地区寄递物流资源,鼓励邮政、快递、交通、商贸流通等平台,采取多种方式合作,推进农村地区寄递物流共同配送,有效降低农村末端寄递成本,加快推进"快递进村"。

## (四)精准培训和引进物流专业人才

### 1. 利用外部物流专业人才解决当地物流瓶颈

政府可搭建产学研协同发展平台,对接农村电商企业、物流企业和知名高校、科研院所,将当地农村电商物流发展困境作为案例,鼓励相关企业为科研机构提供运营数据,促进双方协同研究,为农村电商物流发展链路的优化提供对策。

### 2. 加快培养农村物流业人才队伍

通过在校培养、在职培训和人才引进等方式,培养相关人才。做好当地大学生的职业引导,吸引大学生下乡创业就业,制定政策吸引当地生源大学生返乡创业。各级政府建立健全有利于农村物流的人才引进机制,制定出台优惠政策,吸引更多的现代物流人才,把那些熟悉农村物流动作规律、具有开拓创新精神的物流管理人员和技术人才引导到新农村建设中来,推动农村物流的快速发展。

## (五)汉阴县农产品冷链联合发展模式

### 1. 促进农产品冷库建设

围绕主导产业,以冷库建设为突破口,布局冷链体系,围绕"联农、带农、富农"的目标,探索出多种高效运营模式。

以冷库为基础,农产品统配联销,错峰上市增效益。冷库建在田间地头,千家万户生产的新鲜果蔬第一时间进冷库,联起手来拓销路。

以冷库为支点,撬动闲置资源,集体经济展活力。探索村企共建冷库模式,村里盘活闲置院落、废弃厂房等资源,与企业共建冷库,村集体参与分红,既解了企业难题,又壮大了村集体经济实力。

以冷库为纽带,合作社共建共享,产业发展添后劲。产业上规模,新型经营主体携起手来,不仅共建共享冷藏保鲜库,还共享技术、融资渠道、市场信息,推动当地产业迈向良性发展。

### 2. 加快补齐冷链流通设施短板

支持生鲜商超、生鲜电商、农副产品交易市场、冷链仓配企业等各类商贸流通企业整合资源和需求,分级共建共享冷链前置仓、分拨仓,配备冷藏和低温配送设备。支持农业产业园区、农业合作社、龙头企业、种植养殖大户等结合实际,在集散地、产销地建设规模适度的冷藏仓储保鲜设施。以汉阴物流园区为基地,开展冷链仓储物流区、农副产品交易市场及冷链仓储设施带动和支撑县级冷链体系。

### 3. 打造三级冷链物流节点

农产品在田间地头缺少预冷、保鲜的环节。尤其是预冷的缺失造成保鲜周期无法提升，因为农产品附加值提升的手段主要是两种：一是差异化，二是反季节性。差异化主要通过农产品的粗加工和精加工，反季节性主要靠田间的预冷保鲜库。长期以来，因为缺少田间预冷库，导致农产品保鲜期无法延长，反季节性无法形成，农产品的附加值无法提升，农民收入也无法提高。因此，需要推动冷链建设。

# 第三章
# 人才振兴——汉阴县人才的引进与培养

人才振兴是乡村振兴的"助推器"。全面推进乡村振兴,人才振兴是关键。习总书记高度重视现代社会人才在国家进步和发展中的重要作用,指出发展是第一要务,人才是第一资源,创新是第一动力,并强调人才振兴是乡村振兴的基础。人才振兴,要切实尊重知识、尊重人才,培养造就一支懂农业、爱农村、爱农民的高素质专业化乡村振兴队伍。

近年来,汉阴县大力实施乡村振兴战略,按照产业兴旺、生态宜居、乡风文明、治理有效、生活富裕的总要求,科学推进乡村产业振兴、人才振兴、文化振兴、生态振兴、组织振兴。在人才振兴方面,汉阴县积极强化乡村振兴人才支撑,以建设智力汉阴为目标,着力打造乡村人才振兴汉阴样板,积累了不少行之有效的经验。

本章节中,首先,分别在国家、省市、汉阴县等不同层面上对乡村振兴人才政策进行了全面解读,从宏观指导性文件中了解人才振兴的相关内容;其次,对汉阴县人才振兴的实践方式进行了整理与归纳,从引才、育才、用才、留才四个方面介绍汉阴县的实际做法;最后,在前述基础上总结汉阴县人才振兴实践过程的成功经验,以期为其他县市提供良好借鉴。

## 第一节
## 汉阴县人才振兴实践举措

汉阴县牢固树立"人才是第一资源"理念,真心爱才、倾心引才、悉心育才、精心用才、诚心留才,聚力打好"引、育、用、留"组合拳,持续稳步推进乡村人才振兴工作。

在人才引进上，汉阴县坚持"高端引领、以用为本"的原则，一方面实施"归雁兴汉"工程，吸引当地人才回流、富商回乡投资；另一方面引进外来高层次人才，为激活人才"一池春水"注入新鲜动力。

在人才培养方面，汉阴县针对年轻干部、职业农民、医生、教师等重要群体，开展了各式各样、卓有成效的培训工作。2022年，汉阴县制定出台了《汉阴县优秀年轻干部培养选拔"新竹工程"实施方案》；邀请了农、林、畜牧、家政、护理等各行业专家，陆续举办了多期高素质职业农民培训班；高度重视教育事业、卫健事业人才培训，尤其是扎根基层的乡村教师、乡村医生。

人才引进与培育的主要目的在于人才使用或储备，作为乡村振兴的人力支撑。汉阴县的人才使用，不仅在于外来高层次人才引流，当地人才、富商、新村民（新乡贤）回流，更在于现有乡土人才的发现、挖掘与使用。

为留住广大人才，汉阴县秉承优质的服务理念，在薪资待遇、职位晋升、家庭安居、创新创业支持等方面形成一系列务实有效的政策体系。

## 一、"归雁兴汉"工程

汉阴县印发《"归雁经济"发展实施方案》，大力实施"归雁兴汉"工程和"双招双引"举措，坚持"以产聚才、以才兴产、才产互融"的发展路径，优化引才聚才兴业环境。县财政每年预算200万元人才发展专项资金，推行"产业+人才"双链融合招商引才，推动问候、问情、问需、问策"四问"工作制度化，紧紧把人才链镶嵌到产业链上。

吸引当地人才回流是人才振兴的必由之路。2022年，汉阴县建立汉阴籍在外知名人士和创新创业成功人士名录，收录205人，成功回引518名"飞雁"返乡就业创业，其中投资百万返乡人才6人。同时，印发《汉阴县劝募新村民（新乡贤）助力乡村振兴实施方案》，按照有资金、有技术、有经营能力、有管理特长、有乡土情怀的"五有"标准，深度挖掘新村民（新乡贤）优质资源，积极开展劝募新村民（新乡贤）回汉创新创业行动，引导城市人才、资本、技术向乡村流动聚集，形成新村民（新乡贤）服务站县镇村三级全覆盖，完善个人档案，动态建立乡贤人才库。目前，已搭建1个县级新村民（新乡贤）服务中心、10个镇级服务站、144个村级服务室，成功引导273名新村民（新乡贤）投身乡村振兴工作，劝募510名乡贤人才返乡就业创业。

## 二、外来高层次人才引进

2022年，汉阴县刚性招聘高层次人才10人、紧缺型人才33人；创新推行"联盟体"引才用才机制，依托县域重点产业链，组建产业"引才联盟"5个，以"联盟体"抱团柔性引进并共享专家人才6人；落实聚才引智"三单对接"，建立项目、产业、企业人才需求清单 102 个，深化校地人才合作，建成科研院校汉阴研究实训基地 6 所、市级专家服务基地 3 个、市县级专家工作站 12 个，培养市级突出贡献专家 5 人，"金州工匠" 9 人，柔性引进博士及副高以上职称高层次人才 31 名。

其中，在卫健事业人才引进上，汉阴县卫健局与县直公立医院自筹资金，每年设立 100 万元的"汉阴县卫健人才基金"。对新录用的博士、硕士研究生、本科生分别奖励 8 万、5 万、3 万元；对引进并签订 5 年以上聘用合同的正高、副高职称医疗专家，分别发放引进一次性奖励 20 万、10 万元。卫健、编制、人社部门和县直医疗机构主动出击，分别到青海、湖北、山西等省医学院校招聘本科毕业生。与此同时，切实解决引进人才的后顾之忧，对需要解决配偶就业、子女上学等实际问题的，由接收单位积极解决。近 3 年，共为定向招聘的医学类本科毕业生 23 人发放一次性安家费总计 69 万元，引进副高职称人才 2 人，兑现一次性奖励总计 20 万元。

### 三、"新竹工程"优秀年轻干部培训

2022 年，《汉阴县优秀年轻干部培养选拔"新竹工程"实施方案》出台，汉阴县立足年轻干部队伍建设实际，使用"单位推荐+组织选派"相互结合的方式，在全县年轻干部中择优选择培训对象，旨在多元化、立体化、精细化对优秀年轻干部进行培养、识别、选拔。

2022 年 6 月，首期"新竹班"正式启动。全县在 35 岁以下科级领导干部和 30 岁左右优秀年轻干部中择优选派了 43 名干部作为培训对象。首期培训班成立了临时党支部、班委会、通讯组，历时 1 个月，共安排理论辅导 21 场，现场教学、研讨交流、素质拓展、读书分享、红色观影、擂台比武、风采展示等实践活动 14 次。培训内容具体包括：

①理论提升。邀请相关领域专家教授，围绕党的十九届六中全会精神、干部能力素质提升、产业培育和发展、网络时代社会治理、新时代干部人文素养等专题，为学员们集中授课。

②素质拓展。为提升担当精神，强健干部体魄，激发"闯""创"劲头，凝聚团队合力，全体学员参加素质拓展训练，体会到合理组织、团队信任、互相协作、挑战自我带来的强大力量，强化了组织观念和集体观念，内化了"竹之七德"精神，增强了向心力和凝聚力。

③实地观摩。为汲取特色乡村建设先进经验，拓宽乡村振兴工作思路，全体学员赴礼泉县袁家村、白村观摩学习。通过实地考察袁家村的发展现状，学习袁家村发展之路，强化年轻干部对乡村旅游发展规律的认识、思考和把握，为因地制宜发展汉阴乡村特色旅游开拓新思路。通过观摩白村规划室、村史博物馆和党性教育基地等，了

解白村村民向新型社区聚集、产业向现代园区聚集、土地向规模化聚集的过程,学习新型农村社区建设的先进经验和做法。

④交流研讨。全体学员围绕"着力锤炼七种能力""西何社区社会治理经验""西迁精神"三个主题展开研讨,结合自身工作实际,畅谈学习感悟。

汉阴县"新竹工程"优秀年轻干部培训班通过"支部+团队",提升"管"的灵活性,实现创意来自学员、管理嵌入学员、宣传依靠学员,实现培训班一个支部引领、全体学员参与、管理高度自治。通过"测试+考评",提升"识"的精准性,在入学和结业环节开展学习测试,建立"一人一档",召开"竹林之中话成长"年轻干部座谈会,以训代察,精准面向。通过"使用+储备",提升"用"的科学性,建立"师傅帮带""新竹"团队跟踪管理等长效机制,以实干验学、以实绩问效,构建年轻干部"选、育、管、识、用"链条闭环。

整体培训采用理论学习夯实基础、拓展训练锤炼意志、研讨交流强化思想和现场教学拓宽视野等方式,使学员们经历了党性的再锤炼、精神的再洗礼、素质的再提升。

**四、高素质职业农民培训**

乡村振兴离不开农民群体,高素质职业农民培训是实施乡村振兴战略、促进农村经济发展和农业现代化建设的有效举措。汉阴县聚焦乡村振兴发展需求,立足乡村发展规划,发挥政策引导扶持作用,邀请农、林、畜牧、家政、护理等各行业专家,就林果栽植与管护、家畜家禽水产养殖、实用技术技能、农家乐经营与管理、乡村创业等专题,陆续举办多期高素质职业农民培训班。

通过"请进来"和"走出去"两种方式,采用"线上自主学习、线下集中培训、现场观摩交流、田间实践操作、训后跟踪服务"等立体模式,培训"有文化、懂技术、善经营、会管理"的高素质职业农民。2022年,全县建成13个乡村振兴培训基地,培育高素质农民及各类种养殖技能人才3000余人,开展家政服务、养老护理等各类技能培训1800余人,评审认定高级职业农民21人、中级职业农民62人、初级职业农民1836人。

(一)果树培育培训

2023年2月,汉阴县科协、县农业农村局联合举办2023年高素质农民培育果树春季管理首期专题培训班。全县果树产业技术管理人员、村集体经济合作技术负责人及果树种植大户共140余人参加培训。培训采取"室内理论授课+田间现场教学"相结合的方式进行。在农民田间学校现场,专家技术人员深入田间地头,围绕果树建园、嫁接、修枝、整形、育肥和病虫害防治等关键环节开展现场培训讲授；同时还分组进行了蜂糖李拉枝、整形、嫁接、修剪等技能竞赛。通过理论与实训、互动与交流、讲授与点评、总结与提升等方式，丰富了活动内容，激发了学员热情，达到了学有所获、学用结合之目的，为科技赋能乡村产业、科普惠民助民、产业振兴提供了有力保障。

## (二) 实用技术培训

2022年8月，汉阴县城关镇在凤凰山农民田间学校举办了高素质农民实用技术培训班开班仪式，来自该镇21个村的产业带头人、合作社经营主体、种植养殖大户等70余名种养能人参加培训。此次培训邀请了县农业农村局相关负责人和技术专家，就合作社规范管理、农产品质量安全、人居环境提升、甜脆红李栽培技术等课程进行了讲授，旨在加快培养乡村技能人才队伍，促进农民持续增收，助推乡村振兴走上"快车道"。

## (三) 茶艺专业培训

2022年7月13日，汉阴县启动了高素质农民茶艺专业培训班开班仪式。按照理论知识和实践操作相结合的方式，对茶农和茶艺爱好者们分批进行培训。首次培训现场，来自陕西省茶文化研究会茶人之家的李建华老师对茶艺师职业道德、中国茶源流、茶与生活及红茶、绿茶的泡茶方法等理论知识进行了讲解，对"识茶、品茶、茶礼仪"等相关技能进行了示范。此次培训，旨在培育一批茶艺专业高素质农民，提升汉阴茶文化，带动汉阴茶经济。

## (四) 茶叶加工培训

2022年6月28日，汉阴县高素质农民茶叶加工培训班开班仪式在凤凰山农民田间学校举行，来自全县茶叶企业、合作社、种植大户等60余人参加。此次茶叶加工培训班为期6天，以"理论讲授+现场实训+研讨交流"模式开展。培训内容包括茶叶产业发展前景、工匠精神与高素质农民素质素养、茶树病虫害防治技术、茶园建设管理技术、茶叶加工技术(传统手工制茶、机械加工制茶)、茶文化与茶艺、茶叶营销等专业知识，重点突出学员茶叶加工技术的掌握。培训结束后主办方还组织学员开展理论答题、现场手工制茶等考核，通过后颁发证书，旨在培养一批"高素质、懂技术、善经营"的技能人才，促进汉阴县茶产业高质量发展。

## (五)卫健事业人才培训

汉阴县积极组织卫健系统各类培训,结合医疗机构自身学科建设需要,出台在职进修优惠政策,鼓励专业技术人员攻读硕士、博士学位,实行带薪学习。各医疗卫生单位积极选派学科带头人、技术骨干到北京和其他省市三级医院参加培训,县内共建成市级重点专科4个,市级专家服务基地和工作站通过评审,建成1个国家级名老中医工作室和2个市级名中医工作室。依托医共体总院抓好技术帮带,组织名医专家到镇卫生院、村卫生室开展义诊、带教30人次,外派49名医疗骨干到湖北十堰、陕西西安等城市的三甲医院培训学习,在医疗系统形成了业务技能"比、拼、赶、超"争创一流的良好局面。

汉阴县围绕"县强、镇活、村稳"的目标,不断强化镇村卫生人才队伍建设。制订印发《汉阴县优质医疗资源下沉实施方案》和职称晋升支医制度,以中级以上职称为主,对中心卫生院进行驻点帮扶、坐诊带教和巡回指导,2022年下派专家坐诊11人。充分利用县级优质医疗资源,通过线上、线下开展业务培训。目前,共开展线上培训20余次,累计培训3100人,线下到县级医院进修30余人,为镇村培训培养了大批医疗业务骨干。持续深化"532"镇村一体化管理,将村卫生室纳入镇卫生院一体化运营,对村医实行一年一聘,对偏远小村村医实行年工资保底(不低于4万元),全县村医平均年龄42岁,有执业助理医师以上职称者占比达54.3%,为实施乡村振兴提供了强有力的卫生人才保障。

## (六)乡土人才分类挖掘

汉阴县开展乡土人才"大寻访"活动,分类挖掘扎根在基层、活跃在民间的能工巧匠、经营能人、生产能手,发挥乡土人才在带强产业发展、带领技艺提升、带动群众致富等方面的示范引领作用,鼓励具有"三带"潜力的乡土人才从"幕后"走向"台前",推动乡土人才"显山露水"。

## (七)留才理念与举措

汉阴县坚持"情感留人、待遇留人、发展留人、事业留人"的理念,用"店小二"式贴心、暖心的优质服务,让人才享受到"更好礼遇、更多机遇、更优待遇"。在人才安居、配偶就业、子女教育、创业扶持、卫生健康等各方面提供优质服务,形成"我负责阳光雨露,你安心茁壮成长"的政策体系。

一方面强化政策激励。差异化设置乡镇干部工作津贴,在村"两委"实行一肩挑后,及时提高村干部待遇;叠加实施乡村教师生活费补助和乡镇人员工作津贴两项制度,确保同等条件下乡村教师待遇高于公务员;县镇医院收支节余60%～70%,用于工资及绩效分配。上述举措使各类人才服务基层热情极大提高。

另一方面强化服务保障。高质量用好人才发展专项资金,为4位高端引进人才发放生活补助12万元,为3家专家工作站建设发放补贴18万元;设立人才服务专员、服务热线,为高端人才、返乡创业人士和外来投资者提供优质服务,开辟"绿色通道",保障各层次人才在汉阴安心工作、顺心干事、舒心生活。

县级医院全面推行现代医院管理制度,每三年开展一轮人事改革,做到人尽其才、才尽其用。加强高层人才关心关爱,县直公立医院制订《医务人员绩效工资改革方案》,将工资报酬向科室主任、高技术人才和一线医护人员倾斜,在卫健系统内部形成重视人才、关心人才的良好氛围。坚持以医药体制改革为契机,在县直三所公立医院实行人事编制总额管理,进一步减少微观管理和直接管理,落实和扩大县级公立医院用人自主权。对新招聘录用人员,以补充医疗卫生专业技术人员和高层次人才为主,做到人员编制与医疗服务需求相适应,县级三所公立医院编制备案制人员总额由303人扩充至1275人。汉阴县还积极探索新的用人方式,制订《县直公立医院编制人事备案制管理实施细则》,实行医务人员全员聘用和实名管理,推动县级公立医院实现由固定用人向合同用人、由身份管理向岗位管理的转变。

## 第二节
## 汉阴县人才振兴经验总结

人才是乡村振兴的主力军,是推动落实乡村振兴战略的第一动力。全面推进乡村振兴,人才振兴是关键。汉阴县在人才振兴上尝试了诸多做法,聚焦引才、育才、用才、留才,四大方面齐驱并进,积累了不少成功经验。

"归雁兴汉"工程、外来高层次人才引进是汉阴县在引才方面的重要举措,从内、外两方面吸引人才来汉兴业。"归雁"不仅包括汉阴县籍在外经商的成功人士、知名人士、中青年知识分子、技术人才等,还包括"五有"标准的新村民(新乡贤),鼓励支持这些当地人才回乡投资创业,带动当地产业发展。此外,引进教育、医疗等各领域专家、硕士博士高学历人员、副高级正高级职称的专业技术人员等高层次人才,助力汉阴高质量发展。

引是标,育在本。汉阴县十分重视当地人才培育,专注对优秀年轻干部、职业农民、教育事业、卫健事业等人才培训。"新竹工程"主要针对优秀年轻干部进行培养选拔,推进并加强年轻干部队伍建设。高素质职业农民是乡村振兴的中坚力量,对农民进行专业培训具有事半功倍的效果。教育、医疗系统的人才培训必不可少,尤其加强乡村教师、乡村医生人才队伍建设,促进乡村教育事业、医疗事业发展,无疑是乡村振兴战略的重要支点。

汉阴县坚持"以产聚才、以才兴产、才产互融"的发展路径,依托县域重点产业链,创新推行"联盟体"引才用才机制,以重点产业发展需求聚集人才、使用人才。此外,汉阴县分类挖掘扎根在基层、活跃在民间、具有"三带"潜力(带强产业发展、带领技艺提升、带动群众致富)的乡土人才,促进本土人才发挥示范引领作用。

汉阴县秉承优质的服务理念,在薪资待遇、职位晋升、家庭安居、创新创业支持等方面形成一系列务实有效的政策体系,真诚用心、实事求是地解决引进人才的后顾之忧,以留住人才在汉长期发展。

人才振兴,方能乡村振兴。汉阴县进行了一系列创新式探索,在引才、育才、用才、留才四大方面推出了行之有效的举措,助力汉阴县域高质量发展的同时,也为其他县市人才振兴提供了良好借鉴。

# 第四章
## 生态振兴——汉阴县农村人居环境的治理

随着工业化和城市化的快速发展，长期以来，汉阴县的生态环境遭受了严重的破坏，承受着较大压力。水土流失、森林减少、生物多样性下降等问题日益突出，给人们的生活和生态系统带来了巨大的挑战。面对如此严峻的形势，汉阴县决心进行生态振兴，以恢复生态平衡，保护珍稀物种，改善人居环境，实现可持续发展。

为了实现生态振兴的目标，汉阴县采取了一系列积极有效的措施。首先，加强生态保护，建立了全面覆盖的自然保护区网络，保护了大量珍稀濒危物种。其次，大力推行退耕还林还草政策，恢复了大片的森林和草地，有效遏制了水土流失现象。最后，积极推动绿色产业发展，培育壮大生态旅游、清洁能源等新兴产业，为经济增长注入了新的动力。通过上述措施，汉阴县生态振兴的成果已经初步显现。汉阴县的森林覆盖率明显提高，野生动植物种群逐渐恢复，生态环境质量得到改善。通过发展生态旅游，汉阴县已经吸引了大量的游客，为当地经济带来了可观的收入。同时，绿色产业的发展也为居民提供了更多的就业机会，改善了生活质量。

然而，在生态振兴的道路上，汉阴县仍面临诸多挑战和困难。一方面，人口增长和资源利用压力依然存在，生态保护与经济发展的平衡仍然是一项艰巨任务。另一方面，生态环境意识的培养和环保理念的宣教仍需加强，许多人对于环保工作的重要性和紧迫性尚未深刻认识，导致一些不良行为和习惯仍在持续。基于此，课题组以农村人居环境为切入点，根据公共治理理论、协同理论、环境规制理论，采用实证调查法、AHP层次分析、模糊综合评价等方法，构建汉阴县农村人居环境评价指标体系，通过对汉阴县农村人居环境治理现状进行深入调研，探索汉阴农村人居环境治理优化路径，为促进汉阴县美丽乡村的建设、促进"三位一体"的协调发展提供科学依据。

## 第一节
## 生态振兴的相关概念和理论

### 一、农村人居环境治理的相关概念

(一)乡村振兴

"乡村振兴"是党的十九大报告中明确提出的一项关于推动"三农"发展的重要战略,它对"三农"问题做出了具有全局性、实用性和可操作性的部署。如果没有乡村发展,就没有乡村振兴,乡村振兴包括了政治领域、经济领域、文化领域、社会领域、生态领域的共同进步、共同发展,它是一个全面振兴的综合性概念。

(二)人居环境

人居环境指的是人们生活在其中的一种空间环境,它包括了居住环境、教育环境、就医环境、养老环境、自然环境等。通过对人居环境的研究,探索生活环境与人的关系,从政治、经济、文化、社会等各个方面,对人居环境的影响因素、基本规律等方面展开了深入的探索,从而更好地实现人与环境的和谐共处。

(三)农村人居环境治理

党的二十大报告要求全面开展农村人居环境整治行动。以改善农村环境作为总目标,通过整合各种资源,深化各种措施,切实解决农村环境中的客观性和历史性问题,逐步改善农村公共设施、环境卫生和人文发展等问题,让农民有幸福感和满足感,推动环境治理,改善农村人居环境。

(四)人居环境协同治理模式

人居环境协同治理模式融合了协同理论和其他公共管理理论,本质上是强调在复杂系统的整治过程中,各主体之间要相互合作、相互协调、协同行动,以此促进资源共享、优势互补,提高整治效率和优化整治成果。

## 二、相关理论基础

### (一)协同治理理论

"协同治理"是德国学者哈肯提出的,他认为一个大系统中存在着若干个子系统,为了让这个大系统变得更加合理和有序,就必须让每个子系统都能起到协作的效果,从而促进系统的优化。"协同",从广义上讲,更多的是注重一种状态,即各子系统在一种状态下各自的功能,从而实现整体的互惠双赢、协调共存。朱纪华提出了"合作治理"的概念,即在公共利益的范围内,不同类型的社会组织通过有效的资源配置和合作,形成最优的、最有效的治理形态,从而共同参与公共管理的实践。张仲涛和周蓉等人则主张"合作治理"的关键不是"合作主体"的多元化,而是"合作关系"的建构。不应仅限于普通意义上的协同,更应注重构建协同,例如明确各主体在管理时的基本条件、责任权限、义务范围、监督领域等,通过明确协同内容,更好地推动协同模式的发展。在基层的管理过程中,多个不同的行为体,通过相互的协调和优化,以达成基层设定的目标。在乡村振兴战略的视野下,在人居环境整治中的协同,主要是指政府、村民和社会组织等多主体的共同治理,建立协同关系,并对协同模式进行探讨和确定。

### (二)利益相关者理论

《公司战略》一书的作者安索夫认为,在公司的各个利益主体(经理、员工、股东和客户)之间的利益冲突中,必须平衡他们的要求,才能达到公司的终极目的。弗里曼于《战略管理:利益相关路径》一书中,把"利益相关者"这一概念界定为其理论依据,并对其进行了界定。他认为,"利益相关者,就是可以对一个集体目标的实现产生影响的人,也就是他们自己。"这一界定最初应用于企业,后来被扩展到资源、旅游管理等方面,如今已被广泛应用于引入经济管理乃至社会管理、公共管理的不同维度。其内涵也从最初的企业内部调整延伸为相关领域的内部与外部之关联。根据此前各个学者对于"利益相关者"理论所发表的意见和结论,本论文着重将"利益相关者"理论引入乡村人居环境治理中。通过对这一理论的界定,可以对乡村人居环境进行适应性的划分,理清各种相关方的相互关系,寻找到不同利益相关方之间的微妙平衡,从而达到促进乡村人居环境协同治理的目的,从而促进乡村社会的健康持续发展。

### (三)新公共服务理论

新公共服务理论是对新公共管理理论的一种超越和批判,它是将新公共管理的理性内涵吸纳进来,抛弃了新公共管理理论以自己为依据,提出了"为之而不是掌舵""为之思考"和"为之行动"等概念。"新公共服务观"提出了"以人为本,以人为重"的理念,强调"以人为主"。根据这一理念,在农村人展环境治理中,应化"主导"为"服务",充分发挥农民的主体作用,并积极引导企业、村委等参与到公共事务中,构建起人民间的互信、协作、互动的机制,以推动农村人居环境的改善为最终目的,为"乡村振兴"奠定良好的基础。

(四)环境规制理论

在经济发展过程中,环境遭到破坏的原因,一是环境是一种非竞争的公共物品,而且中间商都是唯利是图的,所以就有了"搭便车"的现象,造成了环境资源的损害,从而产生了一些环境问题。二是污染的人可以享受到污染的好处,而污染的后果却要由整个社会和每一个公民来承担,当"负外部性"出现的时候,市场就不能进行理性的调节,最后就会出现"市场失灵",这个时候,环境管制就成了纠正"市场失灵"的一种有效方法。管制是指运用法规、规章等手段对其进行管理和限制。所谓的环境规制理论,指的是政府利用宏观政策的制定、强有力的监管、联合其他各方力量,运用各种手段,对经济主体在发展过程中产生的危害环境的行为进行管理,包括但不限于对污染主体的监督和干预,以及对污染主体的监督和处罚等。环境管制就是指通过征收、补税、罚款、关停等强制措施,对环境中的相关利益方进行管制,将环境损害降至到最低程度。对当地企业在农村经营中的排污是否达标、是否实现了清洁生产进行监管,从而对其形成约束力,并建立起一个由企业与政府一起来贯彻落实的,对合规企业进行环保补贴,对高排污企业予以惩罚,并充分调动媒体、公众的监督的良好发展态势。

# 第二节
## 汉阴县农村人居环境治理成效

**一、制订方案,建立工作推进机制**

一是建立组织领导体系。成立以县委书记任组长、县长任副组长的农村人居环境整治工作领导小组,推行"县级协调、镇村主抓、农民主体、多方参与、共治共享"的工作机制,确保农村人居环境整治工作扎实推进。

二是建立资金保障体系。每年县政府统筹整合资金2000余万元,用于农村环境基础设施和农村人居环境整治示范村建设,累计打造农村人居环境整治示范村51个。

三是建立建养管护体系。坚持把村庄环境建设与村民自治统筹推进,纳入村规民约和村民议事会内容,实现民建、民管、民受益;把全县农村水环境治理纳入河(湖)长制管理,实行"县长、镇长、村长"三长负责制,村容村貌显著提升。

四是建立督导考核体系。把农村人居环境整治工作纳入县政府对各部门和镇政府年度目标责任考核,采取定期检查、季度抽查、半年评比、年终考评的方式进行管理,确保农村人居环境整治工作有力推进。

## 二、狠抓落实,全面完成重点任务

### (一)农村"厕所革命"

一是圆满完成计划任务。2022年市局下达改厕任务897户,汉阴县坚持改厕工作与移民搬迁安置工程、危房改造工程统筹推进,积极探索创新"两化三新四到位"改厕模式,改造卫生厕所1890个,其中无害化厕所1290个,农村卫生厕所普及率达到91.2%。

二是完善改厕建档立卡。建立完善农村改厕县、镇、村户档资料,组织开展问题厕所摸排,印发农村户厕问题摸排整改方案,落实"三定"(定整改措施、整改时间、责任人)抓落实,建立县、镇、村整改台账。全年共摸排问题厕所2207个,截至2022年11月15日全部整改到位。

三是科学编制行动方案。制订印发《汉阴县人居环境整治五年提升行动方案》,出台《2021年农村人居环境整治提升行动方案和摸排整改方案》。

四是实施粪污综合治理。通过实施农村人居环境整治项目,建成日处理10~200立方米的污水处理站19座,铺设到户污水收集管网50千米,集中建设蒲溪镇月河沿线和观音河镇水源地重点配套污水处理站和管网,对农村粪污进行集中收集处理。

五是积极开展整村推进。全年共实施10个农村改厕整村推进村,各村卫生厕所普及率均达到85%以上,粪污处理达到标准。

六是强化农村公厕建管。在人口规模较大的村庄、乡村旅游点,累计配套建设公共厕所125个,落实管护机制;全县农村学校改厕任务全面完成。

七是严把质量、提高满意度。实行镇村党委书记为第一责任人,分管领导具体抓落实的工作机制,落实自建改造无害化厕所每户奖补1100元政策,加快改厕进度,群众满意度达到100%。

### (二) 农村生活垃圾治理

一是完成垃圾堆放点治理目标。目前汉阴县录入全国信息系统的12个非正规垃圾堆放点已全部按照要求完成整治销号。同时对于省环保督察组通过卫星遥感监测技术反馈的15个疑似非正规垃圾堆放点图斑，及时成立领导小组制定整改方案，逐一调查核实，截至2023年初已全部完成核查整改清零。

二是建立健全生活垃圾收运处置体系。按照"村收集+镇转运+县处理"模式推进生活垃圾处置工作，全县成立环卫保洁清运公司15个，同时配备保洁人员，全县农村生活垃圾得到了有效收运处理，各镇生活垃圾全部转运至县垃圾处理厂进行无害化处理。

三是完善生活垃圾收集转运设施。每个行政村建立一个垃圾集中收集点，配置转运车辆和清扫工具，各镇都建有垃圾转运站。全县配备垃圾桶3万个、垃圾箱1320个、压缩车9辆、垃圾转运车58辆，各村生活垃圾通过垃圾桶、垃圾箱收集后由保洁公司运至县垃圾处理厂进行无害化处理；新改建垃圾压缩转运站6处，涧池、蒲溪垃圾压缩转运站建成投入使用。

四是完善终端处理设施。汉阴县2012年建成县城垃圾处理厂，于2019年10月对填埋场进行二期扩容，有效扩容达到35.81万立方米，提升无害化处理能力。同时根据漩涡镇、汉阳镇生活垃圾产生量实际情况及垃圾处理模式调整，在漩涡、汉阳镇之间新建垃圾无害化处理设施1座，日处理量为30吨。

五是推进农村垃圾分类。全县积极推行户分类、村收集、镇清运、县（镇）处理相结合的垃圾处理模式，农户按照可回收和不可回收两类，配置1个双色桶进行分类，每10-20户设置2个中型垃圾桶，建立镇村垃圾定期清运、县镇集中处理相结合工作机制，建立"四自一包"和垃圾分类标识管理责任制，行政村农村生活垃圾治理率达到95%以上。

六是建立长效保洁机制。2021年汉阴县共有680名保洁员，公益性岗位数量满足垃圾清运要求，明确村民保洁义务，建立健全县、镇、村、组四级网格化管理。

### (三) 农村生活污水治理

一是完成行政村污水管控年度目标。坚持按照《安康市农村生活污水治理行动方案》要求，积极开展生活污水治理。争取省秦岭生态环保专项资金900万元，由县住建局统筹实施月河流域沿线18个行政村的污水管网建设和排污口整治，新增污水管网29千米。

二是强化运维监管，确保治理效益。全年先后四次组织开展农村生活污水治理设施运行管理专项检查,并建立污染治理设施台账。对日处理20吨以上的集中式污水治理设施出水水质进行半年常规监测,确保设施达标排放。

三是全面摸清底数。制定汉阴县污水治理工作方案,开展全面排查摸底,摸清治理底数,对全县行政村、集中安置小区生活污水治理情况开展了全面调查。截至2023年初,全县已开展农村生活污水治理的行政村和农村社区达到96个。

四是科学选择治理模式。积极推广"管网收集+处理站处理""厌氧池－接触氧化－人工湿地"和"大小三格式化粪池"等低成本、低能耗、易维护、高效率农村生活污水处理技术和生态处理工艺,确保污水处理达标。

(四)基础设施建设和村容村貌提升

一是完善村庄道路硬化。结合乡村振兴,突出"四好农村路"标准,行政村主街道硬化率达到95%以上;二是普及安全饮水。通过实施"八清一改"措施,加强农村水源地保护,农村安全用水稳步提升全覆盖,自来水普及率达到99.31%;三是供电保证情况。农村电力入户全覆盖、村村通动力电,农村供电保障到位;四是实施乡村绿化行动。积极实施村庄绿化工程,栽植行道树2万株,村庄道路、庭院、房前屋后、坑塘河道绿化良好,落实"三化一片林"绿色家园建设任务。

(五)村庄规划工作

一是开展村庄规划编制。县自然资源局牵头制订《汉阴县乡村建设专项规划(2021—2035)编制工作实施方案》,对全县141个村庄进行分类,其中集聚提升类53个、城郊融合类42个、特色保护类8个,此外还有暂时未分类的村38个,完成五一、盘龙两个试点村规划编制。

二是按照规划要求,分村开展村庄建设,茨沟村、枞岭村、太行村、洞河村等村规划建设效果显著,村庄风貌协调、村庄整洁、特色鲜明,被作为推广示范典型。

(六)农业生产废弃物资源化利用

一是完成资源化利用目标。全县规模养殖场修建沼气池和沉淀池,强化粪污处理设施装备,规模养殖场粪污处理设施装备配套率达100%。积极推广"畜－沼－园""畜－沼－菜""畜－沼－粮"等循环经济模式,将畜禽粪污转化为肥料,综合利用率在90%以上。

二是完善秸秆利用机制。大力开展秸秆禁烧行动,培育方圆木业等秸秆饲料加工厂经营主体30家,年回收加工农作物秸秆10万吨;建立农机合作社6个,装备加工粉碎机92台套,推广秸秆粉碎还田技术,农作物秸秆综合利用率稳定在90%以上。

三是制定农膜回收制度。建立5处废旧农地膜回收点,常年回收处理农田废膜。

(七)完善建设和举报机制

一是完善制度体系建设。对农村人居环境整治建设形成的化粪池、管网、花坛、树木、花卉建立管理制度,设立维护基金,落实专人管护,积极推行农户"四自一包"责任制。

二是建立投诉举报机制。建立农村人居环境整治举报工作,设立投诉举报中心,投诉举报中心设在县农业农村局。目前,汉阴县10个镇141个村均设立了投诉举报中心,及时接待群众来信来访,镇村人居环境整治举报工作落实到位。

三是宣传报道及信息报送。汉阴县人居环境治理工作在市级以上媒体宣传10次以上,改厕进度报表、工作月报季报信息报送及时准确。

### 三、积极探索,创新工作推进机制

一是探索推行示范村建设"五个一点"的融资机制。按照"县财资金补一点、镇财资金挤一点、帮联部门帮一点、乡贤能人捐一点、群众参与投一点"的"五个一点"模式,统筹整合和专项资金8500万元,用于农村人居环境整治,确保全县51个示范村和90个稳步推进村农村人居环境整治工作取得良好成效。

二是总结推广"两化三新四到位"改厕模式。截至2023年初全县累计完成农村改厕7.03万户,农村卫生厕所普及率达91.2%。

三是探索创新垃圾公益积分管理模式。依托博元实业公司企业公益活动,设立"垃圾分类回收置换驿站",采取"村民收集分类、定点兑换物资、企业补贴差价"的垃圾回收处理方式,使群众参与垃圾分类治理成为行动自觉。

## 第三节
## 汉阴县农村人居环境治理存在的问题及其成因

### 一、汉阴县农村人居环境治理存在的问题

(一)基层政府长远规划不足

在协同治理的理论中,治理应当坚持各方的平等、自愿,将各方的利益融合在一

起,形成相互依赖、共同行动、共担风险的格局,而不是仅仅由政府来承担。在对汉阴县的调查中发现,村民委员会在日常工作中经常要应对政府的各项检查项目、指标,而村干部则大部分的时间都用在了召开会议,整理各类检查材料上,这在人居环境治理方面更为突出。一些基层政府对农村人居环境治理缺乏长远规划,农村人居环境整治存在着经费来源不畅、专项整治经费短缺、公共服务水平不高等问题,为应付上级的一系列考评,只能进行"运动式"的整治,造成了农村人居环境整治工作的片面性。

(二)本地企业参与治理程度不高

在农村人居环境的管理中,企业起着重要作用。无论是环境的养护,还是垃圾处理、污水处理等重大项目,都离不开企业的参与,但由于企业的"经济人"的特性,他们并不愿意把更多的资金和人力投入到人居环境治理中。项目组在对汉阴县一些乡镇的调研中发现,一方面,对管辖范围内的企业来说,在进行污染控制的时候,往往会追求费用最低;另一方面,政府想要让社会参与进来,减轻自己的负担,所以把属于准公共物品的农村人居环境,完全交给了市场。尽管政府允许企业参与进来,但企业所参与的项目,都属于间接参与。通常来说,企业和小微企业具有很高的专业性,他们的参与面很狭窄,参与率很低。加之大多数涉及农村人居环境治理的项目都需要投入很大的资金和精力,且回报很慢,这就造成了企业治理的缺位,无法实现与其他主体的协同治理。

(三)村民参与治理被动

在汉阴县的一些乡村,人们的思想观念比较陈旧,农民的文化程度也比较低,加之他们长期从事农业生产,环境意识并不是很强,他们只需要自己的院子干净,柴火、农具都摆放得整整齐齐就行了,至于外面的污水和禽畜粪便等,他们认为与自己无关。此外,农户收入结构对农户人居环境支付意愿有明显的影响,家庭年收入5万元以上的农户支付意愿最高;家庭年收入2万~5万元的农户支付意愿较高;而家庭耕地面积较多、无固定收入来源的农户支付意愿较低。

(四)村委会参与治理有限

村委会对农村人居环境治理起着重要作用,在做好群众工作的同时还要及时向上级反映群众的要求。因为乡村人居环境整治工作的复杂性,在乡村环境整治工作中,村委会应当结合乡村的地理环境、人文特色等,建立制度,制订出适合乡村的环境整治工作方案,并对其进行长期的管理。但在汉阴县,乡村干部的文化水平普遍较低,受限于文化水平和精力,乡村政策的执行人员思维方式不明确,手段不够灵活,对制定的背景意义、目标要求、方法措施等问题缺乏系统性的研究与整理。在治理的过程中,依赖上级部门的固定动作和规定动作,很少有自选动作,有些村干部还会对国家政策、相关标准产生不了解、不理解的情况,这就造成了村干部不能对国家有关农村人居环境治理的相关精神进行准确、及时的宣传,这在一定程度上影响了农村人居环境治理效果。

## 二、汉阴县农村人居环境治理问题的成因

### (一)各主体角色定位不明确

#### 1. 政府角色

课题组调研发现,尽管过去"一元化"管理模式已经发生了转变,但仍没有形成"多元参与"的良好格局,政府功能定位不明确,项目执行和监管中仍存在"一言堂"等问题,造成了其他参与者的"围观"现象。另外,在基层仍有只注重经济的现象,往往热衷于立竿见影的项目,而对需要长期维持的公共卫生物品和环境治理服务缺乏足够的重视,造成了农村人居环境治理不完善,这就造成了政府对农村人居环境的治理投资很少,与之有关的政策的实施,主要是靠着行政手段来进行的,而其他的主体却没有发挥应用的作用。

#### 2. 企业角色

由于乡村人居环境治理的工程周期较长,且回笼资金较慢,因此乡村市场的吸引力较小,导致了市场不愿意进入乡村,即便是进入乡村,也只是在初期进行,而不能保证对农村人居环境治理进行后续的维护。

#### 3. 村委会角色

村委会因其承担的日常事务较多,受到如考核等各种因素的影响,往往只注重眼前的工程,年轻干部忙于做一些检查工作,年纪较大的村干部在处理环境污染问题时,往往会采取能拖则拖的态度,这就导致了环境治理工作的难度加大。

### (二)缺乏激励机制和约束机制

村规民约是村里人的集体意愿,是介于法与德之间的一种自我管理准则,它具有教育、引导、约束、惩罚等功能,它能在某种程度上约束住村民,所以,充分运用村规民约,或许能为人居环境治理寻找切入点。但课题组在实地考察走访中发现,村规民约的范围太大,村民们虽已有了规范,却缺少实施规范的方式。这就要求村委会以本村的实际为基础,广泛征求党员和群众的意见,从而形成一个与本村村民的村规民约。

比如,对门口屋后的农具柴垛怎么摆放、垃圾怎么处理等的规定,还可以就相关事项制订详细的奖惩措施,让其变得更具实用性和针对性,同时也将村规民约深入农民的内心深处。

### (三)多主体协同治理机制不健全

课题组在调研中发现,汉阴县农村人居环境治理以政府为主导,以企业、村民等多种方式共同推进,政府在立法、实施、监督等方面还没有完善的体制机制。要实现农村人居环境的长效化治理,关键在于制定"规范",形成"多元共治"的体制,政府具有"政府主导"的政治优势,企业、村民没有"多方共治"的公共权力,政府不将"公共"权力下放、各方的"不平等""互不信任",造成了"各主体"的"利益矛盾",多方共治的主动性和积极性降低,难以形成协同共治的局面。

## 第四节
## 完善汉阴县农村人居环境治理的对策

### 一、转变政府职能,坚持统筹规划

#### (一)坚持政府主导

在农村人居环境治理中,政府的领导作用是不可动摇的。新公共服务理论认为,政府要变管理为服务,尊重农民的主体地位,积极引导企业和村委会参与公共事务。因此,要将农村群众和辖区内的企业、村委会、社会组织的积极性都调动起来,让他们发挥自己的优势,以公共利益为导向,坚持做好自己的服务工作。与此同时,政府应该将一些权力下放到其他机构,避免"大包大揽",并结合当地的实际情况,制定相应的法律法规,为后续的管理提供保障,确保管理工作能够长期、高效地进行。

#### (二)加强宣传引导

在调研中,项目组发现汉阴县基层政府对环保知识、生活科技知识的宣传力度不足,依然存在部分村民生活习惯不良、思想观念落后等问题。因此,必须加强和组织开展农村人居环境治理宣传,结合农村的实际,将留守儿童、留守老人和在校学生作为主要宣传对象,政府要针对当地居民对农村人居环境认识不高、参与不高的问题,采用通俗易懂的案例,利用新媒体、自媒体、微信群等方式,进行广泛的宣传。与此同时,乡镇村组干部要多到老百姓中间去,向他们普及农村人居环境治理的必要性和好处,让他们转变自己不符合时代精神的生产和生活习惯,激发他们积极主动参与农村人居环境治理。

(三)科学制定环境治理政策

一项政策要想获得群众的支持,就一定要有一个科学的调查研究基础,尤其是在农村人居环境治理领域,更要取之于民、用之于民。普惠性的公共政策在制定之初,一定要重视公众的参与。上级部门在推动人居环境治理的时候,要充分考虑各个地方的特点和优势,并与当地的治理模式及行为方式相结合,形成一套切实可行、易于操作的行动方案。在这个过程中,不仅要征求专家、技术人才的意见,也要重视农民群众的意见。基层政府在接到上级的任务时,要看看这个政策是否与本区域的具体情况相符,上级部门要给予基层政府发言权,不能把它当成一项政治任务,要求一定要按照政策去做。基层政府要根据自身情况来制订具体的实施方案,对于那些不适合当地发展的项目,要表达清楚,保证即将实施的政策的合理性和可操作性。在一个科学的政策发布之后,要对其执行情况进行监督和评价。

**二、明确村民责任,坚持以村民为主体**

在维护乡村生态环境方面,要充分发挥各级政府的主导职能,在广大农民中起到主导作用。在日常的环境管理工作中,一定要抛弃各自独立的工作方式,充分发挥家庭成员的主观能动性和积极性,提升自身的环保意识,正确看待自己的职责和义务,积极参与对环境的管理工作,为家园周围的生态环境做出自己的贡献。

村民要主动地参与决策,为政府的有关政策提供建议,以主人翁意识传播农村的优良文化,培养良好的家风和乡风,同时要提高参与意识,亲身参与农村人居环境治理的各项实践,形成农村环境保护、污染监督管理的治理链。

**三、企业积极参与,履行社会责任**

一方面,企业为村民提供了就业机会,但是因为其外部不经济而造成的环境污染和资源浪费,又远远超出了它的积极作用。所以,企业要有一个清晰的认知,并担负起自己在农村人居环境治理中的社会责任,要大力推进清洁生产,发展循环经济,降低对农村环境的污染,提高社会责任感,树立环保观念,提高自我意识环保,不要再将治污视为企业的包袱,要全面树立绿色文明生态的发展观,将环境考核制度融入公司的决策体系中。企业也要明确在农村人居环境治理中的责任,要积极响应和合作,认清自己在乡村环境治理中的责任,承担自己的责任和义务,严格执行政府关于污水、垃圾处理的规定,并积极参与环境治理,发掘可参与的治理项目,为农村农房改造、公共设施建设等提供方便,在农村人居环境整治中贡献自己的力量。

**四、明确村委会责任,坚持执行落实**

在《村民委员会组织法》中,对村委会的职责进行了明确的规定:"村委会拥有举办并管理本村的公共事务和公益事业,以及组织实施本村的建设规划等相关职能职责。"村委会不仅是村庄人居环境的指导者,同时也是村庄人居环境的参与者。村委会是村民自治机构,与农民密切相关,它可以代表农民的利益,可以很好地引导农民开展人居环境治理工作。村委会是连接农户与政府之间的桥梁,要明确自己的责任,要把自己的责任放在第一位,把农村人居环境管理中出现的问题向基层政府进行汇报,要不断地强化自己的理论知识,提升自己的专业知识,把自己的工作内容传达到农民的耳朵里,成为农民与政府、市场之间的有效中间人。同时,村委会还要做好"和事佬"。由于乡村人居环境管理的内容很多,参与的人也很多,因此,村委会要更加了解乡村的现状,了解农户的情况,协调农户的利益,要发挥重要的作用。

**五、建立健全多主体参与协同治理保障机制**

(一)构建多主体参与协同治理平台

政府要承担起牵头抓总的责任,将辖区企业、团体组织、人民群众等各方力量整合起来,参与基础设施建设与维护、村容村貌规范与治理、生活垃圾处置、生活污水治理等各个方面,从而形成齐抓共管的良好工作局面。要对农村人居环境治理的多主体协同治理机制进行健全,对其进行明确的职责定位,保证多主体的参与权,并对其进行相应的责任划分,定期召开联席会议、民主商谈会、院坝会等联动工作机制,对其进行奖励或问责,并对产生的问题进行按时、及时、有效的解决,最终形成一个共建、共治、共享的人居环境治理局面。

(二)建立健全多主体参与激励机制

构建一套可操作的,能够让农户、企业和村委会积极参与人居环境治理的激励机制,对于农村人居环境治理至关重要。在制定具体的奖励政策之前,需要经过多方面的调查,使每个人居环境治理的参与人都能得到相应的奖励。对企业实施物质精神双重激励,培育企业的社会责任感,并积极承担起乡村人居环境治理的责任。通过构建激励机制,建立起政府、企业、村委会和村民多元治理的框架。

## （三）建立健全多主体参与的监督管理机制

一是按照各相关部门的职责，制定相应的问责制，对项目和清单进行清晰的界定，以明确权利和义务，并实现权利和义务的统一。在环境治理工作中责任主体之间出现相互推诿时，要按程序对其进行追究。二是要加强对环保工作成效的评估，让各级党政领导干部的职责和任务更加明确。县级党委政府要制定科学合理的考核制度，明确考核的价值导向，对考核内容进行完善，对考核指标进行丰富，对考核范围进行扩大。同时采用疏堵结合的方式，如在治理违规建筑的时候，要加强对村庄总体规划的引导，力求源头管控、源头治理。

# 第五章
# 组织振兴——汉阴县乡村振兴的基层治理模式

2018年中央一号文件《中共中央 国务院关于实施乡村振兴战略的意见》对实施乡村振兴战略做了较详细的部署,并提出了自治、法治、德治(简称"三治")相融合的治理机制。2018年9月,中共中央、国务院印发的《乡村振兴战略规划(2018—2022年)》从健全现代乡村治理体系的视角提出"坚持自治为基、法治为本、德治为先"的治理机制。陕西省汉阴县在"乡村组织振兴"方面,探索出"三治合一"的治理机制,一定程度上改变了"政策先行,研究随后"这一现实,蹚出一条富有特色、务实管用的乡村组织振兴之路,让乡村治理发展获得新动力,实现乡村有效治理。

## 第一节
## 汉阴县"三治合一"治理体系的内涵及实践

2018年中央一号文件指出:"必须把夯实基层基础作为固本之策,建立健全党委领导、政府负责、社会协同、公众参与、法治保障的现代乡村社会治理体制,坚持自治、法治、德治相结合,确保乡村社会充满活力、和谐有序。"新的时代条件下,乡村治理成为衡量国家发展、社会和谐的重要指标,乡村治理以善治为根本,旨在通过多元治理最终实现民主政治,是德治、法治和自治三者的结合体。中共中央、国务院先后颁布和修订《关于加强基层治理体系和治理能力现代化建设的意见》《中华人民共和国乡村振兴促进法》《村民委员会自治法》等法规制度,提出乡村治理要运用德治、法治和自治等方法。在具体实施过程中,部分乡村对运用"三治"方法积极探索,如"321"基层治理模式、"县政乡社"和"村庄治理"等,针对政治实践中产生的种种乡村治理难题,学者们运用"三重分析视角""出格的事实""描述解释"等概念,勾勒乡村治理的不同侧面,并试图从政治体制、制度建构、乡村治理要素等方面界定乡村治理的有效行为。从制度和组织研究的视角来看,制度建构与组织运作是一个制度制定者赋予其内在价值并运用一定的方法实现特定目标的过程,但有的乡村对"三治"界限不清,融合不够,甚至出现"乱治理、治理乱、治乱理"的现象,现实场域中公共利益最大化的治理问题亦表现出错综复杂的特质。汉阴县在脱贫攻坚的治理过程中,针对农村内生动力发展不足、基层群众参与村庄治理活动主动性、积极性不高,以及复杂多样性的基础矛盾调节困难等一系列问题,在全县范围内尝试通过村民自治、法治和德治相结合,构建基层治理体系,提升基层治理水平,促进基层治理能力现代化。

## 一、"三治"方略的内涵

"治理方略"是指经过精心设计并通过实践运用、检验且效果良好、显著的手段和策略。所谓"三治"是乡村各级组织按照我国治理体系进行治理,其中"自治"本质上就是民治,即民主之治,也就是人民共建共治共享。通过自治增加活力,创新自治运行机制,尊重人民群众主体地位,激发人民群众的自治资源,形成基层治理的内生驱动力。保证人民群众在基层治理现代化中的权益,以主人翁的身份积极参与其中并享有评判权。法治是通过"规则之治、程序之治"实现治理;是依法治国的全面贯彻,是乡村治理现代化的基本手段。良好地运用法治思维及法治手段推进基层治理是乡村治理现代化的强有力的保障。通过司法便民、调解模式的创新及社区网格化等推进法治效力的基层广泛应用。德治,是"以德治理",通过强化道德教育,以德润人心,引领民风。通过德治发挥社会主义核心价值观、家教家风、道德评议的作用。将德治内化为村民尊重且自觉遵守的行为规范,对自治和法治形成补充,以德治扬正气,最终实现乡村社会既安定有序又充满活力。在乡村治理现代化的过程中,将"三治"作为一种系统化的工具、策略实现乡村良政善治的效果且被自觉采用时,就成为"三治"方略。

## 二、"三治"方略的治理体系及其机制

"三治"方略由两个基本层次构成:一是"三治"方略的合理分界有利于促进治理组织的合法性构建和治理能力建设;二是"三治"方略的合理运用可以实现对乡村公共事务的有效治理。

在乡村治理的合法性构建和治理能力提高上,"三治"方略的运用主要是以"三

治分开"的状态发挥作用。"三治分开"的主体是乡村各级组织,包含乡村地方党组织(县级、乡镇级党委),也包含其他乡村各级组织(乡村机关事业单位、社区组织、社会组织、群体组织和其他乡村单位等),是一个多维度的范畴。治理主体在自身合法性构建和治理能力建设中,又同时扮演着乡村治理客体的角色。故乡村"三治分开"的主体和客体具有同一性。作为治理活动,"三治"方略的主体是乡村地方党组织和乡村治理组织,客体是乡村公共事务。乡村党组织通过执掌乡村政权、全面治理乡村各领域的公共事务发挥作用。党组织通过对乡村政权机构意志输入、干部进入、组织嵌入和思想渗入,实现乡村政权的执掌。意志输入,指将党的主张和精神作为乡村治理活动的指导思想,落实为乡村治理的具体政策;干部进入,指党员干部通过法定程序进入乡村政权机构担任职务开展乡村治理工作;组织嵌入,即将各级党组织嵌入对应的乡村各级组织中,开展乡村治理活动;思想渗入,就是通过对乡村干部、群众进行思想政治教育、政策宣传实现党的思想渗入。

乡村地方党组织和乡村治理组织通过计划决策、领导指挥、组织协调、控制干预,实现各级政权组织治理资源的有机整合,增强治理能力。通过分工协作、权责明晰实现全面领导乡村各领域的公共事务。同时还应利用组织的影响力、感召力,引导、说服社会各种力量积极加入"三治"方略的治理活动中。形成全面领导乡村各区域和各领域的公共事务治理,是通过领导指挥、控制协调各级政权组织整合治理资源,增强治理能力,在分工协作基础上承担乡村公共事务治理的责任,同时组织动员乡村社会各种力量,积极参与乡村公共事务的治理活动。发挥乡村治理活动主体和客体的最大合力。乡村党组织通过执掌乡村政权、全面治理乡村各领域的公共事务,将国家权力和乡村群众力量有机结合,实现"三治融合",高效推进乡村治理,确保乡村发展和稳定。

### 三、汉阴县"三治合一"治理的具体实施

目前,"三治"作为一种效果显著的乡村治理方略,被赋予了乡村治理活动的政治合法性,同时,也不断提高了乡村各级治理组织的管理能力及领导水平。"三治"方略能够深入群众,获得源源不断的民心支持和拥护,提高了党组织的管理威望,保证了执政的合法性,巩固执政地位。然而,乡村治理环境较复杂,公共事务繁多,涉及的领域众多,群众文化素养水平参差不齐,导致乡村治理的困难重重,汉阴县在乡村治理中不断探索,形成了"三治合一"的治理机制(具体措施见表5-1),对当前的乡村振兴具有很好的示范和启示作用。

表 5-1　汉阴县"三治合一"治理机制具体实施措施

| 自治 | 法治 | 德治 |
| --- | --- | --- |
| 建立自治平台：将村志愿者协会村乡贤组织等纳入村一级的自治组织中，设置村公益岗位，充分发挥其参与村庄治理的积极性及作用 | "两说一商"：干部说法说政策、群众说事说心声、大事要事民主协商 | 村史馆建设：通过建设村史馆、办展览、忆苦思甜弘扬艰苦朴素精神；通过荣誉墙提高村民归属感和自信心；通过优秀典型案例对村民进行道德引导教育 |
| 网格化治理：设置"行政村-自然小组-户"三级网格，缩小治理单元，发挥党员、中心户长的治理作用 | 搭建"三官一律"的法律纠纷调解室：解决群众矛盾，协调纠纷 | 道德建设：全民推行以"诚、孝、俭、勤、和"为主要内容的新民风建设 |
| 精细化服务：实行"三线"人员工作方式，将群众精确划分为放心户、关心户和连心户，做好精准帮扶工作 | 加大法治宣传：开展法治宣传，提供法律咨询，组织政策宣讲，引导依法议事 | 开办图书馆，积极组织各类文艺活动：活跃村民文化生活，满足文化需求 |

(一)村民自治的基层实践："321"乡村治理模式和自治组织的发展

《中华人民共和国宪法》明确了村委会群众性自治组织的法律地位，用国家根本大法的形式系统规定了中国特色乡村自治制度的基本内容。明确村民自治的基本原则是自我管理、自我教育、自我服务，在实践中又具体化为村民民主选举、民主决策、民主管理、民主监督四项民主权利。村民自治是乡村有效治理体系的基础。积极有效搭建乡村自治平台，发挥乡村自治组织的功能是实现乡村自治的重要保障。

从2016年开始，汉阴县在全县范围内实施自治平台搭建，总结形成"321"乡村治理模式。所谓"321"乡村治理模式："3"具体指在乡村治理中采用"党员联系群众、人大代表联系选民、中心户长联系村民"三线联系的方式；"2"具体指在治理中实行"网格化管理、精细化服务"的两化基本路径；"1"指一个高效乡村治理平台。搭建以村党组织为核心、村民代表大会为决策主体、村委会为执行主体、村监委会为监督主体、村级经济组织为支撑，社会组织为补充的"六位一体"村级组织体系，推行"干部说法说政策、群众说事说心声、大事要事民主协商"的"两说一商"议事机制，激发群众自治动力。以"535"县镇联管服工作机制为保障，即县级领导联镇、部门联村、干部联户、强村联弱村、驻地村联搬迁社区的"5联帮"模式解决问题；通过村审计统一管"三资"(资金、资产、资源)，纪委监委延伸管权力，综合执法管行为的"3管"构成基层综合执法格局；通过提供便民服务、法制服务、经济发展服务、社会文化服务、智慧化服务的"5服务"内容，促进县镇资源力量下沉，为乡村治理提供坚强保障。通过明晰的责任链条有效调动本村精英分子和群众等内部力量参与乡村治理的积极性,构建多方主体参与的乡村高效自治大平台。

案例一:

20多年前,S村王某由于家境贫寒、父母多病,年仅14岁就早早辍学,辍学后前往当地的建筑工地做起了建筑工人。由于年纪小且没有盖房子的手艺,只能在工地上从事扛水泥、沙袋或搅拌混凝土等基本辅助工作。然而,天有不测风云,王某在一次搅拌混凝土中,不慎将右臂卷入了搅拌机,导致右臂致残。失去右臂的王某对生活丧失了信心,离开了生养自己的家乡,开始了背井离乡的生活。在外漂泊的日子,由于身体的残疾,经常会被别人指指点点,找工作更是难上加难。王某只能通过乞讨的方式获得一点微薄收入,过着风餐露宿的生活。

2020年,S村针对本村在外村民进行统计调查,了解到村里有几人已多年处于失联状况,村委会随即决定对本村失联人员进行找寻。通过村委会多方渠道联系及村志愿者协会人员外出寻找,在2020年5月找到了王某,并告诉他家乡的发展,希望王某能够回乡发展,过上安稳的生活。王某因为多年在外懒散惯了,对回乡谋生没有太大信心。村里的新乡贤通过电话联系到王某,耐心地做好他的思想疏导工作,告诉他这几年国家乡村振兴政策好,支持农村经济发展,村里道路畅通,邻里和睦,居住环境优美。在乡村振兴政策下,村里有很多公益岗位,适合王某的身体情况。王某回乡不仅有工作,还可以服务村庄。

通过村委会及村志愿者协会、村乡贤组织等社会组织的沟通,王某回到了家乡。回村后的王某在村委会及村乡贤的多次工作开导下,在村委会西侧的两间平房里开办了S村道德积分超市,王某既作为村道德评议会公益岗位的工作人员,负责村民用道德积分兑换生活日用品的工作,享有一定的工资待遇。同时,道德积分超市还进行正常营业,村民可以在这里购买所需要的各类商品。道德积分超市的开办促进了S村德治的进程,给予王某村公益工作人员的归属感,同时能满足王某维持基本生计。王某积极学习新理念、掌握新技能,在电子商务产业的影响下,通过道德积分超市积攒的一些资金,在隔壁的平房里开起了村里唯一一所"美团优选"自提点,拓宽村民线上购物的渠道,也为自己开辟了一条新的致富路。村委会的工作人员说道,回村后的王某精神面貌焕然一新,为人处世勤劳忠厚,每天往返于县城和村里两个来回,拉取两所超市的货物,王某脸上的笑容越来越多,日子也越过越红火。调查中,王某欣慰地说:"在外漂泊近20年,这下才算真的安定了,内心是真踏实。"

S村发展社会组织、开展民主协商,通过村志愿者协会、村乡贤组织等社会组织的共同治理,实现了S村村民王某顺利回乡并能够自我管理、自我服务、自我教育和自我发展的新生活。村志愿者协会、村乡贤组织是村民自治中的一种非常重要的自治组织,在乡村治理中发挥着积极的推动作用。从乡村治理的实践逻辑来看,群众自治性的组织是能够将村民组织起来参与乡村公共管理事务治理的最直接和最有效的方式。通过这些自治组织可以将乡村中现有的所有正向力量积极整合起来,实现村民自己的事情自己决定,真正做到了人民当家作主。治理者和被治理者二者身份实现了合一,不再是对立关系,而是协调、合作的共赢关系,真正实现了村民"善治"的效果。

在 S 村,村志愿者协会、村乡贤组织、"道德积分超市"经营公益岗位仅仅只是村民自治的一些方面,S 村还设置了像红白理事会、禁赌禁博会、村卫生清洁员公益岗位等。村委会虽然处于乡村自治中的核心地位,但是村委会不能解决村民在日常生活中遇到的所有问题;村民的自治最重要的就是通过相应的自治平台或者自治主体,将村民组织起来积极参与村庄公共事务的治理。尤其是在大量青壮年外出,留守老人、留守妇女、留守儿童数量与日俱增的农村,村庄中的公共事务更需要相应的人员来负责,所以自治性组织是实现自治的重要途径。

汉阴县对村民自治实行网格化治理模式。网格治理模式中,将网格分为三级,分别为一级网格、二级网格和三级网格。每一个网格都是一个治理单元。三级网格是最小的治理单元,三级网格的治理范围小于村民小组。本研究所调研的 S 村中,共有 868 户,村民数量 2726 人。整个行政村分为 8 个一级网格,一级网格长由村委会干部及工作人员担任。每个一级网格中又设置了 2 个二级网格,二级网格长由小组长担任。每个二级网格中再设置了 2 个三级网格,三级网格长为党员及先进群众。

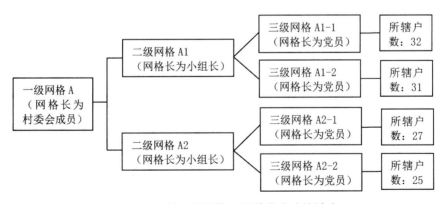

图 5-1　S 村一级网格 A 网格化自治统计表

以 S 村 8 个一级网格中一个一级网格 A 为例。在图 5-1 中,A1 和 A2 分别是 S 村的第四村民小组和第六村民小组,一般二级网格治理范围基本上就是村民小组。三级网格直接对应到每户村民。网格化治理是对村民自治治理模式的一种创新。首先,网格化治理打破了原有的行政村到自然小组的直线治理模式,进一步细分自然小组,缩小了治理单元。其次,网格化治理主体除了村委干部外,还吸纳小组长、中心户长、党员和先进群众代表等积极参与乡村治理,在乡村自制过程中实现了治理主体的多元化。再次,网格化治理模式扩大了治理主体范围,极大地减轻了村委会、乡镇及以上行政组织的行政管理压力。最后,网格化治理在"合并村"治理问题上也发挥了优势作用。网格化治理的精髓体现在小集体通过其行动的便利性和自主管理与其公共利益高度相关公共事务,实现基层民主运转。

案例二:

2016年,汉阴县S村孤寡老人张某所居住的房屋年久失修,从居住环境上看已属危房。张某本人已50多岁,无子女,文化水平较低,也无一技之长,对新生事物接受慢,就连简单的智能手机也不能熟练使用,主要依靠政府补贴和自己打零工来维持生活,谈不上有积蓄,更无能力为自己建造房子。

党员李某为S村三级网格A2-1的网格长,他的管辖区内共有27户,居住危房的张某就在李某所管辖的A2-1网格内。从2016年S村实施网格化治理以来,李某的主要工作对象之一就是张某。平时只要一有时间就去张某家里关心张某的生活情况,评估房子的危险性,并积极通过网格化管理逐级上报张某的危房居住问题,努力想办法改善张某的居住条件。在汉阴县,类似于这样的危房居住情况各个网格都有,可通过网格化管理进行上报。2016年年底,汉阴县为改善贫困户及孤寡老人的居住环境,开展了"交钥匙工程"项目。S村张某正好符合该项目的申请条件,李某积极做张某的思想工作,准备申请材料。最终,张某顺利搬进了"交钥匙工程"建造的"一室一厅一厨一卫"的改善性住房里。李某还主动帮张某联系了一些其力所能及的零工活,保障了张某的基本吃住。2021年9月的一天,李某发现张某已长达十几天未去打零工,且家门紧闭,遂去家里仔细询问,才发现张某身体患病已近10天,且生活难以自理。李某通过"321民心在线"手机平台联系医院。患病的张某被送到乡镇医院住院医治。出院时医生叮嘱,由于张某年事已高且腿脚不便,生活难以自理,不能独居,必须有人照顾。李某向二级网格长和一级网格长汇报了张某年满60岁、无子女、无生活来源,且腿脚不便生活不能自理的特殊情况,符合五保户要求,可以通过"养老院"项目保证其生活。李某耐心地向张某讲解政策及解决办法,在取得张某同意后,办妥一切手续,张某顺利住进了汉阴县城关镇养老院,真正实现了老有所依、老有所养。

乡村自治路径基本遵循"行政村-村民小组-户"的结构,在治理过程中发挥主要作用的基本是村委会工作人员、村民小组长等。脱贫攻坚和乡村振兴事务的不断推进对乡村治理提出了新的要求,仅仅依靠村干部和村民小组长很难实现有效治理,而通过中心户长、党员和积极群众代表的参与为乡村治理拓宽了渠道。网格化治理有效实现了自治单元的下沉和缩小,实现了自治单元的有效治理。网格长,尤其是三级网格长直接对接农户主体,大大缓解了村镇一级的压力,从而将很多村民间的矛盾和纠纷都解决在萌芽状态。

网格化管理缩小了治理单元,提升了治理的效率,保障了乡村治理精细化服务。汉阴县实行"三线"人员工作方式,即根据各户实际情况精确将群众划分为放心户、关心户和连心户,形象标注为"绿、黄、红"三种颜色,实行"三色管理",并在日常工作中按照"绿户门前放心行,黄户门前停一停,红户门前要上心"的要求,实行"在线、一线、热线"服务,做好精准联系帮扶,提升管理服务效率。

S村"三线"人员帮扶的工作方式是,家庭收入超过或和全村平均水平持平且连续三年被评为"平安家庭"的被定为"放心户","三线"人员对其实行等候"在线"服务;家庭收入低于全村平均水平但无下文所述的"特殊人员",且近两年未被评为"平安家庭"的被定为"关心户","三线"人员每半月主动到户了解情况,有针对性开展服务;"三留守"人员、残疾人、服刑或刑满释放人员的生活困难的家庭定被为"连心户",每户确定一名党员或人大代表、中心户长,实行一对一包抓帮扶,与"连心户"保持"热线联系",做到每周见一次面或联系一次,时时刻刻掌握情况,遇有困难及时上门解决。确保做到因户施策、精准服务、帮困解难,目前,汉阴县共精准帮扶"放心户"105654户、"关心户"5060户、"连心户"1501户。

案例三:

汉阴县常年雨水充沛,每年七八月份会迎来汛期并伴有大暴雨,汉阴县S村位于城关镇,地处汉阴县城以南2千米。作为整个汉阴县城南的水源供给地,S村汛期常常会遭受大暴雨的侵袭,S村长期致力于筑牢防灾减灾第一道防线。

S村村委会及各级网格长根据各户实际情况精确将群众划分为放心户、关心户和连心户,在汛期特大暴雨中提供了不同的救助策略,进行精细化服务,保障村民人身安全,防止村民财产受到损失。S村村民刘某为60岁独居老人,曾在外务工30多年。2021年,由于身体残疾不再适合务工而回到家乡养老。由于早年与妻子离异,家乡已无任何亲人,回到家乡的刘某便一直独居在30年前的土坯老房里。老房年久失修,存在严重的安全隐患汛期尤为危险。刘某是S村的"连心户"。由同村党员蒋某实行一对一包抓帮扶。蒋某与"连心户"刘某保持"热线联系",蒋某每周联系一次刘某,时时刻刻了解其生活情况,遇到困难就会上门解决,提供精准帮扶。

2021年8月21日至22日,汉阴县境内突降暴雨,S村严重受灾。河道水量急剧增加,部分路段已超警戒线,雨水漫出后,村子北部受灾严重,部分村民居住的土坯房极易被大水冲垮甚至坍塌。刘某的房子由于受强降雨的破坏,已经岌岌可危,随时有坍塌的风险,蒋某迅速向村委会汇报了这一情况。考虑到刘某的人身安全问题,村委会立即决定由蒋某用个人车辆接出处于危房中的刘某,安排其住进了县上的集中避洪酒店。

汛期之后,蒋某积极解决刘某的住房及养老问题。针对刘某的身体残疾,无劳动能力,无法保证基本生活的问题,蒋某还积极为其争取"低保"保障。针对刘某岌岌可危的土坯房,蒋某多次跑到县里和相关部门沟通协调,为刘某申请到了特大暴雨搬迁拨款5万元。加上刘某个人的一些微薄积蓄,蒋某积极协调S村做建筑项目的乡贤承包了刘某的新房修建工作。5个月后,在破败不堪的土坯房旁边,一座现代化的砖房建立了起来,地面铺着地板砖,墙面洁白,屋内还摆放着几件简单的家具,窗明几净。住上新房的刘某对生活充满了憧憬,在自家的小院还种起了各种蔬菜,从事一些力所能及的农活。在村委会精细化的管理服务下,实现了生活的自给自足。

### (二)乡村法治的基层实践:"两说"政策和法治宣传的有效推进

乡村法治化是乡村治理体系的重要内容,是实现农村长治久安的治本之策,是完善依法治国的具体体现,是构建和谐社会的基本原则,是实现乡村有效治理、乡村振兴的基本保障,是整个国家法治化建设的重要基础。当前农村法治依然相对薄弱,农民缺少学法、懂法、用法的意识,整个乡村并没有形成良好的法治环境。在乡村社会形成的过程中,村民日常生活中的各类关系通常是通过血缘、亲缘、地域所建立起来的社会关系,缺乏法律意识和法律思维,很少运用法律武器维护自身的合法权益。以人情关系、习惯风俗、权利及非理性因素等为主导的乡村,其法治建设的进程是远远滞后于乡村的经济发展的。汉阴县在农村的法治化建设中,通过"两说"政策和法治宣传进行法治化治理,有效推进治理法治化。"两说"即干部说法说政策,群众说事说心声。通过"两说"实现法治在乡村振兴中的指导作用,在农村形成良好的法治环境。

案例四:

2020年年底,汉阴县2020年度第三批次集体土地征收(陕南移民搬迁)项目获陕西省人民政府研究批准,同意将汉阴县乡级土地利用总体规划确定的建设用地依法征收为国有,用于城镇建设,涉及7个村子的19.7278公顷集体土地。Z村也在此次征地补偿范围之内。

汉阴县政府严格按照陕西省政府《关于公布全省征收农用地区片综合地价的通知》(陕政发〔2020〕12号)精神,结合县实际情况,制定了全县征收农用地区片综合地价,形成了新征地补偿标准,并进行了公示及通知。

由于新旧征地补偿标准的过渡,村民法律意识薄弱等原因,导致Z村在征地补偿过程中引发了很多矛盾。虽然Z村领导班子积极投身于向各家各户进行征地补偿政策的宣传,但在经济利益面前,村民配合度不高,效果甚微。面对Z村在征地补偿过程中出现的难题,Z村领导班子积极向县级有关部门进行反馈并寻求帮助。县有关部门领导认识到Z村征地补偿工作中出现的问题非常具有代表性,是每一个征地补偿村都会面临并要解决的核心问题。在充分了解到征地补偿实际工作中面临的困难,分析问题成因后,县相关部门领导迅速做出决策。通过自然资源局对新征地补偿标准政策的解读、公检法三部门的法治宣传、律师事务所的法律支持援助等方式,建立纠纷处理与协调机制,确保新老征地补偿标准顺利衔接,征地补偿工作顺利开展。

Z村领导班子根据县政府相关部门的工作部署,邀请县自然资源局工作人员对新征地补偿标准政策进行解读,做好有关政策和技术问题的宣传解释工作。在村委会设置了法律纠纷调解室,由公检法三部门工作人员每周内轮流到村法律纠纷调解室办公,解决村民在征地补偿中存在的各种问题,树立村民的法治观念。积极解读新征地补偿标准政策,严格依法依规履行相关程序,使征地村民充分享有知情权、参与权、监督权和申诉权,为村民提供强有力的法律保障。通过律师事务所及村公益律师为村民征地补偿提供法律援助,确保村民在征地补偿过程中的正当权益受到保障,受损的权益得到及时救济。同时,Z村领导班子针积极合理预测新征地补偿标准实施过程中可能出现的问题,并及时制订了工作预案,完善纠纷处理与协调机制。

通过以上各项措施的多管并行,Z村征地补偿工作顺利推进。被征地村民的合法权益得到了保障,村民的法律意识、法治观念得以强化。同时,通过产业园区的建设及招商引资,村民的就业渠道拓宽了,经济收入也得以保障。

Z村通过公检法三部门工作人员和律师人员形成"三官一律"的法律纠纷调解室,安排人员进行"说法"和"说政策",加强广大村民的法律意识,使征地村民充分享有知情权、参与权、监督权和申诉权,为村民提供强有力的法律保障。通过"说法""说政策",村民的法治观念有了极大提升,村民能够积极配合政府各项政策的执行,并通过正规的渠道保障自己的合法权益。

在中国农村的发展过程中,农民法治观念的淡薄和法治化建设的落后具有普遍性。一方面源于中国农村基于亲缘、血缘、地域的社会关系特性决定,村民们更倾向于通过关系、情感、权威解决问题。在农村这种不规则的社会关系中,非正式组织和非正式制度扮演着主导作用。非正式制度是在漫长的历史生产实践活动中形成、积累并建构起来的,其中包含着传统农业活动基于亲缘、血缘、地域开展的内在逻辑。长期紧密交织的关系使得这种非正式的制度具有稳定性和威望性,会在一定程度上抵消法治所具备的权威,甚至导致在村民的认知中社会情感关系大于法律。另一方面是农村法治的不健全所造成的,从农村社会关系的特性来看,法治化的理念和思维在农村缺乏成长的土壤,也没有完善的制度保障。在乡村城市化的进程中,很多外来的要素不断地涌向农村并渗入以亲缘、血缘、地域所建立的非正式制度并冲击着这种非正式制度。村民往往难以适应这些外来因素带来的村庄社会关系的变化。法律意识和法律思维的淡薄使他们在遭受权益侵害时没有正确的途径去申诉,只能将这种不对等转嫁给村委会或者基层政府来寻求赔偿,甚至通过各种抗争和上访来维护自身利益。也正是基于此,农村法治化建设必须全面有效地实施开展。实现农民和农村社会的规则化仍然需要对法制的大力宣传和普及,使农民具有法治化的理性思维。

### (三)德治在农村基层的实践:村史馆建设及新民风建设的推广

新时代乡村治理面临的环境复杂多样,道德问题的突出使得德治成为当前乡村治理中的新路径。德治通过文化建设、乡风乡俗建设、传统孝道文化建设等,运用农村特有的文化资源和道德规范建立起每个村民都积极遵循的行为规范体系,进而提高农村的社会治理水平,发挥道德建设在乡村发展中的作用,实现乡村治理的现代化和善治的目标。乡村在长期发展和转型的过程中形成了很多具有地方特色的乡风乡俗,这些乡风乡俗作为一种软实力推进着乡村建设发展。在全国范围内,各个地方都在探索有效的德治路径,比如"婆媳互夸大会""道德积分银行""老年人养老积金会"等项目的开展都是发挥德治的有效方式。

汉阴县从2018年开始,以创建全国公共文化服务体系示范县为抓手,在Z村和S村等有条件的村庄建立村史馆,有力地增强了村民的归属感。村史馆设有展览区、荣誉墙和产业橱窗等几个模块。展览区通过图片还原了Z村祖辈使用传统农具一步步辛苦建设村庄的历程,希望村民能够不忘苦难,忆苦思甜弘扬艰苦朴素的精神,珍惜来之不易的美好生活。荣誉墙上展示了Z村的优秀人才及道德模范,包括Z村新村民(新乡贤)、考入大学的优秀学生、好婆婆好媳妇、公益之星、无偿献血模范等。通过这样的荣誉展示,提高村民的归属感和自信心,并通过优秀典型案例对村民进行道德引导教育。产业橱窗主要展示的是Z村产业经济下的特色农产品,例如当地的"秦巴臻泉"矿泉水、野蜂蜜、富硒茶等,促进Z村特色产业的发展,实现"一村一品"的产业振兴。

案例五:

2017年,Z村享受扶贫易地搬迁政策,村里动员村民搬迁到移民新村安置点,村里对移民搬迁的政策和原则做了详细的宣传和解读,大部分村民能够响应国家政策积极配合搬迁工作。为数不多的几户拒绝移民搬迁,成了搬迁移民工作中的"钉子户",老张家便是其中一户。村里派多名村干部、先进搬迁户对老张进行多次动员,倔强的老张就是坚持不离开老村,拒绝搬迁。

无计可施的村支书将老张带到了Z村村史馆。村支书拉着老张站在了村史馆荣誉墙前,说道:"你的爷爷是咱村(20世纪)60年代的文化人,为当地的文化教育事业做出了很多贡献,你的侄儿一个在县上做'父母官',为百姓谋福利;一个积极响应国家号召,参军入伍,在边疆保家卫国。看看你们老张家,辈辈出人才,为家族争光,你觉得你一个当叔的,不响应国家号召,不支持扶贫易地搬迁,还要做'钉子户',脸上挂得住不?况且,这项政策最终的目标就是要改善咱们村的人居环境,实现人民生活保障。"老张默默地沉下了脸,嘟囔了句:"你让我回去再考虑下……"

第二天,羞愧难当的老张让妻子来到村支书家,表态愿意支持扶贫异地搬迁政策,积极配合。之后,其他的几个"钉子户"也陆续积极配合了搬迁工作。Z村扶贫异地搬迁政策顺利推行。

国家的好政策为当地村民解决了住房问题。同时,当地政府积极引进产业项目,发展产业园,"筑巢引凤",开展招商活动,同企业牵手形成产业基地"社区工厂"。通过新民风道德评议会教育贫困户转变思想观念,广泛开展各项精神文明活动,通过开办各种技能培训班使村民具备一技之长。实现了村民有房住、有活干、吃穿不愁、用钱不愁的生活保障。Z村遵循"实施好一批搬迁项目,安置好一方群众,实现好一方脱贫"的理念,顺利完成了易地搬迁项目,为汉阴县易地扶贫搬迁工作奠定了坚实的基础。

汉阴县将乡风民俗、环境卫生、遵纪守法、勤劳致富等内容纳入村规民约,逐村制定,逐户签约,监督落实,成为推行德治的一项重要措施,深入推进以"诚、孝、俭、勤、和"为核心的新民风建设。比如,城关镇S村建立的道德积分超市,明确办1件好事可积1分,兑换10元日常生活用品,道德积分超市有效激励了村民崇德向善,见贤思齐。汉阴县还广泛开展各类精神文明创建活动,累计评选星级文明户、"最美家庭"等标杆2000余户,"好婆婆""好媳妇""好妯娌"等典型2100余名,营造了向上向善的良好风尚。组建一支囊括1000余名优秀文艺人才的义演队,广泛开展各类文艺志愿服务活动,丰富乡村群众文化生活,满足文化需求。通过村"互助幸福院"项目的开展保障老年人日常吃饭,解决老年人空巢问题。在每年的重阳节开展"老年人生日宴"活动,通过为老年人包一顿饺子、理发、表演节目等方式给老年人归属感,向年轻人传递尊老爱幼的品质,践行中华民族孝道文化的传统美德。

德治作为一项有效的乡村治理方式,摒弃了农村发展中的不良习气,推动乡风文明建设,促进了乡村秩序的良好运行。德治的主体为乡村中的乡贤、优秀村民代表及有识之士。德治主体基于对应的组织开展活动才能体现出德治的效果,否则,德治是一种意识、一种精神,而无法落实到治理的实质上。Z村的村史馆建设、S村的道德积分超市、"好婆婆""好媳妇"的各种评选大会、图书馆建设、互助幸福院和老年人生日宴等这些活动的积极开展使得德治真正落到了实处。在德治的实践过程中,通过相应的组织所形成的良好风尚对不良风气的约束是德治能够发挥作用的重要保证。

从以上分析可得,"三治"方略中的"三治"融合和"三治"分开是缺一不可的,"三治"融合是实现乡村治理的目的,"三治"分开是实现"三治"融合的手段和方法,是党和国家长期实践总结出来的系统化、理论化的方法论。

## 第二节
## "三治"方略在乡村治理中的作用

乡村治理体系是在开展乡村治理工作中推进治理机制和治理制度的建设,通过正式的、非正式的组织结构和制度规则的调整、创新,形成具有相互作用机制并发挥高效的乡村治理体系。乡村治理能力现代化是指培育乡村治理主体的治理能力,通过治理体系、治理理念、治理文化、治理方式和治理保证等方面的调整、转型,实现提升乡村治理主体的治理能力。通过制度化、民主化、德教化、精细化、法制化的治理,实现良政善治,推进乡村治理现代化建设。"三治"方略创新"自治"运行机制,尊重人民群众主体地位,激发人民群众的自治资源,形成基层治理体系的内生驱动力。通过"法治"实现"规则之治、程序之治",是乡村治理现代化的强有力保障。司法便民、社区网格化等法治创新推动了法治效力的基层广泛应用。通过强化道德教育,引领民风,将"德治"内化为人民尊重且自觉遵守的行为规范,对自治和法治形成补充。

"三治"方略以乡村治理高效化、乡村治理民主化、乡村治理协同化、乡村治理德教化和乡村治理法治化,实现乡村治理在治理体系、治理理念、治理方式、治理文化、治理保障等方面的现代化(图5-2)。

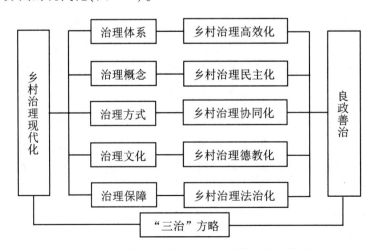

图 5-2 "三治"方略对乡村治理现代化的作用

## 一、有利于乡村治理高效化

乡村治理高效化强调在乡村治理工作中通过乡村治理的科学化、制度规范化,不断提升乡村治理效能的过程。作为乡村治理现代化的首要衡量标准,乡村治理高效化要求党的执政能力、领导水平和治理能力要高要强。"三治"方略通过治理规则的制度化、治理过程的规范化促进乡村治理机构治理能力建设。在乡村党组织的领导下,依照国家治理的系统性并结合乡村现实的复杂性,通过民主制度体系、法治体系、社会管理体系、公共事务体系等制度体系的不断完善,保证乡村治理体系的搭建,实现乡村治理的稳定性。同时,乡村治理事务的"零碎化"造成了乡村治理低效性和风险性等问题,"三治"方略通过在乡村治理的各环节上加强科学的制度化建设,提高制度的效率,增强制度的权威,通过完善村民自治制度,精细化权利、责任事项,按照规范流程公平公开地开展治理工作,全面增强乡村党组织的执政能力。"三治"方略不但增强了乡村党组织的政治领导能力、依法执政能力、科学发展能力、狠抓落实能力、学习能力、改革创新能力、群众工作能力、驾驭风险能力等 8 项执政能力,实现乡村治理有效高效,同时还具有促进乡村治理效能不断提升的内驱力。通过"三治"方略将乡村党组织建设的成效转化为乡村治理效能的提升,实现乡村治理现代化。

## 二、有利于乡村治理民主化

乡村治理民主化是实现乡村治理思维现代化的基本前提,乡村治理民主化的建设的重点在于构建民主化的表达机制、培育民主化的治理意识,使公众的建议和利益诉求表达渠道畅通,充分实现民众广泛且有序地参与乡村治理。

在治理系统上通过科学、公平和公正的作风,最大限度地吸纳多元治理主体参与乡村治理发展,政治吸纳能力越强,则有序的政治参与性越广,乡村治理的民主化、科学化程度越高。"三治"方略的政治吸纳机制主要体现在政党吸纳和乡贤参事会吸纳。我国乡村地区党组织层次多、覆盖面广,对促进乡村治理民主化具有重要作用,对于直接面对基层群众的各级乡村治理组织可以便捷地广泛吸纳公众,将其发展成为治理主体,并凭借主体资格参与乡村政治治理过程,使得乡村群众的根本利益和建议畅通无阻传送到组织决策层。

乡贤参事会吸纳是通过乡贤参事会的渠道吸纳乡村群众,开展乡村文明建设和行动。例如,在乡村治理过程中,在做出重大决策前开展充分的"村事民议"活动,在乡村的公共事务、创业致富、矛盾纠纷化解、乡风文明和慈善公益等方面开展活动,并通过互联网会议平台反映乡情民意或提供政策建议;邀请群众对乡村治理过程及治理效果进行监督、评议。通过类似于以上的形式,在坚持乡村党组织的基本领导下,鼓励、引导多元主体(社会力量、个人)民主地参与乡村治理过程,参与乡村公共事务治理,对乡村治理民主化发挥积极推动作用。具体可以从以下几方面实现:一是坚决抵制官僚主义、形式主义、享乐主义等腐朽思想,走到乡村人民群众中去,了解、吸纳人民群众的诉求、意见和建议,更广泛、更深入地吸纳民众参与政治;二是乡村治理党组织应真正落实基层群众自治权,通过民主协商、民主选举、民主决策等切实保障民众的民主权利;三是乡村治理党组织要在公众的监督下决策和行动,确保人民当家作主、乡村治理民主化。

### 三、有利于乡村治理协同化

乡村治理协同化指乡村治理的多元主体协同运用多种现代信息技术,分工协作、整合资源、发挥共享优势,实现乡村高效化、智能化、协同化的精准治理,同时也包含乡村社会主体间基于利益关系的协同一致性而形成的和谐邻里关系。"三治"方略的科学化实施能够促进以上两个方面的协同化和精准化治理。

第一,"三治"方略的协同治理能够促进乡村治理主体间的协同性。乡村治理主体间良好的协同关系是乡村治理现代化的重要标志。多元治理主体间通过分工协作、权责分明、合理有序的治理关系实现乡村治理的高效化。在以往的乡村治理工作中,治理主体间因分工不明、协作不匹配等问题容易产生治理脱节、治理错位等问题,并引起乡村治理工作中的诸多矛盾。如果这些问题不能得到及时有效的处理,会产生严重的资源浪费及治理主体内耗,挫伤工作积极性。更有甚者会发生冲突,与乡村治理现代化背道而驰。"三治"方略通过科学的权责配置体制解决了治理主体缺位、错位、权力责任分工不明确等问题,协调了多元治理主体间的关系,实现了乡村协同化治理。例如,通过精准结果分析,将更多资源有针对性地下沉到基层,通过权责分明的网格化治理模式覆盖整个乡村治理,以网格化解决区域民众问题,有针对性地为民众提供服务,实现乡村治理主体间的协同化治理。

第二,"三治"方略可以促进乡村社会主体间的协同化。我国乡村地区广袤,地理环境的差异性、经济主体的多元性、利益关系的复杂性、文化风俗的多样性等造成乡村社会主体间关系尤为复杂。"三治"方略分别着手自治、法治、德治,坚持以民众利益最大公约数为政策制定原则,最大限度地寻求各社会主体利益的共同点和共同价值观,从而形成意见共识和利益共识,实现社会主体关系的协同化。例如,针对农村家族化、宗族化使"村民自治"被少数人所控制的不和谐现象,"三治"方略求同存异,寻求各方共同利益,实现治理主体从一元到多元,促进调节民众内部各种利益关系的协同化。

**四、有利于乡村治理德教化**

乡村治理现代化应以乡村的公序良俗为基础,开展有效的乡村治理。乡村的良好社会秩序,除了通过合理的法律法规约束社会主体行为外,还需要从"德治"方面引导社会主体自觉遵守社会规则,实现乡村的良政善治。"德治"通过思想教育、价值引导、弘扬传统美德等方式润物细无声地沁润每个人的德行。与其他乡村治理方式比较,德治更具有包容性和调节性,往往能解决一些法治所不能解决的社会问题。从效用角度来讲,在某些情况下,会比单纯依靠法律解决冲突更具有优势。"三治"方略促进乡村治理现代化,在社会主义核心价值观的引导下强调优秀传统美德的传承、弘扬精神文明建设,实现乡村振兴中的文化振兴,推动乡村治理的德教化建设。

**五、有利于乡村治理法治化**

乡村治理法治化是乡村治理主体在乡村公共事务治理过程中坚持法治精神,依法治理、依法执政、依法行政。通过完善的乡村治理法律法规体系、高效的法治实施体系、严密的法治监督体系和稳定的法治保障体系,实现乡村治理的公平公正,保障民众权益,维护市场秩序,协调矛盾冲突和保护生态环境等。乡村治理法治化是乡村治理现代化的坚实后盾和重要表现形式,是乡村治理的一场深刻革命。在乡村治理法治化建设中,"三治"方略在思想建设、组织建设、纪律和制度建设等方面发挥着不可或缺的作用。首先,在政治理念坚定性建设中,正确的法治观培养是价值观建设的基本内容。广大乡村基层干部要牢固树立正确的法治观念,提高法治意识,用良好的法治素养、法治思维,依法执法、依法办事,引导和保障乡村治理法治化建设的健康发展。其次,在组织建设上,领导干部的选拔和培养应将"是否具有正确的法治观、具有较强的法治意识、具有良好的法治素养和能否遵守法律并依法办事"作为选拔、考察干部的基本标准,同等条件下,优先选拔和培养法律素养好、依法办事能力强的党员干部,推动乡村治理主体的法治化意识。同时,加强党的纪律建设和制度建设有利于推进乡村治理法治化。党的纪律和国家法律虽然二者有区别,但又存在着相辅相成的关系。遵守国家法律法规是广大党员作为公民的最基本要求,而党保持先进性和纯洁性又决定了广大党员干部在遵守法律法规的同时还要严格遵守党纪党风。在乡村党组织的纪律建设中,党员干部要通过党纪党风的规范形成自觉意识,养成遵纪守法的涵养,提高依法办事的能力,维护法律权威,提高乡村治理法治化水平。

从以上五个方面可以看出,"三治"方略对乡村治理在高效化、民主化、协同化、德教化和法治化方面的作用,"三治"通过乡村治理体系的整体构建,优化结构、系统提升推进了乡村治理现代化建设,有利于形成乡村"良政善治"。

## 第三节
## 汉阴县乡村"三治"新框架

### 一、基于"国家—社会"一体化的乡村治理

(一) 在马克思主义相关理论中,国家与阶级是相伴相生的

国家随着阶级的产生而产生,并且以政府为载体,通过制度安排来行使其权力。社会是伴随人类的产生而产生,它是人与人之间关系的集合体,主要体现的是目的与手段之间的关系。目前学术界关于"推进国家治理体系和治理能力现代化"的基本方向和主要策略的研究,正是围绕国家与社会、政治能力与行政能力这两个根本维度所展开的。制度管理涉及规范性研究,代表了管理的目标体系,在不同的政治文化中表现出不同的价值,为其制度设计提供合法性支持;手段管理则涉及描述性研究,是实现制度管理的工具,直接影响治理的实际效果。制度管理为手段管理规定目标和方向,手段管理为制度管理的实现提供路径和方法,这两种治理取向同时贯穿乡村治理制度的全过程,两者相辅相成,缺一不可。我国乡村治理中的"治理",指的是公共权威为实现公共利益而进行的管理活动和管理过程,包括"作为制度的管理"与"作为手段的管理"两种不同取向的合二为一。在具体的制度设计中表现为治理的制度目标与手段要素之间的紧密勾连,在相应的程序、机制和战略安排中显现出"国家—社会"一体化,"三治"方略在治理的制度要素中都体现了相应内容的条款,在实现社会治理的过程中,乡村管理人员与其相关联的不同授权群体处于两者的最佳状态,呈现出政府与民众对公共生活的合作管理,是政治国家与公民社会的一种新型关系。

(二) 乡村治理的制度体系:目标效能、运行基础与方法要素

从方法设计的视角观之,实现乡村治理的效能最大化,需要方法、运行和目标三位一体共同发挥作用。其中方法要素在乡村治理体系中占据重要位置,方法要素的目标遵循,规定了乡村治理方法要素各方面的范围。运行基础制约着方法要素的执行结果,受政治、经济、文化等各方面影响。同时"三治"相结合的乡村社会治理体系也被赋予规范行为、依法履责与改善绩效等三项基本功能。首先,体现在随着社会的进步,社会自治权的扩大和国家权力的上移中。如相关文件规定乡镇政府与村委会

的关系是指导与协助关系,乡村治理者内在具有高度的政治觉悟与自觉的服务动机。其次,乡村治理人员要依法履职,及时回应民众诉求,做到公平公正。最后,乡村治理的价值旨在改善民众生活水平,实现管理成效。综上所述,方法要素、运行基础和目标效能共同构成了乡村治理制度设计的基石。

我国乡村治理以政府为主导,是沿着行政权力的等级链条逐级展开的。首先,在治理理念上,以"三治"为核心,采取目标管理和绩效考核相结合的方式,对治理结果进行量化,将治理目标和结果与治理者的经济利益、政治权利相挂钩,调动治理主体工作热情,提升治理主体内动力,从根本上改变了治理主体创新能力不强、工作业绩不突出等问题。其次,在治理方式上,由"结果导向"转化为"程序导向"。对经济社会领域发生的诸多矛盾,通过"三治"(汉阴县城关镇三元村进一步拓展为"政治、法治、德治、自治和智治""五治")联动,建立健全乡村基层治理体系,真正将制度优势转化为治理效能。最后,乡村治理在目标上由注重秩序转向多维共生。全面建成小康社会之前,乡村基层治理目标主要定位在建立和维护乡村良好的秩序。全面建成小康社会后,乡村振兴的内涵更加丰富,包含了人才、文化、生态、产业、组织等五个方面,需乡村发展、乡村建设、乡村治理三管齐下,协同推进。

总体而言,党的十八大以来,乡村治理问题受到政府及社会的高度关注,乡村治理体系正在朝着规范化、制度化、体系化方向发展。振兴乡村经济,具体表现为以下几方面特征:一是从权力层面考量,乡村治理体系呈现出权力上移特征,政府加强了对于治理对象的引导和监督作用;二是从关涉层面考量,乡村治理不仅关乎农村经济发展,更重要的是关乎当地民众获得感、幸福感的提升;三是从治理内容方面考量,协调发展、乡村振兴成为治理体系评价的核心指标;四是从治理程序考量,国家乡村治理部门对于村民自治过程中出现的诸如贿选、贪污等问题进行民主监督;五是以结果为导向,将治理情况作为乡村干部任免、奖惩的依据,激发乡村干部的内在动力,切实提高治理成效。

(三)乡村治理中的治理有效与执行方法化

乡村有效治理是国家治理能力和治理体系面向乡村的新探索,也是党对乡村治理的新要求,更是实施乡村振兴、在乡村善治道路上满足人民对美好生活向往的价值归宿。乡村治理有效包含着对治理主体、治理决策、实施执行与治理效果的较高要求。有效治理以"三治"为内核,使得具体从事乡村治理的工作人员不仅受到上级治理目标的约束,同时需要与"三治"激励机制发生关联,从而衍生出在乡村治理过程中行之有效的方法,也就是行动逻辑及工具目标。

本研究认为乡村治理有效实现,不仅需要从源头上规制治理制度,更需要切合实际的治理目标,总的来说需要治理方式与治理制度要素互动,进而把组织赋权、权力规制、规范行为、合规控制、绩效改进等价值目标渗透到整个执行全过程中,产生了对上负责和对下负责、权力规制和目标任务、指标管理和形式管理、法治惩戒和乡规民约、绩效改进和治理有效等的完全匹配。通过目标、过程、原则、制度相统一的模式,将简单的上传下达变成人人可参与,共同提振乡村治理能力,实现制度治理效能的最大化,破解了过去管理工具化的困境,达到了乡村治理原有的目标追求。

## 二、"三治"模式在目标效能上的有效结合

### (一) 乡村治理主体:对上负责和对下负责结合

乡村治理主体是乡村治理过程的重要构成要素。现阶段,参与乡村治理的主体主要包括政府工作人员、村委会、村民群体和社会组织。乡村治理主体的治理能力在很大程度上决定着乡村社会的治理能力。《关于加强乡村治理体系和治理能力现代化建设的意见》指出,党委在乡村治理中要发挥领导作用。乡村治理目标责任制以刚性压力传导,乡村各类治理主体常常将上级安排和布置的事项作为优先任务,进而演变成一种对上负责甚至唯上的倾向,在实际治理过程中往往忽视普通民众的自身需求,乡村自治主体所承载的治理负荷又非常繁重,民众主动参与乡村治理的积极性不高。针对这种情况,汉阴县乡村治理主体根据中共中央办公厅、国务院办公厅印发的《乡村建设行动实施方案》精神,结合当地乡村实际情况,依法整合现有治理力量和资源,创建乡村"三治"新框架,赋予各治理任务的实施主体相应职权,把政策上传下达、将对上负责和对下负责结合,让治理主体代表最广大人民的根本利益,保障人民权利和公共利益,上级党委和行政机关对下级的领导主要通过指导、监督来体现。汉阴县以提升乡村基础设施和公共服务体系为核心,制定了12项与乡村发展息息相关的重点任务,包括改善环境、优化乡村道路等八大工程,村干部与村民配合来完成治理任务,使治理主体的自主性不断提高,解决了乡村治理主体在很多时候因没有相应的治权而影响治理效果的问题,取得了明显成效。

### (二) 乡村治理客体:权力规制和任务对等

乡村治理客体是指对相关行政事务做出管理、发展,直接规定权力规制的界限,良好的乡村治理要求乡村治理客体的覆盖范围尽可能广泛。目前我国实行的是党委、政府、监委和经济合作社4个领域协同治理乡村的格局,在这一制度安排下,乡村治理实现了对辖区人员管理的全覆盖。在目标管理体制下,"三治"在实施时围绕产业振兴、人才振兴、生态振兴、组织振兴、文化振兴进行权责分配,虽然仍然存在上级

"三治"掌握着任务目标的制定权和验收检查权,容易出现权力上移、治理下移的倾向,但目标管理体制中多部门共同参与的问题解决机制,在充分调动各方面积极性、提高行政效率的同时,在乡村治理时把治理目的看作是治理方式。例如,陕西省安康市宁陕县海棠苑村运用"两说一商"形式,将党的政策传达下去,将群众的智慧建议凝聚起来。并在组织振兴上进一步细化为"增强政策宣传实效",达到"扶贫扶志,让村民了解党的好";"畅通民意反映渠道",达到"直言不讳,让村民把真实想法说出来";"增强民主议事效果",达到"集思广益,让村级决策更民主更科学";"丰富矛盾调节形式",达到"涣然冰释,让村民矛盾村内化解"。而对在乡村振兴促进工作中不履行或者不正确履行职责的,要依照法律法规和国家有关规定追究责任。《中华人民共和国乡村振兴促进法》第73条规定:"对直接负责的主管人员和其他直接责任人员依法给予处分。"切实落实权力规制和任务对等,建设人人有责、人人尽责、人人享有的乡村治理共同体。

(三)乡村治理内容:规范行为和指标管理

乡村治理内容是乡村治理过程的核心部分,是对处理具体事物的组织和个人活动的规定。乡村治理内涵丰富,包括上级决策规定、岗位职责划分、行政监管要求、公共服务提供等关涉治理过程方方面面的内容。落实乡村治理内容,需要发挥目标管理体制效能,通过目标分解和层级传递,将宏观工作细化、具体化并根据落实情况和结果进行考核和评价。考核评价指标包括乡村党建、经济发展、综治维稳、民生保障、便民服务、环境保护、精神文明等,由于乡村治理过程中,治理主体的注意力作为一种稀缺资源,责任目标越明确可测、上级领导越重视、媒体曝光程度越高的责任事项,就越容易获得乡村治理关注,治理者会将一些一般性工作问题纳入乡村治理范围,一方面,"严抓严管""层层加码",造成乡村治理的泛化;另一方面,不结合本地、本部门的实际,会在一定程度上使乡村治理偏离主线。针对"上面千根线"与"乡村一张网","三治"坚持制度保障和技术运用并重,形成"用数据说话、用数据管理、用数据决策"的乡村治理新机制,确保乡村治理的精准度,形成了全社会参与、纵向联动、横向协同、有机衔接、分工协助、相互促进的乡村基层治理良好格局。

(四)乡村治理程序:合规控制和法律秩序

乡村治理程序是乡村治理主体启动乡村治理时需要遵循的一系列制度规范。从政治学上讲,国家是社会的产物,是作为社会的内在要求而存在的;同时,社会自身也具有自我调节和自我管理功能,国家权力不可能完全直接渗透到社会的最基层,社会各种形式的自治是现代国家治理的重要基础。社区作为一种现代意义上的管理方式,不仅在农村而且在城市都能有效地整合社会中的各种自治要素和自治资源,形成以职业标准和服务理念为依据的内部控制机制,不单纯以法律命令和契约义务等形式规定管理者的职责规范和责任义务,也不基于命令服从的等级链条。"三治"方略采用合规控制导向的乡村治理方式,把符合相关法律法规的规定渗透到最基层的社区之中,提高社会自治的效果。但是,逐级传导也会变成一种"形式管理",导致乡村治理实际与治理内容不匹配,造成乡村治理工作简单、粗暴、随意、无效;或者利用制度文本规定的抽象性进行操作,故意以转移上级和公众注意力的方式来规避乡村治理。由于乡村"三治"方略尚处于发展阶段,制度规则本身具有一些不完备与不明确之处,并且,行政事务具有相互关联性和多维性等特点,增加了治理的难度。这要求乡村治理主体在运用行政程序时,既要严格按照法规和上级精神进行,又要认真考察实际情况,合理地创造性执行。

(五)乡村治理结果：绩效改进和治理有效

乡村治理旨在最大限度实现人民安居乐业,提升人民的幸福指数,达到善治的目的。良好的乡村治理结果可成为考核开展乡村振兴工作的组织、群体、个人的重要依据,对于具体工作的实施者具有激励作用,能够实现权责一致。在治理过程中,紧扣群众期盼,聚焦乡村治理,聚力探索组织再造过程。如陕西省汉阴县通过"321"乡村治理模式,以"党员联系群众、人大代表联系选民、中心户长联系村民""发现问题",以"管理网格化、服务精细化""分析问题",以"高效村级治理平台"解决问题,克服乡村治理难点、痛点问题,进而使乡村治理主体最大限度服务基层民众,保障社会安定有序,最大限度增进人民福祉。

实现上述基层治理模式,不仅需要有科学有效的工作方法,还需要充足的时间和资源,只有三者相结合,才能提高乡村治理效力。调研显示,部分地区在开展乡村治理过程中,将"三治"简单化、粗暴化,没有结合乡村发展实际,简单执行上级文件要求,从而使乡村治理工作流于形式,极大地浪费了资源,造成人民群众的不满。

### 三、乡村"三治"内在的治理新机制

乡村"三治"统分结合不仅要增强乡村治理效能、强塑良好组织环境和政治生态,更要满足社会期望,消解群众和乡村干部对乡村治理的价值疑惑。这就需要在清醒认识乡村治理现实的基础上,从制度调适、环境优化和动机重塑等多个维度建构治理体系新机制(图5-3),在实践中协同推进加快各方,乡村治理体系和治理能力现代化进程,以期达到"三治"目标。

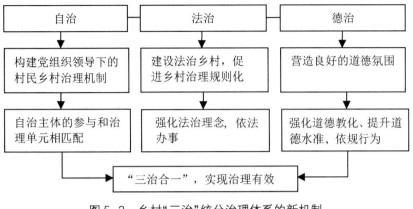

图 5-3 乡村"三治"统分治理体系的新机制

(一)权责匹配,乡村治理创新的制度调适

我国地域辽阔,生活在不同地区的人民因为生活习惯、风俗礼仪的差异而形成一个个逻辑自治的村落共同体。正是这种逻辑自治,决定了乡村事务的复杂性、突发性和应急性。面对乡村问题如此复杂之形势,如何在这种"熟人"社会中,高效、合理、公平地解决问题,合理的制度、与目标相契合的评价体制显得尤为重要。近几年以来,乡村治理引起了许多专家学者的兴趣。他们通过实地调查和分析,发现在乡村治理中,存在责任与权利并不匹配的现象,造成了"权小责大资源少"的现实困境。如何从源头规范制度实现权责匹配,是实现"三治"的内在要求。一是要结合乡村工作实际科学立法,通过权责清单明晰治理主体的职责范围,增强乡村干部干事能力,提升"三治"时效。二是将资源和制度相匹配,以法律制度为保障,最大限度地使乡村的资源、服务、管理和制度相配套,保证乡村工作稳步有序完成。三是在权力运行过程中,充分建立和完善权力监督体系,通过纪律监督强化创新"红线"意识,公开与群众利益切身相关的信息,增强创新透明度,提升社会参与度。

(二)协同互动,优化乡村新形态的治理环境

社会治理最坚实的力量在基层,最突出的矛盾也在基层。"三治"方略层级上是"自治为基、法治为本、德治为先",在治理机制要求用协同互动方法,需要党委、政府、社会、群众等各方力量携手合作,形成社会治理共同体,充分发挥经济组织、社会组织、党员、人大代表、能人、乡贤、中心户长、普通群众等的作用。现在研究乡村治理,不能只解释或者合理化基层治理实践中已出现的治理现象,而是要形成较为科学的管理理论,化解由治理环境复杂性和棘手性带来的问题,开展预测并形成可行方案以引领实践。首先,要把一系列治理工具有效结合,在乡村治理实践中,融入"三治"理

念,发挥党员示范引领作用,借鉴"枫桥经验",遇到问题就地化解。其次,以利益为驱动,吸纳更多人才投身于乡村治理中,构建科学合理的治理评价机制。最后,以民生发展为根本,积极鼓励普通老百姓参与乡村治理工作,确保普通民众的知情权,参与权及监督权,在多方联动下,提升群众的幸福指数。

(三)创造转化,用礼法改变乡村民众的行为习惯

作为传统中国最重要的政治法律概念,礼法是维持君臣等级和长幼顺序的所有仪式、典章和制度的规范体系。它既是中国传统文化的核心范畴,也是中国传统社会政治制度的集大成者。从某种意义上说,礼法不仅塑造了中国传统的社会政治形态,也塑造了中国人的行为方式。"三治"充分利用中国传统社会礼法合治的方式,利用它对民众行为习惯的认同,如其中的"德治"是通过赋予"诚、孝、俭、勤、和"内涵,并渗透到村规民约中,定期开展道德评议会,建立道德积分管理超市,通过现代的礼法塑造村民行为习惯而得以实现的。凡是违背以"诚、孝、俭、勤、和"为核心价值的公共秩序者,将受到一定程度的利益与精神层面的惩罚;反之,凡是有利于"诚、孝、俭、勤、和"价值的行为习惯,则会受到物质和精神的奖励。"三治"始终围绕产业发展和村民富裕的中心任务开展基层治理,如在家庭农场和农民合作社两类经营主体中,完善土地入股、订单带动等利益联结机制,引导龙头企业、农民合作社等新型经营主体带动小农户共同发展;建立"基本报酬+绩效报酬+创收奖励"岗位报酬体系,用创收增量的20%奖励村干部和致富带头人,发挥好基层治理中经济组织法人、乡贤能人等"关键少数"的带动引领作用。"三治"在对社会发展规律的科学把握上,所设置的治理体制不仅有法律体系,还有道德体系;不仅是国家制度,还有社会习俗;不仅是法治,还有人治,实现真正意义上的"治理有效"。

(四)规范组织,重视乡贤在乡村治理中的作用

《乡村振兴战略规划(2018—2022年)》提出要建立健全现代乡村社会治理体制,推动乡村组织振兴,同时强调动员社会参与,即搭建社会参与平台,加强组织动员,构建政府、市场、社会协同推进的乡村振兴参与机制。由于经济、文化、民生层面发展不均衡,各个区县的乡村治理也存在层次不齐的问题。如在乡村组织设立层面,有的组织并没有呈体系化的机构设置,或者即便有一定的组织,但形同虚设。鉴于此,应加大力度规范组织建设,引进高层次人才,用先进理念支持乡村经济发展。另外循序渐进引入社会组织孵化器完善乡村治理组织机构,并且在实施乡村治理和振兴过程中,要增强民众参与度。同时发展乡村经济,要重视一定区域内,乡贤的引领作用,凝聚乡村振兴强大力量。正如习近平总书记所说:"要发挥新乡贤在乡村建设中的特殊作

用,凝聚起乡村振兴的强大力量。"组建专业人才培养基地,大力培育高素质农民,使乡村"草根人才"转换为专业人才。

(五)激励约束,构建乡村干部治理中的容错纠错机制

在乡村治理体系化建设过程中,构建容错纠错机制,在提升乡村干部安全感、端正治理动机方面发挥着重要作用。陕西省在现行经济和民生发展条件下,相应出台的"三个区分"及相关乡村治理的立法和容错制度文本,明确治理容错标准,激励乡村干部发挥主观能动性,切实提高乡村治理水平和能力。在保障乡村干部干事积极性方面,要形成乡村干部的职业发展规划和路径,打通乡村干部的职业上升渠道,从工资待遇、福利保障、职业期望等方面激励乡村干部干事内动力。同时,要经常性地开展乡村干部职业培训,提升乡村干部的荣誉感和职业价值感,并且依据容错纠错机制塑造乡村干部扎实工作的心态,增强干部理想信念教育,实现工作效能的最大化。

## 第四节
## 乡村治理现代化进程中的推进进路

基层强则国家强,基层安则天下安,必须抓好基层治理现代化这项基础性工作。基础不牢,地动山摇,要不断夯实基层社会治理这个根基。乡村处于国家治理的基层,为解决乡村的可治理性,有关文件把乡村界定为"主要是指国家县乡一级的政府部门,或者指城市社区一级的部门,以及各行政部门的职能部门"。依照此标准统计,我国大约有3800个乡村组织,乡村人口约占全国总人口的60%。乡村治理现代化的成效不仅影响到乡村自身发展,更关系到整个国家的长治久安。党的十九大报告提出了"自治、法治、德治"相结合的乡村治理体系。党的十九届四中全会又提出"构建乡村社会治理新格局,健全党组织领导的自治、法治、德治相结合的城乡基层治理体系"。根据汉阴县乡村"三治"方略的内在逻辑和制度安排,揭示了在乡村治理现代化进程中"三治"实施进路,能够助力乡村良政善治的达成。

**一、法治进路**

在乡村基层治理中,法治化的治理仍然比较薄弱,具体表现在,乡村治理实践中,公众的行为容易受左邻右舍、农村熟人等的影响,公众的法治意识、法治思维比较缺乏。当公众自身利益被侵犯或与他人产生矛盾时,无法正确使用法律手段和方法维

护切身权益。由于一般公众往往对党的政治立场、政治路线、政治原则、大政方针等方面缺乏认识和了解,党的政治建设和法治建设在人民群众的引导性、激励性和凝聚力的形成中无法发挥全部作用。"三治"方略实施的法治进路是指,乡村在"三治"分开环节对乡村治理主体要进行法治体系建设;在"三治"融合环节,要依法治理乡村公共事务,将法治思想贯穿于乡村治理的全过程。以法治作为村民自治顺利推行及有效实施的基本保障,树立乡村公共事务治理的基本依据和标准。用法治手段来维护乡村振兴的顺利推进。在实现乡村善治、振兴的过程中,可以从以下几个渠道推进乡村治理法治化路径的形成:

一是强化秩序保障机制,完善农村法律法规体系建设。按层级、地域、部门分解目标体系,完善推进农村法律法规体系,实现乡村治理的有法可依。通过法治原则、法治立场、法治纪律、法治定力、法治策略等方式统筹各项乡村公共事务的法治化管理。可以通过搭建乡村公共法律服务平台,完善法律顾问工作,健全居民调解员队伍,构建公共安全、矛盾纠纷化解、突发应急等工作机制,实现乡村治理的法治化建设。针对一些乡村具有积极促进作用的村规民约,可以加强其制度化建设,通过村规民约的"软法"实现治理,形成以国家法律、地方性法规为基础,落实农村法律法规,村规民约为辅助的多层次法治化治理,促进乡村法治化水平提高,优化乡村法治化制度环境。

二是各级司法部门要加强对乡村法治化治理的支持力度,聘请党员干部和司法人员担任乡村法律工作人员,组织培训"乡村法律明白人",通过这些人员的基层法律知识宣传、说法说政策、民主协商政策推广,实现"人员嵌入"和"意识输入"。通过"意识输入"可以引导群众依法解决各类矛盾。通过"人员嵌入"可以从乡村治理干部的层面保障乡村治理政策符合法律法规。通过以上两方面从法治化角度支持乡村振兴,保证乡村治理的有效开展。

三是加大法治的宣传,通过互联网等媒介宣传法治观念,强化和提升村民的法治意识。通过微信、视频直播、公众号等媒介加强村民的法律意识和法律素养,提升村民通过法律手段维护自身合法权益的能力。通过特定的乡村法治议题讨论,聚合公众认同感,获取民众支持和资源,广泛的群众支持基础是乡村治理政策顺利实施的保障。

**二、自治进路**

村民自治制度始于改革开放初期村民的自发探索。"村民通过村民自治组织依法解决和办理与村民利益相关的村内事务,实现村民自我管理、自我教育、自我服务",形成了具有中国特色的基层群众自治制度,奠定了"三治"方略的理论基础和实践范例。纵观全国各地乡村治理的实践案例,村民自治组织是推动村民积极参与乡村公共事务治理最有效的方式。乡村治理者和被治理者不再是二元对立的关系,而是通过正面激励,整合村民力量、资源,促进村民主动参与治理过程,实现村民自己的事情自己决定。赋能基层自治制度,不断健全基层群众自治制度,尊重群众主体地位,赋能群众自主探索权利,激发群众自治的内驱力。将人民群众作为推进乡村治理现代化建设的最大受益者、最积极参与者和最终评判者。推进乡村自治路径可以从以下两方面开展:

第一,构建"多元主体协同自治"的格局,提升乡村治理现代化水平。培育新型农民主体,建立自治平台。通过打造多层次基层协商格局深化自治实践。通过建立自治平台实现政务公开和权力制度,拓宽群众参与乡村治理活动的渠道,提高村民自治的能力。同时,培育新型乡村社会组织,如妇联、残协、农民专业合作社、互助协会等社会组织,通过其公益性、服务性、互助性的特点激发参与乡村治理的积极性。最大限度地聚集各种社会组织力量,推动其积极主动的参与乡村治理活动。同时,各治理主体间需要达到乡村治理共识,实现在公共事务、社会秩序、生态环境、文化构建等各层面形成共治机制,健全乡村治理工作机制,推动乡村治理现代化的进程。

第二,网格化治理模式的搭建和实施。网格化的治理模式进一步细分了乡村组织结构的治理模式,缩小了治理单元,使治理更加有针对性。同时,网格化的治理主体实现了自治进程中治理主体的多元化。最后,网格化的治理模式极大地减轻了行政组织的管理压力,还可以有效避免乡村合并产生的矛盾。网格化治理主体与公众利益的高度相关性保障了基层民主化。

### 三、德治进路

德治指在乡村治理中要进行道德和礼制的建设。通过道德教化,引导群众向上向善,让群众在道德实践中提升道德素养,通过道德规范的长期作用转化为群众自觉遵守的行为规范,深挖道德力量,补充自治和法治参与乡村治理活动。

《乡村振兴战略规划(2018—2022)》从推进乡村治理现代化体系的视角提出"三治"中"德治为先"的治理机制。以"德治为先"进路建设乡村治理要通过以下三方面实现:

第一,以完善的机构和形式作为载体推动德治建设。目前全国各地创新了很多新的组织载体。其中较为普遍的有乡贤理事会、红白喜事理事会、道德评议会、志愿者组织等。这些德治机构主要应用在乡村基层工作开展中。例如,道德评议会通过举办道德讲堂、先进事迹报告会、树先进典型现身说法等德治活动,村规民约通过全面推行以"诚、孝、俭、勤、和"为内容的新民风道德建设。红白喜事理事会由农村中有威望、公道正派、热心服务的人士组成,开展移风易俗工作,针对农村婚丧大操大办、高额彩礼、落后低俗习俗、铺张浪费等不良民风进行道德管理,改善农村不良风俗习惯。需要注意的是,由于乡村事务的复杂和多样性,德治机构要良好的开展乡村治理工作,还需要相应的配套措施和辅助力量。例如,建立相应的基金会保障,建立乡贤参事顾问,发挥在具体领域内的乡贤作用,调解矛盾。

第二,优化政策,支持、保障乡村治理德治化建设。虽然各级政府针对德治出台了很多支持政策,积极推动乡村德治工作开展。但由于乡村治理活动的复杂多样性导致政策制定的不准确不周密,德治工作实施难度较大,政策流于表面和形式,无法发挥真正的推动作用。部分德治政策嵌入其他政策内容之中,使得政策的执行力度不够,无法具体实施。针对这个问题,可以从两方面着手解决。首先,在地方层面和中央层面对德治机构进行精细化设计,赋予其清晰的职能,明确权责划分,并通过法律法规予以规范。针对有丰富经验且取得一定德治成绩的地区,可以进行讨论学习。其次,实现基层德治机构和其他机构的配合关系,搭建精简高效的基层治理体系。例如,《中共中央 国务院关于实施乡村振兴战略的意见》提出"依托村民会议、村民代表会议、村民议事会、村民理事会、村民监事会等,形成民事民议、民事民办、民事民管的多层次基层协商格局。"其中的村民理事会、村民监事会等组织和乡贤理事会、红白喜事理事会、道德评议会等整合成"几套班子,一套人马"的形式,将村民议事会和村民代表会议和道德评议会结合起来。实现德治机构与自治机构的融会贯通,发挥多方面的职能,同时精简人员,节约管理经费,提高工作效率。

第三,注重村礼文化的培育和传承。村礼文化是在乡村长期发展过程中形成的某种观念(较稳定的观点)。在祖祖辈辈、家家户户的耳濡目染、自然陶冶和潜移默化中,使村民养成了相对稳定、独具特色的习惯性和模式化的思维方法,再发展为某种理念(已是某种尊崇),进而提升为某种信仰(不仅是尊崇更是畏戒),最终发展成以价值观和习惯为精髓的文明系统理论和思维惯式。德治与村礼文化有着天然的亲和关系,挖掘运用村礼文化资源能够推动乡村德治化治理,使德治从优秀的村礼文化中得到滋养。

"三治"方略引领自治、法治、德治的实施路径,深刻影响着乡村治理现代化发展。自治赋予德治基层秩序层面的载体,法治赋予德治强力的支撑,德治赋予自治和法治正义的力量和底色。构建以自治为基础、法治为保障、德治为辅助的乡村治理体系,是实现乡村治理现代化的重要途径。

## 附
## 乡村振兴视域下汉阴县双河口镇基层治理调查报告

根据陕西省社科联"社科助力县域高质量发展"科普项目的要求,课题组围绕调研提纲,通过实地考察、普法宣传、调查问卷等多种方式,先后三次赴汉阴县开展调研和科普活动。一是在2022年6月29日,课题组组长罗新远教授赴西安交通大学管理学院为汉阴县乡村振兴研究班学员做了基层治理的辅导报告,报告会期间发放调查问卷50余人次,开展访谈10余人次。二是在2022年6月30日,课题组赴汉阴开展调查研究工作,调研访谈县委县政府和乡镇干部、基层治理人员、驻村第一书记、网格长、网格员、基层群众等。三是在2022年8月5日,课题组赴汉阴县相关局委办调研,其间访谈了发改局、农业农村局、司法局、团县委等负责同志,并走访了双河口镇政府,举办了《科学治理有效 助力乡村振兴》科普讲座,发放调查问卷、《乡村振兴应知应会手册》100余份。

在该科普活动开展中,课题组把课题研究和科普活动紧密捆绑,取得了良好的调研效果,并发挥了宣传教育作用。在课题组李健、蔡亮同志的协调安排下,成立了"西安培华学院青春聚力乡村振兴三下乡汉阴专项实践团",组建了28支队伍,足迹遍布汉阴县的13个乡镇、28个行政村,就课题研究和科普活动开展了大量工作,为助力汉阴县域高质量发展贡献了青春力量。本文通过对汉阴县双河口镇基层治理模式的调查研究,有针对性地对双河口古镇治理提出可行性发展建议,以期对双河口古镇治理发展提供指导,最终形成本调查报告。

### 一、问题的提出和综述

乡村振兴是解决新时代我国社会主要矛盾、实现社会主义现代化国家的必然要求。治理有效是实现乡村振兴的重要保障,乡村振兴必须切实推进乡村治理。乡村振兴,产业兴旺是重点。2022年中央一号文件《中共中央 国务院关于做好2022年全面推进乡村振兴重点工作的意见》提出,要聚焦产业促进乡村发展,深入推进农村一、二、三产业融合,重点发展农产品加工、乡村休闲旅游、农村电商等产业。乡村治理和乡村产业发展有着紧密的逻辑关系,没有乡村的有效治理,就没有乡村的全面振兴。

乡村振兴推进中,乡村产业类型选择及其有序、可持续发展是实现治理的重要目标,也是实现治理的重要手段。在这个过程中,乡村资源禀赋、地方传统和风土风情、人口结构、基层政府组织效能以及产业自身特点等对治理有效产生了重要影响。乡村旅游产业在诸如双河口古镇类的特色乡镇的乡村振兴中扮演着重要角色。2013年7月,陕西省委、省政府开启了省级文化旅游名镇的建设规划工作,双河口古镇被纳入文化旅游名镇之一。汉阴县坚持"一线四产三示范"发展思路,聚力"农旅融合、生态康养、红色文化"示范建设,形成了独具特色的生态文旅康养小镇。据汉阴县双河口镇2021—2025年五年建设规划,双河口镇未来五年重点建设项目23大项,总投资8.73亿元。其中2022年实施项目22个,计划投资达到1.44亿元。基于双河口镇省级文化旅游名镇的背景,其文旅产业开发建设已经不再是单纯的商业开发,其发展过程中的资源禀赋、旅游吸纳力、人口流动性增加及其对目的地经济、环境和社会文化等方面的影响加剧,乡镇旅游产业开发与乡村社区治理已成为重要议题。

## 二、汉阴县双河口镇治理现状及问题

随着汉阴县城镇化进程的进一步提高,越来越多的都市居民将眼光聚焦到民风淳朴、环境清幽的古镇上。住民宿、品农家菜、体验古镇民俗等活动,成为很多游客喜爱的项目,古镇体验式旅游成为重要的产业经济。古镇旅游的蓬勃发展,成为带动旅游业经济增长的重要力量。古镇旅游作为一种新的旅游方式,一方面以其秀丽的自然环境和深厚的历史文化资源吸引了众多的游客,在工业化和城镇化高速发展的大时代背景下,古镇旅游为社会经济的持续增长发挥了作用,为当地和周边地区居民提供了工作岗位,完善了当地的交通设施,为当地经济发展创造了良好条件。另一方面,对古镇进行可行性发展研究,能够保存古镇悠久的历史文化,保护遗留下来的古建筑、民俗风情等,让古镇的旅游资源得到充分的开发与利用,同时调动群众参与古镇保护的积极性,共同推动古镇健康快速发展。

双河口古镇以其优美恬静的自然风光和深厚的文化底蕴吸引着越来越多的旅游者。经过近十年的综合开发,双河口古镇逐步成为融古镇游、文化游、生态游为一体的社区型旅游景区。古镇老街四合院、石板街、双溪寺修缮完成,油坊、酒坊、染坊、米行、铁匠铺等传统商铺分布在石板街街道两边,古镇河堤护坎和古镇环道巧夺天工,与古镇的青山绿水融为一体,别具风景。在这里,游客可以品尝到古镇农民酿的玉米酒、米酒、高粱酒、黄酒,体验传统打铁工艺。古镇的旅游开发,提升了汉阴县的知名度,带来了旅游观光、产业开发、综合经营、人口虹吸等一系列指标的上升。双河口古镇属于民居性质,其本质上是民间文化属性,同时又是景区与居民社区合一的利益社区和生活社区的统一体。因此,其旅游开发经营模式与传统风景区不同,在其规划、开发和运营模式的整合中,地方政府发挥着主导作用。因旅游资源开发的特殊性,从治理角度来看,存在古镇旅游发展与社区居民利益需求之间的契合性弱、古镇空心化和信任降低等问题。

**1. 古镇治理与旅游开发主体取向存在差异**

双河口古镇是县域经济、文化、政治的综合体,它不同于纯粹的以自然风景为主的旅游风景区,古镇的历史、文化、商业、生活等街区属于多重主体交织的统一体,同时具备利益社区和生活社区的功能特征。从旅游发展角度来看,利益社区以经济收益为主要衡量指标,生活社区则以日常生活的空间舒适度、便利性和较为纯粹的地方性情感为主要向度。多重主体需求的协调和保护,考验着地方政府的治理能力。调研发现,双河口古镇的旅游发展与社区居民的利益需求存在一定程度的疏离现象,社区居民需要良好的居住环境、出行条件,并对旅游发展带来经济收益有较高预期。旅游发展导致外来人口和游客数量增多,社区居民的生活成本随之增加,但社区居民却并没有从旅游发展中获得直接的经济收益。古镇社区居民与旅游相关的主要经济收益包括:由古镇旅游发展公司收购的建筑房屋、出租自有房屋设施,或者利用自有房屋设施开设餐饮、贩卖旅游纪念品。而对于仍然居住在古镇的居民,缺乏其他与旅游直接相关的收益。古镇旅游公司获得了经营景点的经济收入,居民却没有获得红利或其他直接经济收入。在这种状况下,古镇居民对旅游发展的态度开始发生了一些变化。有的原住居民表示,他们对来自各地的游客是表示欢迎的,但是对旅游发展不太关心,觉得与自己的生产生活并没有直接的关联,甚至有的居民对游客表现出不耐烦、漠视的态度。这种变化开始对游客的旅游体验产生不良影响。

**2. 古镇人口减少容易导致社会资本销蚀**

双河口古镇有 600 年的发展历史,文化底蕴深厚,建筑资源古风浓郁,自然生态环境优美,拥有良好的旅游资源。双河口古镇的文化和民俗的传承,主要蕴藏在本地居民长期的生活实践中。人与自然和谐共处、人与人日常生活中的交流,构成古镇文化民俗的主要内容。古镇的住房建筑均是在近几年陆续改造翻修的,但由于政府部门疏于监管、自然环境的销蚀等,存在不少原住户在仿古建筑群周边私搭乱建,造成古镇风貌的破坏。调研过程中,许多居民向项目组反映了"许多房子才装修改造二三年,很快就出现檩条断裂或损坏""古镇街区成为居民堆放杂物的地方""河道垃圾遍地""人造小溪成为臭水沟"等现象,成为古镇发展的最大的现实问题。目前居住在古镇的大多是年长者,他们的子女则在县城或市区生活,愿意在古镇长期生活的人越来越少。尽管实施古镇旅游开发以来,汉阴县政府投入 2 亿余元,用于建筑改造提升、民俗景区打造等基础设施建设,但不少的本地人口还是因子女求学、工作等搬进商品楼,将房子空着或租给外来人员,因此,常住户籍人口逐年减少,古镇空心化日趋严重。调研发现,古镇的空心化与外来人口的聚集是一个正负关系。原居民离开古镇后回镇的次数不多,与古镇的联系、古镇其他原居民之间的互动越来越少。原居民与外来人员之间的关系,是一个由"熟人社会"逐渐走向市民社会的过程。古镇居民原有的公共生活、社会网络和"熟人社会"的规范机制,由于外来人口的聚集,呈现出社区居民之间的关系复杂化,原有古镇居民之间的关系逐步被打破,古镇空心化淡化了居民之间的关系网络和信任程度,对古镇社区资本造成了信任降低和规范失效的双重冲击。从社区治理角度来看,古镇原有社会网络的松散、信任的降低、规范的失效,使得古镇内生秩序逐渐微弱,导致居民参与公共事务治理的水平不高,社区治理能力下降。

**3. 旅游开发和古镇治理引发社区信任问题**

调研发现,古镇居民对开发旅游总体持欢迎态度,也能理解和接受旅游业造成的生活环境、生活成本方面的影响,但古镇的旅游发展现状一定程度上没有达到居民的预期。这就容易导致或诱发古镇居民对旅游发展的不理解、不信任情绪,从而导致居民对政府的信任度降低。影响公民与政府信任关系的因素包括政府价值、治理结构、政府行为、政府能力、治理过程、政府绩效等。从双河口古镇旅游发展现状来看,古镇原居民的不满、不信任主要表现在"政府产出未能有效满足居民期待""古镇建设项目周期较长,居民短期内难以直接获得经济收益""土地全部被征迁,没有了土地产出和收益"等。这些方面也是对政府能否实现发展、提供服务与解决现实问题和下一步改进的问题导向。古镇的旅游开发,带动了当地经济的发展,尤其是第三产业的迅速发展,但是居民的实际收益并没有增加,生活成本反而提高了。此外,从旅游发展的配套基础设施来看,双河口镇的旅游交通和交通治理问题也没有得到很好解决。调研发现,古镇的停车场缺少规划和建设,游客车辆只能停靠在马路边;古镇景区配套的人造景观未运行和养护;古镇绿化、美化距离风景区的标准尚有一定差距;街区还存在垃圾治理不彻底的问题等。各镇虽然经过多年保护性开发,旅游发展与古镇建设获得了长足发展,但仍有的居民认为政府旅游开发力度不够,旅游管理与治理满意度尚存在较大提升空间,居民对相关责任主体工作效能有更高的期待。长远来看,这必然会影响到社区居民对旅游产业未来发展的信心和相关责任者的信任。

## 三、双河口古镇治理建议

**1. 创新古镇治理模式,以小城镇推进大旅游**

双河口古镇保护与开发的战略定位以打造"人文古镇"为总体目标,推进"大旅游"战略。

古镇首先要持续推进历史文化遗产传承与利用,深挖文物及历史名人资源,保护古镇古村历史风貌和特色;坚持以发展人文古镇为目标,复原一个"活着的古镇",以"众创+古镇"为核心,将双河口古镇打造成为关中—陕南城市群中的"旅游休闲目的地"和汉阴县的"特色众创目的地"。其次要进一步推进古镇治理模式创新,一是打造美丽人居示范镇,承载古镇居民对幸福生活的向往;二是打造关中—陕南旅游休闲目的地,承载游客的水乡情怀;三是依托古镇资源禀赋,打造市域、县域大众创业首选地,承载创客的梦想抱负。再次要统筹好古镇居民、游客、创客三大人群,促进多元共享,统筹政府、社会、市民三大主体,实现多元共建、多元共治。最后,还要进一步完善古镇旅游区的配套设施建设,调整古镇商业业态,推进民宿、客栈等配套设施建设;加强旅游资源整合,开发旅游产品,提升古镇旅游吸引力,推进古镇旅游区商业发展;加大古镇基础设施建设,开展停车场、厕所、道路、游客集散中心等基础设施建设,改善社区居住条件;通过政府补贴和自筹资金,建设民宿床位,示范推广,引导古镇居民投资民宿,鼓励居民参与旅游产业建设,分享古镇保护发展红利,从而促进各镇"产业更新、古镇更新、社区更新、乡村更新",让古镇居民获得实实在在的利益,从而增强居民对政府治理有效的信任,通过治理有效,化解古镇发展的瓶颈问题。

**2. 探索多元共治模式,实现社区和资本共赢**

治理有效是乡村振兴的基础。双河口古镇作为传统村镇和现代社区的结合体,其治理实践为社会资本助力社区型古镇治理提供了经验与启示。要从经济的视角审视古镇主体性权利保护,推进古镇治理模式的重构。一是要重新审视古镇社区社会结构变化过程中各类资本相互影响,破解制约古镇治理的问题。要建立旅游发展和社区治理同频共振的治理模式,解决古镇旅游发展的不可持续性问题。二是充分发挥社会资本的撬动作用,为古镇旅游社区治理提供新模式和新方法。要解决古镇发展和社区目标之间的平衡关系,发展旅游是旅游研究的要点,社区建设是旅游目的地角度的必然要求,对两者的不同认识和理解,对旅游社区治理实践产生重要影响;另外,要实现社区公共事务管理有序、公共利益最大化,符合社区利益相关主体的心理预期、情感需求和诉求表达,达到这一目标的合理状态,有赖于政府部门、社区组织和居民及辖区单位等多元主体之间基于市场原则、公共利益和社区认同,以合作与互惠关系为基础,在持续互动过程中形成协调和参与网络。这种参与网络和互动合作的有效形成,依赖于构成社会资本的核心内容和基本要素,即良好的社会规范、共享的信念、信任互惠、宽容和理解。从社会资本积累的角度考察社区发展的可持续性、包容性和社区治理有效的制度与普遍的信任,为旅游社区治理提供新的维度。三是构建社区结构、治理和资本之间的良性互动关系。资本和互动是旅游社区形成的主要因素,社区治理要解决社区各类资本的互动关系,要认识到旅游驱动的强流动性所形成的旅游社区经济结构、政治-权力结构、文化结构和人口结构等与普通社区具有极大的差异性,加大对旅游社区的政治和权力关系的研究,为社区旅游持续发展塑造有效的治理平台和治理机制。旅游社区的人口结构、社区居民对旅游发展计划的理解和认同、群体的决策水平、参与旅游活动的基本技能、协调沟通能力与互惠合作意识等，是旅游社区治理中要关注的问题。

### 3. 推进古镇精细化治理，推进古镇城乡协同发展

在双河口古镇的共享公共空间和游客集中的地方，居民和旅游者、新生代业主交互融合，则会形成新的社会纽带或社会阶层，这必然会推动村镇居民对多样性群体和文化的了解和传播，进而拓展多样性的文化认同和人际信任。一是在管理模式上，以镇政府、村委会与开发公司联合成立的管理平台公司作为项目运营主体，居民以房屋入股参与红利分成中来。该模式执行过程中需要建立居民房屋租赁最低保障机制，并解决当地居民再就业的问题，这有助于处理当地居民依托自有房屋经营而引发整个古镇业态重叠和恶劣竞争的问题。二是业态要进一步优化，深入挖掘当地特色文化，并放眼整个关中和陕南，将大区域内的文化、民宿项目囊括进来，做到深入挖掘、合理谋划、重点开发，以文化为核心，打造沉浸式旅游项目，更加直观地将整个古镇的历史变迁和陕南地区的民俗风情展现出来。三是严格限制商业开发，不得在原本的农业用地上修建商业项目，避免与民争利。四是对外来商户进行限制，并进一步提高经商门槛，尽量保护独具当地特色的手工艺品和小吃，并尽量让当地居民参与其中。五是完善监督体制，加强监管力度，对于违规操作的商家店铺采取严格的惩处措施，健全惩处机制。六是加大对环境保护的力度，树立"绿水青山就是金山银山"的理念，让汉阴永葆"天然氧吧"的美称，成为文化旅游福地。

总之，基于乡村振兴的古镇治理，必须以共同的价值理念与协调一致的发展目标和文化认同为核心内容。第一，创新古镇治理模式，建立以小城镇推进大旅游的战略目标。第二，探索多元共治模式，实现社区和资本共赢，要从经济的视角审视古镇主体性权利保护，推进古镇治理模式的重构，破解制约古镇治理的问题。旅游相关规划、管理组织和机构应提升旅游治理能力，注重公正、透明和有效沟通，保护开发旅游业各方参与者的权利，重视相互了解和理解，尊重各自的独立主体性，既要突出主体权利保护，又要基于政府力量主导治理。第三，推进古镇精细化治理，推进古镇城乡协同发展，深入挖掘当地特色文化，构建关中—陕南大区域文化观，做到深入挖掘、合理谋划、重点开发，以文化为核心，打造沉浸式旅游项目，使古镇旅游资源得到充分有效开发，同时与生态环境相协调。

# 第六章
## 文化振兴——汉阴县乡村文化建设的有效探索

汉阴县是安康市文化资源最为雄厚的县域，自安康市获批"国家公共文化服务体系示范区"创建资格以来，汉阴县依托政策优势，在乡村文化建设方面进行了一系列制度探索和创新实践。通过新民风建设和乡村文化治理，汉阴县对基层文化设施进行了完善，创新了乡村文化治理机制，并努力发掘"文明生长点"，激发群众的内生文化自信，乡村教育质量有了明显提升。但在进行文化设施建设时，该县依然存在着供需不平衡、参与主体空心化以及建设模式趋同导致乡村文化特色不足等问题。如何克服传统文化管理模式的弊端，加强人才队伍建设，发展乡村特色文化产业，以增强乡村文化张力，改善和完善乡村留守儿童成长的文化环境，是汉阴县文化建设的题中之义，也是亟须解决的关键问题。

在乡村振兴建设中，汉阴县乡村文化建设也取得了较突出的成效，受到了省市各级政府的重视，对陕西新农村建设产生了较大影响。但随着新农村建设的不断深入，乡村文化振兴也面临着诸多新课题。深化新农村建设，实现乡村振兴，不仅仅是农民生活条件的改善，其精神面貌的改变更是重中之重。如何发掘优秀乡风民风文化传统，传承中国优秀的村社文化，并完善乡村基础设施，创造新的文化形式，是当代中国乡村文化建设面临的迫切问题，而针对这一问题，汉阴县无疑能为我们提供极好的参照。

基于此，本研究课题组于2022年8月对陕西省安康市汉阴县的乡镇居民社区及村落的文化建设现状进行了考察。考察通过抽样调查、人物走访、文化设施考察等调研方式，调查了农民的文化生活风貌、乡风文明建设及乡村小学教育，获得了大量的第一手资料。在此基础上，课题组了解了汉阴县乡村文化建设的举措与成果、汉阴县乡村青少年成长的文化环境，发现汉阴县乡村文化建设存在的一些问题，在分析问题的同时，提出了建议与对策。

## 第一节
## 汉阴县乡村文化建设的举措

课题组在汉阴调研期间,得到了县文化局相关部门的配合,他们带领课题组重点考察了汉阴县城关镇三元村和涧池镇枞岭村的公共文化设施建设情况,通过亲身观察走访,参考县文化局提供的相关材料,对汉阴县乡村文化建设的举措和成效有了具体的了解。其中最值得宣传的有以下三个方面:

### 一、坚持党建引领,强化党的基层组织

治国安邦,重在基层;管党治党,重在基础。汉阴县委高度重视乡村文化建设中的党建工作,提出"乡村不仅要塑形,更要铸魂""乡村精神文明建设,是滋润人心、德化人心、凝聚人心的工作,需要绵绵用力、下足功夫"。为实现这一目标,县委注重基础党组织建设,在村支部书记的选任上十分用心,把吃苦耐劳、甘于奉献的同志选在书记岗位上,让他们当好乡村文化建设的领头羊。在调查走访的城关镇三元村和涧池镇枞岭村,课题组发现,村支书的带头作用让农村文化风貌呈现出了可喜的气象。

城关镇三元村党支部书张隆彦是个年过六旬的忠厚汉子,上有80多岁的老母亲。他践行孝行,为孝敬母亲,几十年未远行,扎根乡村,以传统文化感化村民,用党的政策引导村民,自筹资金建成了汉阴县第一个村史馆,通过讲村史、叙变化,为村民提供了一个共同的精神家园。他们把乡村文化建设落实到具体生活中,把乡村文化细化为被称为"五星"的五点准则:"修身阖家""诚信文明""勤俭致富""尊老爱幼""爱国守法"作为评选乡村文明户的标准,通过三元村乡村文化理事会定期评选文明家庭。走进三元村,可以看到家家门前都挂着"五星文明户"和卫生评比的牌子,有的门户是四星、有的是三星,这种评比产生了极好的效应,淳朴温厚的乡风正在兴起,展示了新农村的良好形象。

枞岭村党支部书记罗学军是个很有实干精神的中年人。枞岭村六个组,各组都有主要的姓氏,如第一组以沈姓为主,第二组以李姓、王姓为主,罗姓在六组中都不是主要姓氏,但罗学军凭着实干赢得了村民的信任,于2015年当选为村党支部书记。他以身作则,他的家庭获评"最美家庭",他克己奉公,带领全体村民谋发展、奔小康,使枞岭村党支部多次荣获汉阴县"优秀村班子"的荣誉称号。在村史馆中,"最美家庭""好婆婆""好媳妇"的称号是最抢眼的,因为那里展示了村里的文明风气。

党建引领,选好了带头人,体现了党的基层领导的凝聚力。这些默默奉献的党员,是旗帜,是榜样,更是党的政策的铺路石。汉阴县委、县政府通过选好党支书,为党建工作选好了生力军,让共产党员的模范先锋作用在乡村文化建设中发挥突出的作用。

**二、利用传统和现代两种规范力量,重塑乡村社会治理秩序**

习近平总书记在党的二十大报告中指出:"我们经过接续奋斗,实现了小康这个中华民族的千年梦想,我国发展站在了更高历史起点上。"近十年,汉阴,这座陕南小城,发生了沧桑巨变。尤其在乡村文化建设层面,汉阴县坚持筑牢精神高地,持续融合发展,激发乡村活力,以满足群众需求为目标导向,通过构建"四链一体"(传家训、融资源、善治理、优服务)的公共文化服务高质量发展新模式,让基层公共文化服务持续升级,以满足广大人民群众精神文化领域的新需要,提升人民群众的文化素养,为乡村文化振兴持续助力,为锦绣汉阴建设提供强有力的文化支撑。根据《2021汉阴县公共文化服务年报》,2021年汉阴县坚持以"文化引领"为主线,以"品质发展"为目标,做实基层文化工作,打好文化惠民牌,让更多群众在家门口畅享文化盛宴,用多彩文化为锦绣汉阴建设"凝心聚力",为幸福安康发展、锦绣汉阴建设贡献了文化智慧和力量。重点打造了"三沈文化"名片,讲好"三沈"故事,建成"三沈文化产业园",做大书画产业,打造以非遗文化展示、展演、展销、研习、体验于一体的地方特色文化中心,争创全国民间文化艺术之乡。立足"沈氏家训馆",开展"树立好家规、传承好家训、弘扬好家风"活动,打造中小学生励志研学基地和家训家风教育基地,持续提升"礼仪汉阴、好客汉阴、文明汉阴"的影响力。

"沈氏家训"是汉阴县古代传统家规的典范,它既包括了教育家族弟子修身立德的行为规范,又传授着家族管理的具体经验。汉阴县各乡镇充分认识到了"沈氏家训"的文化内涵和教化作用,开展了一系列诸如"家训文化大讲堂"、家训家风流动红旗评比、分发优秀家风文化宣传册等活动,通过这些方式普及家训文化,引导农村居民学习传统优秀家风,从而改善乡村文化风貌。除此之外,各村镇还依据村情,围绕邻里生活、公共道德与社会治安等方面,引导并鼓励群众制定适宜的村规民约,在每个村民小组先行公示,用村规民约约束群众,并开展"爱心家庭""好党员""十星级文明户""劳动模范""五好家庭""好婆婆""好媳妇"等项目的评选活动,通过宣传动员、人民评议、集中评选的方式,不断拓宽思想文化道德建设内涵,并以德治教化为抓手,创新建成并运行"道德银行+积分超市",通过"一存美德、二攒积分、三取实惠"的方式,激发群众的动力,带领村民主动参与乡村文化治理。

### 三、坚持走群众路线，构建乡村文化建设新秩序

乡村文化设施建设，目的是更好地服务于群众，增强群众的文化素养，因此，在构建乡村文化建设秩序时，群众的参与度决定着文化建设的成功与否。汉阴县在进行"新民风"建设时，意识到了群众路线的重要性，因此该县打造了由群众自我组织、自我服务、自我管理的乡村文化"自组织"建设模式，将群众路线与政府主导相结合，自下而上和自上而下相结合，从而构建乡村文化建设新秩序。

群众的自我参与，首先体现在由新乡贤、当地群众、社会力量等多元主体组建乡村管理机构，着力培训基层文化骨干，发展群众文艺社团组织，挖掘地方文化特色，创新公共文化服务供给，形成了乡村文化消费主体、管理主体和创造主体的"三体一统"格局。其次，通过组建"乡村文化理事会"等系列改革措施，使乡村文化建设向上对接国家政策和战略，向下直接对接基层群众的文化需求，放权于民、赋智于民，从而构建乡村文化建设新秩序。在各村"两委"的领导下，在乡村文化理事会的主导下，汉阴县近几年充分调动群众的积极性，开展了一系列诸如"农民趣味运动会""社区邻里节""琴韵大课堂"等文化活动，这些活动的开展，激发了乡村公共文化服务的内生动力，拉近了群众的距离，丰富了群众的文化生活，使得各村镇群众的精神面貌焕然一新。

由于举措得力，汉阴县乡村文化建设的成果也很突出，主要体现在以下几个方面：

第一，完善了基层文化设施建设，拓展了农村公共文化空间。

农村公共文化空间是村民参与文化生活的场所和载体，对于农民的生活和农村社会的和谐稳定具有重大意义。农村公共文化空间的完善与否，在很大程度上影响着农民的衣食住行和精神世界的状态，影响着乡村社会的道德价值和秩序体系。而农村公共文化的拓展，则需要建立在基层文化设施的完善之上，这样才能为公共文化活动的开展提供基本场域，从而提升农村居民进行文化活动的参与度。

正是因为看到了公共文化空间对于乡村发展的重要性，汉阴县三元村村"两委"高度重视基层文化建设，在上级各部门的帮助和支持下，投入大量人力、物力、财力，不断完善基层文化设施的建设。村"两委"班子先后投入近400万元用于公共文化服务设施建设，动员广大村民共同参与并自行设计、修建了三元村综合文化服务中心，总占地面积2400平方米。其中室外活动面积1300平方米，包括远程教育扶贫文化广场1个、篮球场1个、百姓大舞台120平方米，体育健身活动器材齐全。室内面积1100平方米，功能部室齐全、设施完备，内设多功能厅、图书阅览室、电子阅览室、棋牌室、文化活动室、综合培训室等文化活动场所；同时配置了电脑、投影仪、电视机、音响设备、图书、棋类、球类和各类民俗乐器、服装等文化活动设施器材，常年免费对外开

放。同时拥有6个常态化文化活动品牌,组织了8个村级文艺社团。除此之外,村"两委"还落实专职人员负责村文化工作开展和组织,配备档案管理员进行文化工作建档归档和整理。

在村"两委"的带领下,三元村的基层文化基础设施建设不断完善,为该村下一步组织开展丰富多彩的农民文化活动打下了坚实基础。同时,综合文化服务中心成了三元村进行公共文化活动的主阵地,并且承担着宣传政策法规、组织文娱活动、举办培训展览、促进本村特色文化发展的职能。正是这些举措,让村民的文化活动空间得到了极大的拓展,获取文化信息的渠道快速增加,既提升了村民们的文化获得感,也增进了广大群众的幸福感。

涧池镇的乡镇公共文化建设也很有成效。近年来,涧池镇以培育和践行社会主义核心价值观为根本,以落实农村公共文化服务标准化、巩固全国文明城镇为抓手,大力推行"诚、孝、俭、勤、和"新民风文化传承,深入开展各类道德表彰评选活动,努力培育勤劳和善、淳朴敦厚的民风民俗,以好家风带民风促社风,树立新风正气实现乡村振兴正能量,将乡风文明与乡村治理有效结合,积极推动新民风建设,引领镇乡公共文化服务创新发展"安康样板"。

第二,创新乡村文化治理机制,构建了公共文化服务体系。

要构建健全的公共文化服务体系,一方面需要依靠完备的基础文化设施建设,另一方面,则需要创新乡村文化的治理机制,从而使得乡村文化建设更加合理、规范、有效。2018年以来,安康市将文化建设置于乡村治理的第一位置,使乡村文化建设成为公共文化服务体系建设新阶段的"第一公里",并在32个行政村开展了"乡村文化理事会"试点建设。三元村作为试点之一,在党支部的带领下,依靠组织制度优势,充分利用自身有利条件,通过走访群众、广征民意,把村里德高望重的"文化能人"和事业有成的模范榜样组织起来,成立"乡村文化理事会",从而扩大和调动村民积极性,开展丰富的文化公益活动和宣传。

三元村文化理事会一方面根据《乡村文化理事会章程》开展工作,制定管理制度、公共文化发展规划等规范性文件,确保公共文化服务各项工作有章可循、有规可依,推动乡村文化治理的科学化、规范化、组织化进程;另一方面调动新乡贤群体、社会组织、农村群众参与乡村文化服务和文化治理的积极性。在文化理事会的带领下,三元村大力推行"文化三元、文明三元、健康三元、绿色三元、活力三元"乡风文明体系建设。首先,在村"两委"的领导下,三员村文化理事会依托集体经费打造"农民趣味运动会""孝老敬亲院坝会""乡贤茶话会"等村级文化服务品牌,丰富公共文化服务供给。"乡贤茶话会"通过邀请县、镇领导指导,能人贤士、致富带头人、脱贫标兵以及村党员与三元走出去的社会贤达等,围绕如何建设发展三元、乡风文明提升、产业兴村致富、守卫生态绿色三元等主题展开座谈,分享致富经验,探索三元发展新名片,为本村的发展和振兴出谋划策。"孝老敬亲院坝会"通过广泛动员、群众评议、集中评选的方式,开展"十星级文明户""脱贫致富标兵""好婆婆""好媳妇"等活动,不断丰富和拓展"文明三元"思想文化道德建设内涵,引领村风、民风、乡风不断向上、向好发展。2019年,三元村以文化使者为龙头,筹资45万元兴建了三元村历史上第一个农民自己的"村史馆",通过启文化、种文化、传文化的方式,以村史资料、图片、实物展现了三元荣光、历史变迁由来以及恬静、淳朴的农耕生活,打造出了独具特色的村落文化,留住了乡亲的"根",让村民精神家园有所寄托,成为三元乡村文旅融合发展的一大亮点。"乡村文化理事会"统筹使用本村文化资源,形成人尽其才、才尽其用的"内生性"发展格局,创新了乡村文化治理秩序,有效推动了乡村文化服务创新与发展。在乡村文化理事会的推动下,三元村把文化阵地留给群众,把活动主导权交给百姓,通过自我组织、自我管理、自我服务、自我发展,增强了群众的主人翁意识以及文化幸福感和获得感。

涧池镇的农村公共文化服务体系建设很有特色,是安康市公共文化服务体系示范镇。涧池镇自创建安康市公共文化服务体系示范镇以来,坚持文化旅游中心服务项目免费开放,并实行公示和动态调整,以实现和保障公民基本文化权益,满足广大人民群众基本文化需求。通过加大对公共文化服务体系建设投入力度,不断完善镇村公共文化基础设施,丰富公共文化产品,提高文化供给能力,创新服务方式和形式,开展各类群众喜闻乐见的文体活动、公益性展览、讲座培训等,公共文化服务体系取得了一定成果,形成了实用、便捷、高效的公共文化服务网格。

第三,培育乡村"文明生长点",激发了群众内生文化自信。

安康市推进的新民风建设,其基本内涵是"诚、孝、俭、勤、和",通过"诚"树立良好的道德规范,通过"孝"引导群众对于老年人的关怀,通过"俭"提倡优良的民风乡风,通过"勤"激发群众自力更生艰苦奋斗的意识,通过"和"构建多元主体共同参与的公共文化服务体系。新民风建设的五字内涵,将传承优秀传统文化和弘扬社会主义核心价值观相结合,从而有效重塑乡村道德秩序和价值观念。在新民风建设的引领下,汉阴县涧池镇探索将现代公共文化服务体系建设与优秀传统文化传承发展相融合,通过培育"文明生长点"对本镇的物质与非物质文化遗产和文化资源进行深度挖掘、开放和利用,打造了具有地方特色的文化产品和服务品牌。

在千百年的社会演进历程中,家庭作为维系社会的最基本单元,之所以能够生生不息、绵延赓续,其中一个不可忽视的原因便是中国传统家庭历来重视立训植规,注重以家训族规作为传承家族血脉的精神纽带。汉阴县沈氏家族在明朝时从江西高安迁移至此,经过垦荒拓土,逐渐定居下来。沈氏家族在这片土地上繁衍生息,留下沈氏家训作为传家宝,它不仅教育家族子弟进德修身、待人处世之道,又传授家族管理的具体经验,使汉阴家族内部有了可供遵守的秩序规则。涧池镇枞岭村依托良好的乡村环境和沈氏家训这个历史文化资源,建造沈氏家训展览馆,以沈氏家训文化为主题,生动诠释传统家训文化的内涵,同时在乡村文化创新方面进行多样化尝试,积极培育乡村手艺人、乡村故事守护人、家训文化传承人,积极探索乡村振兴的发展路径。同时,汉阴县加快推进三沈文化展览馆、大师工坊、三沈文化主题公园等项目的建设,这些工程在2022年均已完工并投入使用且免费对外开放。涧池镇早在2021年就已经成为全省首批公共文化服务高质量发展乡镇,汉阴书法和家训文化双双被正式命名为"陕西民间艺术文化之乡"。

这些优秀传统文化的发掘和传承,以及依托这些文化而创建的纪念馆等文化设施,极大提升了涧池镇的文化内涵,村民们通过参观相关的文化展览馆,溯源本村的历史文化,了解本村的历史渊源和文化名人,极大地提升了自己对于本村的文化认同感和自信心,成为乡村文化振兴事业的积极参与者。

## 第二节
## 汉阴县乡村文化建设存在的问题

汉阴县在推进乡村文化振兴过程中,注重内涵发展,聚焦公共文化服务、文化产业发展、思想道德建设、基层文化治理,在赋能乡村文化振兴方面成效显著。自"新民风"建设推行以来,许多乡镇的党政组织有思路、重实际,乡村文明风貌有了极大提升,以文化赋能乡村振兴、为乡村塑形铸魂,理念清晰,气象喜人。不过,在实施乡村振兴的战略中,汉阴县的乡村文化建设依然存在着一些值得关注的问题。

**一、对农村公共文化体系建设中的"空间有效性"关注度不够**

农村公共文化服务体系建设本质上是一种公共文化空间的构建过程,一般而言,包括空间的精神构建和空间的物质构建。精神构建是通过各种活动来增加群众的文化认同感,物质构建则是通过各种场所设施的建设为民众公共活动提供便利和服务,然而这两种空间并不是完全分开的。在物质空间中有精神的养分,而精神空间的丰富则可以延展物质空间的功能和影响。汉阴县农村公共文化服务体系建设发展迅速,量的增长很快,基本上可以达到上级要求的"覆盖率"。政府通过各层行政部门"送文化下乡",也提高了公共文化供给效率。如果从物质空间上来考量的话,这是没有问题的。

然而,当前的问题是,在乡村文化服务体系建设中,对"空间的有效性"关注度不够。就是说,在政府的主导下,乡镇文化站、农家书屋、文化活动室等文化服务机构大都带有一定的行政色彩,重管理而轻服务,在行使某种政治权力的同时让文化服务失去了亲和力。如汉阴县在创建陕西省公共服务高质量发展示范县的过程中,一项重要举措便是推动县级文化馆、图书馆总分馆建设工作,并打造基层农家书屋,同时在2021年配送了价值69.7万元的图书到各村镇。但是据调查了解,各村的农家书屋虽然有专人管理,但是利用率并没有达到理想状态。对于大多数村民来说,借阅图书并不是他们理想的获取知识和信息的渠道,也不是他们进行文化活动的首选。这种农家书屋,只是"政府单位组织"在农村公共事务中的延伸,是借助于一体化行政命令建立起来的公共文化产品分配体系,与农民群众的文化需求和文化认同存在着隔膜,使得政府的文化供给和农民群众的文化需求无法达成一致。所以,文化"空间的有效性"应该是乡村文化建设中重点思考的问题。

## 二、农村"空心化"现象普遍

20世纪以来,随着市场经济的发展和城镇化进程的加快,城市文明对乡村居民产生了极大的吸引力,大多数农村青壮年人口选择进城务工并在城市安家落户,大量精英人才和青壮年的流失使乡村逐渐成为老年人和儿童的留守阵地,"空心化"成为乡村的普遍特点。汉阴县乡村毫不例外地面临着相同问题,在缺乏青壮年的乡村,如何让文化建设给众多村民带来"获得感",并将这种"获得感"转化为乡村经济建设的动力,真正惠及乡村经济的发展,这应该是汉阴县乡村文化建设应该关注的。

在三元村的调研中,张隆彦书记很自豪地给项目组介绍了村文化建设所产生的感召力,说自进行乡村振兴和"新民风"建设以来,村里"空心化"状态有所缓解,愿意回乡创业的年轻人也较之前有所增长。但是数量并不乐观,村里常住人口中,青年与老年及儿童人口的比例还是相差较大。在进行走访调查时,项目组发现,尽管各家各户都建起了"小洋楼",改善了生活和居住条件,但是位于城关镇的三元村,长期居住于此的青壮年并不多。不难推想,其他地区的农村"空心化"现象应该也是不容忽视的。在"空心化"的农村文化建设应该是一种什么样的模式?如果采用单一的政府主导下的"送文化"模式,可能会让农村文化设施"空壳化",送出的文化形式化。如果大多数能撑起乡村未来的青壮年未得到"获得感",那么文化赋能乡村振兴就会缺乏动力。

## 三、文化建设中的"乡土性"不够和模式趋同

从历史发展的角度来说，中国农村传统的公共文化空间是有利服务村民的区域，有历史的传承性和自组织性特征，不是刻意建造的。虽然随着新农村建设的转型发展，一味追求传承性和自组织性也不现实，但是，在乡村文化建设中，适度突出地方的"乡土性"也是很有必要的。因为文化建设的落脚点是成风化人，它不仅需要基本公共文化设施的均衡完备，移风易俗的制度规范，更需要大量结合乡村实际，符合农民生产及生活习惯的乡村文化活动和乡村特色产业。只有结合实际，具体分析各村镇特色文化产业，并开展真正能吸引农民群众、引起群众精神共鸣，并对农民生活起到促进作用的文化活动，才能真正更好地发挥文化对村民生活的带动作用，让文化建设利于民生。

经考察，课题组发现汉阴县近几年在乡村公共文化建设中投入了大量的人力和资金，并对村容村貌进行了整体规划。除此之外，在扶植乡村产业、挖掘乡村文化方面，政府也做了许多努力。但是，从村舍外观上看，每家每户的建筑风格大致趋同，从产业发展来看，各村的特色农产品和产业大同小异。政府对乡村进行的这种统一规划，使得乡村文化的特色以及其内在的原生乡土意蕴遭到了破坏，造成了"千村一面"的趋同现象。这种规划，没有完全将各地的历史文化资源和自然资源相结合，没有将文化建设和产业发展相统一，以致既不能发挥产业的最大效能，又使得当地的文化资源闲置浪费。政策的激励确实为乡村文化的发展提供了机遇，但是包装化、趋同化的文化开发，不仅抹杀了乡村文化的原生特色，更逐渐消磨着人们内心的乡愁情结。

## 四、乡村文化服务中的留守儿童问题

留守儿童是因父母外出打工留在家中的未成年人，此概念的提出就说明了这是一个需要特别关注的群体。早在2015年，中共中央办公厅、国务院办公厅印发的《关于加快构建现代公共文化服务体系的意见》中就明确要求："保障特殊群体基本文化权益。将老年人、未成年人、残疾人、农民工、农村留守妇女儿童、生活困难群众作为公共文化服务的重点对象。"所以，关怀关注农村留守儿童也是乡村文化建设的重要部分。

汉阴县农村留守儿童较多，在其成长中也存在一些问题。以枞岭村为例，该村留守儿童家庭教育存在的主要问题是：第一，生活照料不足。隔代监护人较为年长，身体状况不佳，照顾孩子的能力不足，有的甚至交由亲戚代为照料，乡村青少年在生活上受到的照料欠佳。第二，学习指导无力。隔代监护人本身的知识文化水平有限，没有能力在学习上给予孩子们帮助。第三，安全难以保障。农村青少年由于年龄较

小,自我保护意识不强,往往会成为施暴者的目标,而隔代监护人又欠缺处理此类问题的能力。第四,情感关爱缺乏。农村青少年与父母大多缺少面对面的沟通,主要通过电话和网络,而联系不够频繁,这是大多数农村青少年出现一系列的心理问题的诱因。

农村青少年产生心理问题的原因很复杂,从家庭方面来看,农村青少年家庭教育欠缺其父母没有认识到自身在儿童成长过程中的重要性,忽视对儿童的家庭教育,将教育的责任更多地推向学校,只注重为儿童创造更好的物质条件,从而忽略了对农村青少年在心理上的关爱。从农村青少年自身方面来看,大多数6~16周岁义务教育阶段的农村青少年往往无人管教,该年龄阶段的青少年生理和心理的发展还不成熟,容易受社会不良风气的影响而误入歧途,染上不良习惯,甚至走上犯罪道路。

枞岭村对留守儿童给予了很多关注,为了避免留守儿童发生心理或其他问题,村委会做了许多工作,多次召开普法宣传、心理健康讲座,用教育引导青少年做堂堂正正的人。同时村委会也利用监控设备覆盖全村,既可以保护村民的财产,也可以及时发现青少年成长过程中一些在家里不容易被发现的苗头,及早示警,及时改正。父母作为青少年的第一监护人,应该对其教育负责。为了增加和孩子见面的机会,父母在条件允许的情况下应该尽量选择就近务工或在能够解决了孩子上学问题的前提将孩子带在身边,由自己来进行看护。为此,枞岭村的村办企业解决一村民就业问题,这就吸引了一批家长回村务工,从而更好地解决乡村青少年的家庭教育问题,让更多的家长参与孩子们的成长。与此同时,枞岭村村委会也多方帮助,成为孩子们与外界沟通的桥梁。

枞岭村的经验值得关注。他们在县委县政府的引导下,在留守儿童教育方面下了很大功夫,体现了乡村文化建设中对特殊群体的关怀。应该说,在汉阴县,还有大量的留守儿童需要关注,需要更多的像枞岭村一样的村委会,把解决留守儿童问题作为乡村文化建设的基本内容,让留守儿童健康成长,让乡村发展更有活力。

## 第三节
## 汉阴县乡村文化建设的建议与对策

汉阴县依托安康市"创建国家公共文化服务体系示范区"这一政策优势,在过去五年中,其文化建设取得了一些成就,但同样也存在着一些问题。虽然这些问题有些是全国性的,并非汉阴县的个例,但是如果汉阴县在未来乡村文化设施和文化服务体系建设中,发挥自身的优势,创造性地解决这些问题,不仅对陕西,而且对全国的乡村文化振兴工作都有一定的示范作用。为此,我们提出以下几点建议:

**一、加强基层组织建设,把党建引领作为乡村文化建设的重中之重**

基层组织建设的健全,不仅能使党的政策落实到位,而且还能让群众感受到党员的示范作用和党组织的凝聚力,这是实现乡村文化振兴、实现乡村持续发展的政治保障。根据调研和相关的新闻报道,课题组发现三元村的乡村文化建设具有极强的示范作用。据《安康乡村振兴》2022年6月6日报道:"近年来,汉阴县城关镇三元村建立了'政府主导''社会参与''村民自治'三位一体的乡村文化治理新模式,推动乡村'政治、法治、德治、自治、智治'五治融合发展,走出一条富有特色的乡村文化振兴之路。"三元村的经验是,"三元村在党支部引领下,充分发挥群众共建共治、共享参与的主观能动作用,通过走访群众广征民意,把讲奉献、有威信、热情高的文化能人贤士组织起来。为此三元村成立了乡村文化理事会,下设8个协会组织,并将文化理事会成员嵌入村'321'基层治理体系中作为三线网格长,采取群众自主选举,共选出43名'三线'文化能人担任网格长"。三元村的经验产生了很大的影响,前来学习的单位很多,村支书一天甚至要接待好几批,这也充分说明了三元村经验是有可取之处的。党建引领下的"五治",符合国情和县情,是汉阴县探索出的成功经验,虽不能简单复制,但值得学习和推广。

**二、改进传统文化管理模式,实现文化供给与需求相匹配**

农村的公共文化空间和文化服务体系是农村居民参与文化生活的场所和载体,它们具体包括以日常文化生活为主的公共文化空间,如农村综合文化服务站、文化广场、文明实践所等;以传统文化活动为主的公共文化空间,如祠堂等宗族祭祀场所;以政府提供的福利文化为主的公共文化空间,如各村的村史馆、农家书屋以及以"文化下乡"文艺演出为代表的公共文化服务体系;它们在农村文化的发展过程中发挥了重要作用。在文化同质化的今天,传统文化空间代表着一个村的发展特色,是它们的特殊文化标识,对于乡村文化的传承具有重要意义。而政府提供的福利型文化空间既承担着相应的文化服务功能,也是实现乡村治理的重要平台。这些公共文化空间的管理和供给模式,在一定程度上决定着乡村文化建设的成功与否。

农民是乡村文化建设的主体,乡村文化建设成果与农村居民的文化参与意愿息息相关。因此,政府在进行公共文化建设时,应该激发农村的文化自主性,发挥农民在农村文化建设中的主体作用。对于原生的传统文化空间,政府应该将其纳入公共文化服务体系的支持范围,将农村文化能人和自发的文化组织纳入公共文化服务队伍,为乡村文化的传承和发展保留人才和空间。对于政府提供的福利型文化空间,其管理重点则在于提升其使用效率。农村公共文化服务体系在增加"资源总量"的同时,应该进一步优化基层公共文化资源配置,构建集宣传教育、信息服务、科学普及、文化娱乐、体育活动等于一体的多功能、体验感强的公共文化空间。不仅为农村的留守老人和儿童打造日常休闲娱乐的空间,也为从城市返乡的人员提供更多的文化消费选择。除此之外,农村文化建设需要形成基层文化建设中的政府和市场合力,鼓励探索制定吸引社会力量参与文化建设的政策,加快形成政府主导、市场化运作、社会力量广泛参与的多方联动、多方协同的文化管理体制。各乡镇政府应充分关注基层群众的文化需求,建设一批个性化、综合性的农村公共文化空间,进一步提高农村公共文化服务体系建设的效率,更好地保障农村人民群众的基本文化权益。

在这方面,三元村的经验也值得肯定。据《安康乡村振兴》2022年6月6日报道:"三元村村两委通过'拔尖子、树典型',以点带面扩大和调动村民积极性,开展形式多样的文化公益活动和宣传,以群众喜闻乐见的活动为载体,大力推行'爱我三元、文化三元、健康三元、文明三元'四大乡村品牌活动。"三元村激发农民的文化自主性,创新公共供给模式和公共空间运作机制,能够使之成为传承乡土文化、培育现代文化精神、保障农民文化权益和实现乡村文化治理的重要平台。同时,由政府主导、市场参与、多方社会力量联动的文化管理模式,可以有效避免传统管理模式中政府一方直接投入资金进行文化建设而可能引发的供需脱节问题,从而使得用于文化建设的人力、物力、财力充分发挥作用,避免资源浪费。

### 三、挖掘乡贤效应,培养乡村文化振兴的人才队伍

人才队伍建设是乡村文化建设中的重要一环,建设一支深刻了解乡村文化、热爱乡村生活、热情帮助村民的乡村文化建设队伍是乡村文化得以永续发展的核心。汉阴县在文化建设的过程中,存在着参与主体的空心化问题,而解决这一问题的关键,就是充分动员各村村民,培养一批愿意投身于文化建设的高素质人才,从而激发村民的主动性和积极性,踊跃投身于发展本村文化中去。

要培养乡村文化建设的人才队伍,需要着重做好两项工作。首先,政府应该为有意愿回乡创业的青壮年提供政策保护和支持,完善人才回流机制。目前汉阴县乡村人才的流失,主要是因为家乡的经济发展和文化教育跟城市存在差距,因此,政府应该在已有的基础上进一步优化乡村公共文化基础设施建设,满足他们的精神文化需求;还要改善回乡人才的基本生活条件,处理好他们的生活基础设施建设问题以及子女的教育问题。除此之外,政府还应该制定具有吸引力的政策,从而坚定高素质人才回流返乡的决心,促使他们积极投入到文化建设中来。其次,发挥乡贤的教育和引领

作用。汉阴县乡贤众多，历史上的乡贤和新时期的乡贤都是乡村人才培养的重要精神资源。乡贤的评选和宣传对乡村人才培养具有极好的激励和引领作用。在县委县政府的指导下，汉阴县乡村都很重视乡贤，现已建成为村史馆中，都有"乡贤人物榜"。如枞岭村的"乡贤人物榜"中，列出了20世纪60年代、70年代、80年代、90年代和进入21世纪以后的不同时期的数十位乡贤。乡贤的评选可能没有绝对的标准，但绝对有极好的示范和引导作用，尤其是在新时期成长起来的新乡贤，情系乡村，道德品质良好，是乡村文化的传播者。汉阴县在文化建设的过程中，乡贤宣传工作很出色，开展了"乡贤茶话会"等文化活动。乡贤用自身的言行教育身边的村民群体，用自身积淀的成功人生经验为新时代乡村人才做榜样，从而推动乡村人才队伍建设。

在乡村人才培养中，把乡贤文化与家训文化结合起来，也能极好地推动乡村人才培养。汉阴县有着丰厚的家训历史，课题组在三元村有幸拿到了村里找专人编纂的《汉阴家风家训》一书，书中收有"汉阴沈氏家训""汉阴吴氏家训""汉阴孙氏家训"等数十种家训，而"三沈纪念馆"中保存的家训更多，而对汉阴县来说，发挥这笔文化宝藏，也能起到极好的人才培育作用。如"沈氏家训"中："身不可不修也""持家不可不勤俭也""教子不可不严也""邻里不可不和也""穷难不可不周也""奢华游惰之当惩也""赌博不可不戒也"等，皆金玉良言。应该让它们走出展馆，走进人心。文化建设的最终目的是为了提升村民的文化修养，加快"新民风"建设的步伐，而文化建设的主体是全体村民，只有加强人才队伍建设，发挥他们在文化建设和发展中的带头作用，让更多高素质人才为本县的文化建设和乡村振兴贡献出自己的力量，才能更好地解决汉阴县乡村振兴中的人才问题。

**四、加强规范和引导，促进农村文化市场健康发展**

汉阴县文化资源丰富，农村文化市场前景广阔，可在政府、市场、民间三方合力之下，打造有汉阴特色的农村文化。汉阴县在发掘和宣传乡村特色文化方面做了大量工作，"三沈故里""凤堰古梯田"、汉阴美食等已成为汉阴甚至安康的文化名片，在政府引导下，引入市场力量，构建有汉阴特色的文化旅游模式还大有可为。文化旅游具有较强的资源依赖性，而汉阴县正好保留有完整的自然生态环境和区域特色文化，在发展乡村旅游业上具有明显优势。政府可以投入资金，采取项目招标的方式，在自然旅游资源附近打造特色农家乐产业、民宿产业和文化主题公园，从而增强其文化吸引力，构建独具特色的乡村旅游格局。在发展文化旅游的同时，还可构建乡村特色文化结合产品销售的文化消费模式，推广本地的特色文创产品、民俗美食和传统工艺品，在传承村落文化和传统工艺的同时，促进乡村的经济发展。

从广告效应来说，漩涡镇的网络宣传十分吸引人，很有参考价值。漩涡镇人民政府在其微信公众号上制作了精美的图片,撰写了极富文采的美文,大力推广有着"天上云梯""大地浮雕"之称的凤堰古梯田景区,可以说这是汉阴最成功的文化宣传之一,也是最有影响力的文旅产品之一,是把市场意识和文化建设结合起来的最佳模式之一。

**五、改善农村青少年成长的文化环境**

改善农村青少年成长的文化环境,学校是关键。学校是农村青少年接受教育的主要场所,因此,正规的学校教育对于乡村青少年的成长具有重要意义。农村青少年尤其是留守儿童的家庭教育环境较差,在家庭教育功能弱化的背景下,学校教育作为有目的的教育场所,应该发挥其主导作用。坚持"以人为本"的办学理念,一如既往地关心乡村青少年的深远发展,学校应着重发挥主导作用,对乡村青少年的教育承担部分家庭教育的重任。

在调研过程中,课题组发现枞岭村的学校教育是比较健全的。枞岭村拥有一所村级小学——龙凤小学,本村儿童多数在此就读,全校共300余名学生,除六年级两个班级以外,其余年级各一个班级。虽然只是一所村级小学,但是龙凤小学具有良好的办学条件,师资力量也完全可以满足校内学生的学习要求。而在距离枞岭村仅10分钟路程的涧池镇拥有公立中学。从小学到中学,即便是村里的留守儿童也可以从小接受到良好的教育。因为离家较近,所以即便是因为一些原因需要住校的学生也可以经常回家,枞岭村的这些孩子们在家有来自家庭和村委会的关爱,在学校又有老师和同学的关心爱护,极大地保证了其可以身心健康地成长。与此同时,学校还不断完善管理制度,加强管理力度,建设专门的乡村青少年专项工作组。针对学校的乡村青少年建档立案,并且进行仔细地研究,针对乡村青少年的特征实施管理,并且将乡村青少年规划到学校的教育重点群体中,通过设计相应的方案实现有效的教育。

除加强学校教育外,还可以通过以下工作:

第一,加大青少年心理健康工作的力度,构筑青少年健康心理防线。应该加强对青少年心理健康防线的构筑,注重加强对青少年的人文关怀和心理疏导,引导青少年自尊自信、积极向上,培养良好心理素质和意志品质。加强心理健康知识的宣传普及,动员社会力量,采取有效措施解决或缓解青少年在学业、生活和情感等方面的压力,为留守儿童、单亲家庭子女提供有针对性的健康服务。政府及有关部门要进一步提高对青少年心理健康问题的认识,树立"防为主、防为上"理念,落实好联席会议机制,定期研究解决问题,从人力、财力、物力给予更多支持,加大力度推进青少年心理健康工作。

第二，加强数字建设，缩小城镇数字鸿沟。线上教育迅速发展，农村青少年的信息化基础设施主要来自家庭、村庄。而城乡间线上教育的水平有着巨大鸿沟。对此政府应当为学生提供网络接入条件，加强建设数字化乡村，普及手机、电脑等智能上网终端，为没有经济能力的学生提供公共网络自习室，让可以正常开展在线学习，缩小数字鸿沟，让青少年文化断层得到缓解。

同时乡村教师相关能力储备不足，距离开展高效优质的在线教学活动还有一定差距。据此应提高乡村教师线上教育的职业水准，开展针对乡村教师线上授课的培训，提高乡村网络授课环境。乡村学校也应该加强校园网络建设，增加实验室仪器、计算机、图书藏量，以及音乐美术室和劳技、科技活动等设备的配备。

第三，健全青年权益保护机制，牢固树立法治意识。针对农村青少年成长环境，应该健全青少年权益保护机制，贯彻落实《中华人民共和国未成年人保护法》《中华人民共和国预防未成年人犯罪法》等涉及青少年权益的法律法规，严厉打击侵害青少年合法权益的违法犯罪行为，切实保障青少年合法权益。拓展青少年权益表达渠道，鼓励和支持法律服务机构、社会组织等依法为青少年提供公益性法律服务和援助。开展法律知识讲座等活动增强青少年的法律意识，用法律武器维护自己的权益，为农村青少年成长树立良好的法治观、道德观，引导农村青少年守法、学法、用法。

第四，让"双减"政策落地，丰富课余生活。应着眼于学生身心健康成长，严格贯彻相关政策意见的要求，不搞形式主义，努力消除"抢跑文化""超前教育"等功利现象，构建良好的教育生态，让作业不再成为孩子的负担，提高农村青少年课后活动的质量。对此，可以健全完善课后服务有关管理制度和保障机制，对有特殊需要的农村青少年学生提供延时托管服务。满足农村青少年学生个性化需求，通过开展丰富多彩的科普、文体、艺术、劳动、兴趣小组及社团活动，丰富农村青少年学生的学习生活。可以建设青少年活动中心、社区等校外活动场所，在课后服务中发挥作用，让农村青少年学生享受到更多优质的课后服务资源，全面健康成长。

第五，开展红色教育，增强民族自豪感。面对农村青少年，应该突出主题教育，开展活动的形式要多样化。可定期开展红色故事进课堂等活动，大力弘扬社会主义核心价值观，利用本地特色红色故事，开展红色研学等活动，增强对红色文化的民族认同感。红色教育重在实践，可以通过搭建与社会的桥梁，使他们走出校园，积极参加社会实践，增强对国家、对社会的了解，在社会实践中明确人生方向和坚定政治立场。通过学党史，引导青少年树立和坚持正确的历史观、民族观、国家观、文化观，始终以人民为中心，牢记党的使命，以中华民族复兴为己任。

二十大报告指出："加快建设农业强国，扎实推动乡村产业、人才、文化、生态、组织振兴。"这是党的要求,也是农村工作的目标。汉阴县乡村文化建设虽然成果显著,但仍任重道远。汉阴县根据县情和乡情所确定的乡村文化建设策略,给乡村精神文明带来了巨大改变。在调研中,课题组看到了许多文化塑形、文化铸魂的案例,感受到文化赋能的实绩,期待汉阴县的乡村文化建设上一个新台阶。

# 附
# 关于汉阴县平梁镇太行村文化振兴调研报告

## 一、基本情况

平梁镇太行村位于汉阴县城以西12.5千米处,由原沐浴村、太行村合并而成,村域面积9.7平方千米,林地面积5700亩,耕地面积3366亩。全村辖12个村民小组,户籍人口718户2127人,其中男性1158人,占比54.4%;女性969人,占比45.6%;60岁以上人口401人,占全村18.9%。所有村民均为汉族,全村有党员34名,县、镇两级人大代表5名。村民居住呈现大分散、小聚集的特点,房屋布局多按北方传统,临路、因地而建。村民家庭收入主要以种植、养殖、务工收入为主。村民大多文化程度不高,村里仅有的小学位于"非遗工作坊"园区中,目前处于停用状态。

## 二、太行村文化振兴现状

文化振兴的内容包括铸魂凝神、以文化人、滋养乡情等,旨在为培育文明乡风、良好家风、淳朴民风,改善农民精神风貌,提高乡村社会文明程度。随着时代的发展和物质生活水平的提高,太行村群众对发展农村文化的要求越来越高,发展势头良好。太行村文化发展主要有以下几个特点:

### 1.对文化振兴理解和参与有了新认知

脱贫攻坚以来,太行村尤为注重精神文明建设,对勤俭持家、敬老爱幼、邻里和睦等传统文化在理念上树得更牢,并用现代媒体加以宣传发扬。注重用"社会主义核心价值观""绿水青山就是金山银山"等新时代中国特色社会主义思想引领乡村文化发展,让村民感受到社会主义新农村精神文明建设新风尚。同时,法治化思维显著提升,"全民参与调解"活动形成常态,对家长里短、邻里争吵等简单矛盾做到"小事不出村"。"白事简办、喜事缓办、聚会不办"深得人心,铺张浪费、大肆吃喝等不良习俗正逐渐淡出村民视野。

### 2.文化体育活动基础设施建设不断加强

按照省市县三级有关文件要求,太行村文化站已更名为"太行村综合文化服务中心",设有图书阅览室、教育培训室、多功能活动厅等。2019年,在镇政府的支持下,太行村利用兴建太行山茶驿站的机会一次性建成了村文化活动广场,面积530平方米,并增设了文体健身设施、儿童娱乐设施,同时在太行村茶园、花椒园开辟了步行道、凉亭、太行山茶驿站、栈道等活动设施。还在三个人口较多的村民小组聚集点添置了文化健身器材,驿站到村小学之间的河道旁也铺设了步行道,大大丰富和方便了群众的文化生活,也为吸引游客增添了看点。

### 3.文化产业发展初具规模

将文化作为一种产业来发展,一般需要与其他产业进行嫁接,以带来更多的经济价值。太行村按照"一心一环两廊多点"的发展布局,逐步建成集风景观赏、农事体验、休闲养生于一体的游乐景区。距离太行村8千米的老茶园重新焕发出新意,在新建的800亩标准化"老树茶"茶园的同时,成立了平梁镇太行山茶叶专业合作社。2016年,以1500亩标准化花椒种植示范基地为基础,该村建成集花椒种植、种苗供应、加工于一体的"愚公花椒生态园区"。2019年5月,投入资金800余万元,建成的集住宿、观光、休闲于一体的太行村茶驿站开始运营。

### 4.传统文化传承和保护形成自觉

太行村"两委"会大力推进传统民风建设,通过"四支队伍"及网格员入户走访,广泛宣传引导村民守规守约,通过树立典型、落实扶贫责任、开展谈心谈话,引导全体村民树立艰苦奋斗、勤劳致富的传统文化观念,推动"以文化人、以文育人"建设。围绕"诚、孝、俭、勤、和"的主题,结合县、镇两级文化下乡活动,每年举行大型传统文化活动2次,营造传统文化和新民风建设的良好氛围。2021年以来,先后2次召开大型道德评议会和文艺演出,共评选出"好婆婆""好媳妇""好妯娌"等先进个人20余人。

## 三、太行村文化振兴存在的问题

尽管太行村文化建设呈现出一个积极向上的大好局面,但实际中仍有很多问题需要解决,更需要正确引导。

### 1.平时文化活动形式单一

受制于自然地理条件,太行村村民聚集点呈现出大分散、小聚集的特点,12个村民聚集点平均距离为0.5千米,组织文化活动需要克服空间距离条件。加之平时村中青壮年劳动力外出务工,留守老人和妇女忙于家务和照顾儿童,且广场舞、健身操等城市流行的休闲娱乐方式受制于农村传统文化禁锢,难以在短时间改变,因此大部分村民农闲时的娱乐方式仍以打麻将、打牌为主,甚至带有赌博性质,年轻人农闲时主要靠手机、电视、互联网打发时间;一些留守孩子更是沉溺手机,既耽误学习又伤害身体。

### 2.文化活动场所设施条件仍有短板

文化基础设施建设是实现乡村文化振兴和乡村文化全面发展的重要基础。脱贫攻坚以来,汉阴县先后投入大量资金改善文化基础设施条件,但由于之前欠账较多,目前距离文化公共资源均等化目标仍有差距。太行村至今没有乡村文化舞台,每年县镇的两级文化巡演仍以简易搭建舞台为主,文化活动广场仅限于村委会前,大部分的村民聚集点没有任何文化活动设施。另外,受制于资金,该村"厕所革命"进展也较为缓慢,仅有村委会前有公厕和垃圾收集设施,村中废水仍以自由排放为主,河道水质有待改善。

### 3.村中文化人才文化队伍缺乏

由于经费缺乏、平时文化重视程度不高,全村文化队伍建设严重滞后,基本没有自己的文化宣传队伍。县乡两级送文化下乡活动中,全村没有任何配合节目,起不到宣传本村特色农产品的作用。待到全市有大的宣传任务和比赛活动时,大多镇(办)只得利用群众自发创办的广场舞队临时培训后拉出来上场。同时,文化人才也十分短缺,特别是一些专业人才急需发掘和培养。调研了解到,综合文化活动中心缺乏专业人员,图书室中对图书介绍、解释、查找都需要专人负责,各种设备的维护也需要专业人员,但中心只有兼职人员。另外,村中也缺乏文化活动组织者和带头人。

### 4.传统文化传承难、留住难

当前,农村文化工作和传统社交逐渐边缘化,加之文化意识的缺乏和多一事不如少一事的态度,使得农村传统文化的传承非常难。新时代条件下,村中年轻人接受到的传统民风民俗教育少,相关活动少。农村经济不活跃,大多数年轻人选择外出打工,村中有什么风俗、有什么习惯,基本不清楚。同时,传统村落保存少,原有建筑格局被打破,古建筑保留少,器物发现少,原汁原味的农耕文化得不到有效保护。此外,村中的文化遗迹也很难得到重视。太行村中山林处现有一地,传说曾是岳飞南下抗金屯兵处,兵营建有瞭望台、粮库等设施,后因无人保护,树林无人打理而淹没入营道路,这一古迹一直未曾开发保护。

### 5.文明村风建设任重道远

文明乡风是反映乡村文化振兴的成果之一,更能反映村民的文化素养。乡村文化孕育需要去粗取精,是一个由庸俗化到大众化再到精英化的过程。文明乡风建设应该和乡村生态文明建设结合。文明乡风建设可以促进乡村生态文明的高速发展,同时生态文明建设也可以重塑文明乡风。太行村也和大多数中国农村一样,目前普遍存在邻里矛盾、言语粗俗、社交瓦解、交流缺失等问题,都需要在乡村文化振兴中加以解决和提高。

**6. 特色文化与特色产业融入度不高**

脱贫攻坚以来,太行村利用较为优越的自然地理条件建成了以乡村旅游、休闲娱乐、采摘体验、茶艺文化为特色的旅游园区,但总体上缺乏特色文化融入,没有形成吃、住、游、体验一体化的闭合循环,乡村旅游单一经济模式难以经受市场考验。以太行山茶采摘为例,茶叶采摘仅限于特定季节,且采、收、运、晾、洗、晒、炒、分、装、煮、喝的"茶坊"工作室建设进展缓慢,难以在激烈的市场竞争中得到发展壮大。因此,发展文化产业需要更宽的眼界,更新的思维,要把农家餐饮、庭院、房屋、器具、农具、养殖等都看成特色文化的一部分,使之融入特色产业,同步发展。

## 四、太行村文化振兴发展对策

**1. 突出乡村文化思想建设的政治引领**

深化乡村文化思想建设是乡村文化振兴的题中之义。深入开展习近平新时代中国特色社会主义思想宣传教育,让党的创新理论进村入户,不断增进驻村干部的政治认同、思想认同和情感认同。大力培育和践行社会主义核心价值观,强化教育引导、实践养成和制度保障,把社会主义核心价值观融入乡村振兴实践的全过程和乡村群众生活的各方面,通过具体生动的宣传普及活动,让村民在耳濡目染中加深理解,日用不觉。

**2. 高度重视文化振兴中"人"的发展**

文化振兴是乡村振兴的重要内容,是五大振兴之一,必不可少,不可或缺。因为文化振兴是振兴的魂,只有有了魂,乡村振兴才能形神兼备,才有灵气,才有内涵。积极培育本村文化活动"带头人"和文化宣传群体,通过文化下乡、引导倡议、村民自发等形式培养本村文化活动带头人和引领者,提高"带头人"组织领导和宣传示范能力。鼓励本村大学生返乡就业创业,用年轻人的朝气带动培养可持续的文化人才群体。

**3. 用中华传统文化促进文化振兴**

固化村中开展的道德评议制度,结合时代要求进行创新,引导村民爱党爱国、向上向善、孝老爱亲、重义守信、勤俭持家。大力弘扬和传承中华传统美德和共产党人的革命道德,用生动鲜活的道德教育、传统文化教育和村风村俗教育,更好地涵养道德、成风化俗。强化村民诚信建设,以培育诚信文化为重点,进一步完善覆盖村中的诚信系统和奖惩机制,提高乡村的诚信水平。突出中华优秀传统节日振兴,让春节、元宵、清明、端午、中秋、重阳等传统节日与村中特色活动结合起来,让优秀传统文化焕发新的时代魅力。

**4. 多措并举加强文化基础设施建设**

良好的文化基础设施是乡村文化振兴的基础,也是旅游者选择旅游地的重要参考资料。争取市县两级政府加大基础设施建设投入，拓宽太行"非遗工作坊"至太行村老树茶园之间8千米的路段，安装乡村主干道和主要聚集点路灯，改善太行山茶驿站至上游小瀑布之间2千米的河道水质，打通茶园至花椒园之间、茶园至水库之间16千米的道路，加固受山洪影响的出山路段路基，兴建村中文化大舞台，持续改善健身设施和文体器材，集中精力解决好乡村旅游基础设施和公共服务设施建设问题，加快城乡一体化建设，突破文化振兴交通瓶颈。

### 5. 充分利用高校资源实现文化全面发展

以现有省乡村振兴专业研究会汉阴研究基地、省经济学学会县域经济汉阴研究基地、西安培华学院乡村振兴汉阴平梁太行教学科研实训基地和西安电子科技大学汉阴数字电商联合研究基地为基础，形成会计与金融学院、太行村两级定期联动机制，推动乡村特色游中学生实习实训、劳动教育、电商试点、直播带货、志愿服务等项目持续发展。同时，利用暑假、实习时间，成立"三下乡文化振兴志愿服务队"，为乡村文化振兴服务。充分调动高校资源，整合各种要素同步发展，通过培训、座谈等形式，让特色乡村文化在乡村文化振兴中焕发生命力。

### 6. 发掘乡村特色文化，助力特色产业可持续发展

特色产业发展离不开特色文化的支撑和助推，在现有乡村文化基础上继续发掘特色文化，举办形式多样的采摘节、茶艺大赛、体验式工作坊等活动，扩大特色产业影响，同时还要将自身的文化发扬光大。有计划、有步骤地开发村中岳飞屯兵营寨和水库景观，推动文化旅游产业可持续发展、多元化发展。协调各方资源，用好政策，重点打造，着力扶持，力争形成旅游产品品牌。以建设美丽乡村为主题，尽可能地保留太行村特色的风土人情，保证原生态和绿色本色，努力实现产业振兴、文化振兴和生态振兴可持续发展。

### 7. 以乡村旅游推动文化振兴全面发展

打造村俗、村事工程。充分利用"非遗工坊"，通过工艺体验活化、文化表演活化"将太行茶、花椒油、酒、糖等产品文化进行推广和传承。结合现代时尚消费需求及娱乐方式，打造休闲旅游、采摘加工一体的主题乡事体验活动。打造村景、村品工程。依托现有民宿、茶园、花椒园等乡村景观，以村庄原生环境为主，将农业种植融入时尚创意元素，深挖文化主题特色，打造乡村特色产品。打造村食、村宿工程。利用自然资源，将民宿、美食融合在自然田园、村俗文化之中，联合各大协会和相关企业，开展"美食探索主题文化旅游"活动，以乡村旅游推动文化振兴全面发展。

乡村文化振兴是乡村振兴重要组成部分，是农村精神文明建设的重中之重。抓好乡村文化振兴，是巩固脱贫攻坚成果，推动乡村振兴的有力抓手，对实施乡村振兴战略落实落地意义重大。

# 第七章
# 乡村振兴评价指标体系构建及汉阴县实证研究

## 第一节
## 汉阴县乡村振兴发展现状

### 一、汉阴县乡村振兴的实施情况

**(一)强化政府职责,健全实施体系**

为了健全领导机构,汉阴县成立了县委农村工作领导小组,其中县委书记为第一组长,当好乡村振兴"一线总指挥";县委副书记任组长,相关部门主要负责人为成员,负责全面工作的统筹协调。成员单位不仅要保质保量完成本单位承担的乡村振兴任务,还要密切配合领导小组的协调工作,保证有序推进。建立健全乡村振兴实施机制,实行县级领导包联镇、部门帮扶包村、企业共建的包联帮扶工作机制。

**(二)加强乡村振兴工作落实度**

在乡村振兴战略任务下达后,汉阴县人民政府制定了《汉阴县乡村振兴战略实施规划(2018—2022年)》。此后,每年省农村工作会召开后,汉阴县委县政府总是第一时间传达会议精神,组织涉农部门展开专题会议。在具体方式上,县委常委会先后多次研究乡村振兴工作,县政府就乡村振兴工作召开专题会议进行全面部署,县委农村工作领导小组推进乡村振兴各项工作落实。

**(三)开展乡村振兴战略合作**

为了强化科技支撑,汉阴县人民政府与西安培华学院签订了全方位合作协议,包括产学研、产业合作、规划编制、人才交流等。西安培华学院在对汉阴县乡村现状进行充分调研的基础上,根据汉阴县实际情况,分类指导,有序开展汉阴县乡村振兴先行点、试验点和示范点建设。

(四)推进示范点建设

在实现了脱贫攻坚全面胜利后,汉阴县继续开展农业生产提升、农村人居环境整治、造林绿化、基础设施改善、乡村治理等六方面的乡村振兴工作。自乡村振兴实施以来,脱贫攻坚反馈问题整改成效显著,产业发展的质量和水平有效提升,农村人居环境明显改善,农村绿化工作不断加强,农村基础设施进一步完善,乡村治理水平显著提高。

(五)动员社会参与,营造社会氛围

为了凝聚乡村振兴强大合力,汉阴县积极组织社会动员活动,强化乡村振兴工作氛围。建立健全以"政府牵头、市场导向、社会支持"协同推进乡村振兴的机制,尤其注重积聚各民主党派和无党派人士的力量和发挥工会、妇联、残联等群团组织的优势。汉阴县还邀请陕西省乡村振兴专业研究会专家就党的二十大精神和乡村振兴工作进行宣讲,深入讲解乡村振兴相关政策和生动案例。同时,开展年度乡村振兴示范点、文明单位、文明乡镇、文明社区、文明村评选活动,营造了乡村振兴发展的浓厚氛围。

(六)建立工作考核机制

汉阴县通过制定乡村振兴工作议事规则及推动规章、联席会议制度、乡村振兴任务实绩考核办法等系列制度,形成了年初部署、年中督查、年底对账的工作机制。为推进乡村振兴日常工作,汉阴县建立每季召开领导小组重点工作部署会议、每月召开领导小组办公室主任会议、每周召开领导小组科室会议制度。同时为协调推进系统的乡村振兴工作,明确领导小组成员单位联络员,确保工作落到实处、落到专人。这些考核机制加强了乡村振兴战略规划实施考核监督和激励约束,既完成了各项目标任务,又保障了项目实施。

## 二、国家乡村振兴指标分析

2018年,国家有关部门编制了《乡村振兴战略规划(2018—2022年)》,明确了此后5年乡村振兴的重点任务,提出了22项具体指标,其中约束性指标3项、预期性指标19项,首次建立了乡村振兴指标体系(表7-1),这成为指导各地区、各部门分类有序推进乡村振兴的重要依据,也是构建国家和省域层面乡村振兴水平评价指标体系的最直接依据和最根本基础。

表 7-1　国家乡村振兴指标体系

| 分类 | 序号 | 主要指标 | 单位 | 2016年基期值 | 2020年目标值 | 2022年目标值 | 2022年比2016年增加[累计百分点] | 属性 |
|---|---|---|---|---|---|---|---|---|
| 产业兴旺 | 1 | 粮食综合生产能力 | 亿吨 | >6 | >6 | >6 | — | 约束性 |
| | 2 | 农业科技进步贡献率 | % | 56.7 | 60 | 61.5 | [4.8] | 预期性 |
| | 3 | 农业劳动生产率 | 万元/人 | 3.1 | 4.7 | 5.5 | 2.4 | 预期性 |
| 生态宜居 | 4 | 农产品加工产值与农业总产值比 | | 2.2 | 2.4 | 2.5 | 0.3 | 预期性 |
| | 5 | 休闲农业和乡村旅游接待人次 | 亿人次 | 21 | 28 | 32 | 11 | 预期性 |
| | 6 | 畜禽粪污综合利用率 | % | 60 | 75 | 78 | [18] | 约束性 |
| | 7 | 村庄绿化覆盖率 | % | 20 | 30 | 32 | [12] | 预期性 |
| 乡风文明 | 8 | 对生活垃圾进行处理的村占比 | % | 65 | 90 | >90 | [>25] | 预期性 |
| | 9 | 农村卫生厕所普及率 | % | 80.3 | 85 | >85 | [>4.7] | 预期性 |
| | 10 | 村综合性文化服务中心覆盖率 | % | — | 95 | 98 | — | 预期性 |
| | 11 | 县级及以上文明村和乡镇占比 | % | 21.2 | 50 | >50 | [>28.8] | 预期性 |
| 治理有效 | 12 | 农村义务教育学校专任教师本科以上学历比例 | % | 55.9 | 65 | 68 | [>12.1] | 预期性 |
| | 13 | 农村居民教育文化娱乐支出比例 | % | 10.6 | 12.6 | 13.6 | [>3] | 预期性 |
| | 14 | 村庄规划覆盖率 | % | — | 80 | 90 | — | 预期性 |
| | 15 | 建有综合服务站的村占比 | % | 14.3 | 50 | 53 | [38.7] | 预期性 |
| 生活富裕 | 16 | 村党组织书记兼任村委会主任的村占比 | % | 30 | 35 | 50 | [20] | 预期性 |
| | 17 | 有村规民约的村占比 | % | 98 | 100 | 100 | [2] | 预期性 |
| | 18 | 集体经济强村比重 | | 5.3 | 8 | 9 | [3.7] | 预期性 |
| | 19 | 农村居民恩格尔系数 | % | 32.2 | 30.2 | 29.2 | [-3] | 预期性 |
| | 20 | 城乡居民收入比 | — | 2.72 | 2.69 | 2.67 | -0.05 | 预期性 |
| | 21 | 农村自来水普及率 | % | 79 | 83 | 85 | [6] | 预期性 |
| | 22 | 具备条件的建制村通硬化路比例 | % | 96.7 | 100 | 100 | [3.3] | 约束性 |

国务院及有关部门先后制定了一系列与乡村振兴相关的国家标准、监测指标、行动方案、行业规划等政策性、技术性文件,也为筛选乡村振兴水平评价指标提供了重要参考和依据,例如中共中央办公厅和国务院 2016 年 10 月印发的《全国农业现代化规划(2016—2020 年)》、2018 年 2 月印发的《农村人居环境整治三年行动方案》、2019 年 5 月印发的《数字乡村发展战略纲要》;国家市场监督管理总局和中国国家标准管理委员会 2018 年 12 月发布的《美丽乡村建设评价》,农业农村部 2019 年 12 月印发的《数字农业农村发展规划 2019—2025》、2020 年 3 月印发的《新型农业经营主体和

服务主体高质量发展规划(2020—2022年)》等,从国家层面上规定了美丽乡村建设的评价原则、评价内容、评价程序、计算方法。

## 三、汉阴县乡村振兴指标分析

为评估乡村振兴工作开展实效和相关部门绩效,汉阴县农村工作领导小组建立对全县及各镇实施乡村振兴战略任务的考核指标体系,并定期进行考核工作,主要包括产业兴旺、生态宜居、乡风文明、治理有效和生活富裕5个内容,共计31个指标,每个指标具有不同的分值,并且由相应的负责部门进行打分,如表7-2所示。

表7-2 汉阴县乡村振兴战略规划主要指标

| 类别 | 序号 | 主要指标 | 2017年 | 2020年 | 2022年 | 属性 |
|---|---|---|---|---|---|---|
| 产业兴旺 | 1 | 粮食综合生产能力(亿元) | 13.44 | 16.15 | 18.33 | 预期性 |
| | 2 | 农业增加值(亿元) | | 15.6 | 17.0 | 预期性 |
| | 3 | 富硒食品产业总产值(亿元) | 70 | 100 | 120 | 预期性 |
| | 4 | 山林经济收入(亿元) | | 15 | 16 | 预期性 |
| | 5 | 基本农田保护面积(公顷) | 24170.13 | | | |
| 生态宜居 | 6 | 森林覆盖率(%) | | 67 | 70 | 预期性 |
| | 7 | 畜禽粪污综合利用率(%) | 65 | 75 | 80 | 约束性 |
| | 8 | 农村集中供水率(%) | 86.14 | 90 | 95 | 预期性 |
| | 9 | 通硬化路的村占比(%) | 100 | 100 | 100 | 预期性 |
| | 10 | 通客车的村占比(%) | 96 | 100 | 100 | 预期性 |
| | 11 | 农村信息基础设施普及率(%) | 97 | 100 | | 预期性 |
| | 12 | 农村无害化卫生厕所覆盖率(%) | | 50 | 70 | 约束性 |
| | 13 | 汉江出境断面水质 | | 保持2类标准 | 保持2类标准 | |
| | 14 | 月河出境断面水质 | | 保持3类标准 | 保持3类标准 | |
| 乡风文明 | 15 | 村级综合文化服务中心覆盖率(%) | | 95 | 100 | 预期性 |
| | 16 | 县级及以上文明村镇达标率(%) | 61.76 | 75 | 80 | 预期性 |
| | 17 | 有体育健身场所的村占比(%) | | 60 | 80 | 预期性 |
| | 18 | 农村劳动人口平均受教育年限(年) | 10.5 | 11 | 12 | 约束性 |
| | 19 | 节地生态安葬率(%) | | 35 | 60 | 预期性 |
| 治理有效 | 20 | 农村社区服务站普及率(%) | | 95 | 100 | 预期性 |
| | 21 | 村级综治中心建设达标率(%) | | 100 | 100 | 预期性 |
| | 22 | 村级网格化服务管理覆盖率(%) | | 100 | 100 | 预期性 |
| | 23 | 村庄规划管理覆盖率(%) | | 100 | 100 | 预期性 |
| | 24 | 有村规民约村占比(%) | | 95 | 100 | 预期性 |

续表

| 类别 | 序号 | 主要指标 | 2017年 | 2020年 | 2022年 | 属性 |
|---|---|---|---|---|---|---|
| 生活富裕 | 25 | 脱贫人口(万人) | | 6.38 | | |
| | 26 | 城乡居民收入比(%) | 2.96 | 2.5 | <2.3 | 预期性 |
| | 27 | 农村居民人均可支配收入(元) | 9529 | 12171 | 14328 | 预期性 |
| | 28 | 农村居民恩格尔系数(%) | | 27 | 26.5 | 预期性 |
| | 29 | 农村居民养老保险参保率(%) | | 基本实现适龄参保人口全覆盖 | | 预期性 |
| | 30 | 农村居民基本医疗保险参保率(%) | | 基本实现参保人口全覆盖 | | 预期性 |
| | 31 | 农村居民人均预期寿命(岁) | | 75.5 | 76 | 预期性 |

(一)汉阴县指标与国家指标的关系

梳理清楚汉阴县考核指标与国家指标的逻辑关系,有助于国家与汉阴县乡村振兴层级的有效衔接,有助于研究汉阴县指标的科学性,有助于发现现阶段汉阴县指标在实践工作中存在的问题和不足。汉阴县考核指标与国家指标具有既衔接融合又互相独立的关系。汉阴县指标是在贯彻落实国家指标的前提下提出的,因结合汉阴县实际情况,与国家指标又存在差异。

**1. 汉阴县指标和国家指标的共性**

一是从指标类别来看,汉阴县指标跟国家五大目标类别直接对应。二是从具体内容上来看,二者内容是相融共通的。例如,国家的粮食综合生产能力指标,指在一定技术条件和生产要素投入下能稳定达到的粮食产出能力,反映国家粮食安全保障能力的目标与汉阴县的粮食安全一致。除此之外,二者还有许多直接对应的指标见表7-3。

表7-3 汉阴县乡村振兴考核指标与国家乡村振兴指标直接对应关系表

| 指标类别 | 汉阴县指标 | 指标类别 | 国家指标 |
|---|---|---|---|
| 产业兴旺 | 粮食综合生产能力 | 产业兴旺 | 粮食综合生产能力 |
| | 山林经济收入 | | 休闲农业与乡村旅游接待人次 |
| | 富硒食品产业总产值、农业增加值 | | 农产品加工产值与农业总产值比 |
| 生态宜居 | 畜禽粪污综合利用率 | 生态宜居 | 畜禽粪污综合利用率 |
| | 林长制实施和村庄绿化情况 | | 村庄绿化覆盖率 |
| 乡风文明 | 村级综合文化服务中心覆盖率 | 乡风文明 | 村综合性文化服务中心覆盖率 |
| | 县级及以上文明村镇达标率 | | 县级及以上文明村和乡镇占比 |
| 治理有效 | 村级综治中心建设达标率 | 治理有效 | 村党支部书记兼任村委会主任的村占比 |
| | 农村社区服务站普及率 | | 建有综合服务站的村占比 |

续表

| 指标类别 | 汉阴县指标 | 指标类别 | 国家指标 |
|---|---|---|---|
| 生活富裕 | 农村居民人均可支配收入 | 生活富裕 | 城乡居民收入比 |
| | 通硬化路的村占比 | | 具备条件的建制村通硬化路比例 |
| | 农村集中供水率 | | 农村自来水普及率 |

#### 2. 汉阴县指标和国家指标的差异

一是指标的数量不同。国家指标有 5 个方面、22 个具体指标;汉阴县指标类别与国家指标保持一致,但有 31 个具体指标。二是相比国家,汉阴县的考核指标权重点不同。国家指标具体到一个可以量化的数值,可明显看出考核侧重于具体的某点;汉阴县指标属于考核的关键领域和重点环节。例如,农业增加值、富硒食品产业总产值、山林经济收入、基本农田保护面积等指标,属于乡村振兴产业兴旺发展中的重点内容。三是评价标准及方法,国家指标评价标准是用 2022 年的目标值与 2016 年的基期值进行对比,通过计算 2022 年比 2016 年增加或者降低的百分比来显示乡村振兴发展;汉阴县则是通过各负责部门独立打分的方法进行指标评价。

### (二)数据来源与研究方法

#### 1. 数据来源与处理

(1)数据来源

数据主要来源于国家乡村振兴战略规划、陕西统计年鉴、汉阴县统计年鉴、汉阴县统计局、农业农村局等相关部门,以及城关镇、涧池镇、蒲溪镇、平梁镇、双乳镇、铁佛寺镇、漩涡镇、汉阳镇、双河口镇、观音河镇 10 个镇提供的乡村振兴有关材料、问卷调查和实地走访调研得到。

(2)数据处理

本项目研究运用指标变换法进行数据的无量纲处理,公式如下:

$$X_i = \begin{cases} \text{正向指标} \begin{cases} O_i/E_i & O_i < E_i \\ 1 & O_i > E_i \end{cases} \\ \text{逆向指标} \begin{cases} E_i/O_i & E_i < O_i \\ 1 & E_i > O_i \end{cases} \end{cases} \quad (7.1)$$

公式中 $X_i$ 是指标的实现成效,数值应处于 0 至 1 之间,$E_i$ 是指标的目标值,$O_i$ 是指标的原始值。注意数据处理前,需对其进行正逆向分析。

#### 2. 研究方法

本项目研究以构建汉阴县乡村振兴指标体系及实证评价分析为目标,利用定性和定量相结合的研究方法,选用综合赋值法,对汉阴县的乡村振兴发展的综合权重进行测算,综合赋值法大多采用层次分析法。主要采用以下方法:

(1)系统分析法

通过系统地分析其内涵、实施路径,以及对各要素特点和内在关系进行多维分析,系统探究指标体系构建与评价。

(2)逻辑分析法

通过分析比较研究全国和汉阴县乡村振兴战略的指标,同时乡村振兴综合评价指标的指标层的各指标数值的产出就是乡村振兴实现程度和发展水平。

(3)实地调查法

通过实地调查法,2022年4月—11月进行多次汉阴县乡村振兴现状调研,在与汉阴县农业农村局交流调研期间,多次随科室领导与工作人员从振兴乡村的角度对汉阴县进行评估,多次对相关部门走访调研推进乡村振兴工作,对汉阴县发展相关信息进行了解、搜集和整理。

(4)层次分析法

层次分析法的基本步骤如下:①建立层次结构模型。可以构建多个层次,由目标层、指标层与方案层组成。本项目分为:目标层(汉阴县乡村振兴发展水平)、准则层(一级指标5项)和指标层(二级指标33项)。②构造成对比矩阵。采用"1—9"对比标度方法(见表7-4—7-5)。

表7-4 二级判断矩阵的构造

| 指标 | C1 | C2 | C3 | … | CX |
|---|---|---|---|---|---|
| C1 | 1 | $B1_2$ | $B1_3$ | … | $B1x$ |
| C2 | $B2_1$ | 1 | $B2_3$ | … | $B2x$ |
| C3 | $B3_1$ | $B3_2$ | 1 | … | $B3x$ |
| … | … | … | … | 1 | … |
| CX | $BX_1$ | $BX_2$ | $BX_3$ | … | 1 |

表7-5 判断矩阵标度方法

| 指标 | 含义 |
|---|---|
| 1 | 第i个指标与第j个指标同等重要 |
| 3 | 第i个指标与第j个指标稍微重要 |
| 5 | 第i个指标与第j个指标明显重要 |
| 7 | 第i个指标与第j个指标强烈重要 |
| 9 | 第i个指标与第j个指标极端重要 |

续表

| 指标 | 含义 |
| --- | --- |
| 2、4、6、8 | 第 i 个指标与第 j 个指标重要程度介于两个相邻等级之间 |
| 倒数 | i 指标与 j 比较判断为则 j 指标与 i 比较判断为 $1/a_{ij}$ |

③计算各指标的权重系数,具体做法如下:

a.计算判断矩阵 B 各行元素的乘积 $M_i$,其公式为:

$$M_i = \prod_{j=1}^{n} b_{ij}, (i = 1, 2, \cdots, n) \quad (7.2)$$

b.分别计算各行 $M_i$ 的几何平均数 $\overline{W}$,其公式为:

$$\overline{W} = \sqrt[n]{M_i}, (i = 1, 2, \cdots, n) \quad (7.3)$$

c.对向量 $\overline{w} = (\overline{w}_1, \overline{w}_2, \overline{w}_n)^T$ 做归一化处理,求各指标的权重系数 $\overline{W}_i$:

$$W_i = \frac{\overline{w}_i}{\sum_{j=1}^{n} \overline{W}_j} \quad (7.4)$$

④计算组合权向量并做组合一致性检验。只有检验通过,才能进行下步测算,否则必须重新构建新矩阵或者更换其他模型。执行一致性检验分析:一是对 CI 进行计算并给出相关概念,同时需要引入 RI 这是要判定 CI 大小的重要依据;二是通过公式 CR = CI/RL 只有 CR 小于 0.1 时,则矩阵一致性较好,具体做法如下:

a.计算判断矩阵 B 的最大特征根

$$\lambda_{max} = \frac{1}{n} \sum_{i=1}^{n} \frac{BW_i}{w_i} \quad (7.5)$$

b.计算一致性指标 CI

$$CI = \frac{(\lambda_{max} - n)}{(n - 1)} \quad (7.6)$$

c.根据表 7-6 查找相应的同阶随机一致性指标 RI

表 7-6 随机一致性 RI

| n 阶 | 3 | 4 | 5 | 6 | 7 | 8 | 9 | 10 | 11 | 12 |
| --- | --- | --- | --- | --- | --- | --- | --- | --- | --- | --- |
| RI 值 | 0.52 | 0.89 | 1.12 | 1.26 | 1.36 | 1.41 | 1.46 | 1.49 | 1.52 | 1.54 |
| n 阶 | 13 | 14 | 15 | 16 | 17 | 18 | 19 | 20 | 21 | 22 |
| RI 值 | 1.56 | 1.58 | 1.59 | 1.5943 | 1.6064 | 1.6133 | 1.6207 | 1.6292 | 1.6358 | 1.6403 |
| n 阶 | 23 | 24 | 25 | 26 | 27 | 28 | 29 | 30 | | |
| RI 值 | 1.6462 | 1.6497 | 1.6556 | 1.6587 | 1.6631 | 1.6670 | 1.6693 | 1.6724 | | |

(5) 熵权法

根据熵值结果,分析指标的离散程度,指标离散程度越大,对综合性指标产生的影响就越大。信息量与熵值呈负向相关性,信息量大,不确定性就小,熵也就小;反之亦然,这属于客观赋值法,能有效克服专家等人为主观因素的弊端,具体运用步骤如下:

选取 $n$ 个行政村作为样本、设计 $m$ 个评价指标,$X_{ij}$ 表示第 $i$ 个行政村的第 $j$ 个评价指标值($i=1,2,3,\cdots,n;j=1,2,3\cdots,m$)。

① 数据的标准化处理。

对原始数据采用极值法进行无量纲化处理,本项目采用极值法,对正向、负向指标分开进行计算,公式如下:

$$\text{正向指标 } P_{ij} = \frac{X_{ij} - \min X_{ij}}{\max X_{ij} - \min X_{ij}} \tag{7.7}$$

$$\text{负向指标 } P_{ij} = \frac{X_{ij} - \max X_{ij}}{\min X_{ij} - \max X_{ij}} \tag{7.8}$$

公式中,$P_{ij}$ 指示为标准化数值;$X_{ij}$ 指示为原始数据;$\min X_{ij}$ 为原始数据的最小值;$\max X_{ij}$ 为原始数据的最大值。同时注意为了使数据计算有意义,$P_{ij}$ 不能为负数和 0,因此若数据存在 0 和负数的 $P_{ij}$ 值,需要进行整体数据的非负平移,即给原始数据加上 0.0001,再进行无量纲化处理。

② 计算第 $j$ 项指标的熵值 $e_j$,其公式为:

$$e_j = -\frac{1}{\ln n}\sum_{i=1}^{n}p_{ij}\ln(p_{ij}), \quad o \leqslant e_j \leqslant 1 \tag{7.9}$$

③ 计算差异性系数,其公式为:

$$g_j = 1 - e_j \tag{7.10}$$

④ 确定各评价指标权重,计算综合得分。

$$w_j = \frac{g_j}{\sum_{i=1}^{m}g_i}, j = 1,2,3,\cdots,m \tag{7.11}$$

(6) 目标值法

确定所选各项指标的权重与无量纲化的数据之后,利用加权求和的方法计算综合得分,公式如下:

$$Y = \sum_{i=1}^{n}p_i x_i \quad (i = 1,2,3,\cdots,n) \tag{7.12}$$

公式中,$Y$ 是乡村振兴发展水平的综合得分,$p_i$ 是权重值,$x_i$ 是进行无量纲化处理的数值,$n$ 为指标的总数。

### (7) 熵权 Topsis 法

熵权 Topsis 法可以满足在样本容量较少的情况下,能直接较好地展示评价对象的差异性和区分度,还能够体现评价对象乡村振兴实际发展水平与理想水平之间的差距,又能够有效避免 AHP 法、传统的 Topsis 法等以专家主观意见来确定权重的不足。因此,本项目研究选用此方法,以各镇为着力点,通过对汉阴县各镇的横向评价,分析各镇乡村振兴发展水平差异,为今后各镇的乡村振兴发展方向提出合理建议。熵权 Topsis 法计算是在熵权法的基础上求得贴近度,所以上述熵权法的公式,此处省略,根据熵权法四个步骤,(7.7)、(7.8)、(7.9)、(7.10)、(7.11)公式,最终确定第 j 个指标的权重 Wj,继续如下步骤:

构建加权决策矩阵,计算公式为:

$$V = W_i \cdot x_{ij} \tag{7.13}$$

计算指标的正、负理想解,公式为:

$$V^+ = \{\max v_{ij} \mid i = 1, 2, \cdots, m\} \tag{7.14}$$

$$V^- = \{\min v_{ij} \mid i = 1, 2, \cdots, m\} \tag{7.15}$$

计算欧式距离,设定各评价地区到正、负理想解的距离分别是 $D^+$、$D^-$:

$$D^+ = \sqrt{\sum_{j=1}^{m}(V_{ij} - V_j^+)^2} \ (i = 1, 2, \cdots, n) \tag{7.16}$$

$$D^- = \sqrt{\sum_{j=1}^{m}(V_{ij} - V_j^-)^2} \ (i = 1, 2, \cdots, n) \tag{7.17}$$

计算贴近度 $C_j$,公式如下:

$$C_j = \frac{D^-}{D^+ + D^-} \tag{7.18}$$

贴近度 $C_j$ 指示评价方与正理想解的靠近程度。$C_j \in (0,1)$,$C_j$ 越靠近于 1,表明该地区乡村发展水平离理想水平越近,乡村发展水平越高;反之,$C_j$ 越靠近 0,表明其乡村发展水平离理想水平越远,乡村发展水平越低。

## 第二节
## 汉阴县乡村振兴评价指标体系构建

### 一、指标选取原则

指标选取应遵循如下原则:一是科学性原则。所选评价指标要能反映汉阴县发展质量和本质特征,具有可信度。二是战略导向性原则。要按照乡村振兴战略和汉阴县域高质量发展的实际情况,选取代表性的指标。三是综合性和重点性相结合原则。对乡村振兴的评价应尽可能地反映汉阴县乡村振兴的全面特点,同时要突出重点,深入思考乡村发展的主要矛盾。四是可行性原则。所选指标数据要具有易获得性,方便监测评价和使用,且具有权威性。

## 二、指标选取思路

在指标选取过程中采用系统分析法。首先系统地厘清国家乡村振兴指标体系,建立指标数据库;其次,根据指标选取原则,并结合《汉阴县乡村振兴战略实施规划(2018—2022年)》中的指标和目标值,利用调研数据和问卷,并参考陕西省、汉阴县及其各镇实施乡村振兴战略任务考核指标等政府文件,初步确定评价指标;最后咨询各专家的意见和建议,进行指标系统分析,确定评价指标后,经专家评议,确定最后的指标体系,如图7-1所示。

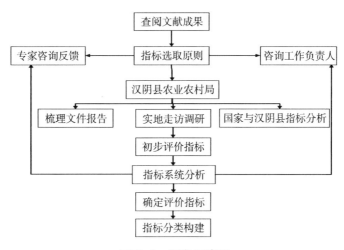

图7-1 研究思路图

## 三、评价指标体系构建

### (一)构建指标体系

本项目研究基于汉阴县农村发展实际,按照乡村振兴战略总要求,从五大方面全面评价乡村振兴,构建了汉阴县乡村振兴指标体系。本指标体系由1个目标(目标层),5个一级指标(准则层),33个二级指标(指标层)组成,见表7-7。

表 7-7　汉阴县乡村振兴发展水平综合评价指标体系

| 目标层 | 准则层（BX） | 指标层 | 单位 | 赋值方法 | 方向 | 2022年目标值 |
|---|---|---|---|---|---|---|
| 汉阴县乡村振兴发展水平 | 产业兴旺 B1 | 粮食总产量 C1 | 万吨 | 定量赋值 | 正向 | 6 |
| | | 农业劳动生产率 C2 | 万元/人 | 定量赋值 | 正向 | 5.5 |
| | | 农业总产值 C3 | 亿元 | 定量赋值 | 正向 | 60 |
| | | 农业耕地面积 C4 | 万亩 | 定量赋值 | 正向 | - |
| | | 农产品电子商务交易额 C5 | 亿元 | 定量赋值 | 正向 | 2 |
| | | 休闲农业与乡村旅游接待人次 C6 | 万人次 | 定量赋值 | 正向 | 1000 |
| | | 县级及以上现代农业园区数量 C7 | 个 | 定量赋值 | 正向 | 30 |
| | | 县级及以上龙头企业数量 C8 | 家 | 定量赋值 | 正向 | 30 |
| | | 农业合作社数量 C9 | 个 | 定量赋值 | 正向 | 700 |
| | 生态宜居 B2 | 村庄绿化覆盖率 C10 | % | 定量赋值 | 正向 | 40 |
| | | 对生活垃圾进行处理的村占比 C11 | % | 定量赋值 | 正向 | 100 |
| | | 农村无害化卫生厕所普及率 C12 | % | 定量赋值 | 正向 | 90 |
| | | 秸秆综合利用率 C13 | % | 定量赋值 | 正向 | 100 |
| | | 畜禽粪污综合利用率 C14 | % | 定量赋值 | 正向 | 100 |
| | | 残膜回收率 C15 | % | 定量赋值 | 正向 | 80 |
| | | 城市环境空气质量优良天数 C16 | 天 | 定量赋值 | 正向 | 248 |
| | 乡风文明 B3 | 村综合文化服务中心覆盖率 C17 | % | 定量赋值 | 正向 | 100 |
| | | 县级文明村和乡村占比 C18 | % | 定量赋值 | 正向 | 60 |
| | | 农村义务教育学校专任教师本科以上学历占比 C19 | % | 定量赋值 | 正向 | 90 |
| | | 义务教育学校数量 C20 | 个 | 定量赋值 | 正向 | 50 |
| | | 村史馆普及率 C21 | % | 定量赋值 | 正向 | 26 |
| | 治理有效 B4 | 集体经济强村比重 C22 | % | 定量赋值 | 正向 | 20 |
| | | 村党组织书记兼任村委会主任占比 C23 | % | 定量赋值 | 正向 | 100 |
| | | 村级综治中心建设达标率 C24 | % | 定量赋值 | 正向 | 100 |
| | | 村庄规划管理覆盖率 C25 | % | 定量赋值 | 正向 | 100 |
| | | 建有综合服务站的村占比 C26 | % | 定量赋值 | 正向 | 100 |
| | | 有村规民约的村占比 C27 | % | 定量赋值 | 正向 | 100 |
| | 生活富裕 B5 | 农村居民人均可支配收入 C28 | 元 | 定量赋值 | 正向 | 16700 |
| | | 城乡居民收入比 C29 | - | 定量赋值 | 逆向 | 2.67 |
| | | 农村居民恩格尔系数 C30 | % | 定量赋值 | 逆向 | 29 |

续表

| 目标层 | 准则层（BX） | 指标层 | 单位 | 赋值方法 | 方向 | 2022年目标值 |
|---|---|---|---|---|---|---|
| 汉阴县乡村振兴发展水平 | 生活富裕 B5 | 农村居民养老保险参保率 C31 | % | 定量赋值 | 正向 | 95 |
| | | 农村居民基本医疗保险参保率 C32 | % | 定量赋值 | 正向 | 100 |
| | | 农村集中供水率 C33 | % | 定量赋值 | 正向 | 100 |

(二) 指标的解释

**1. 产业兴旺指标 B1**

产业兴旺是实施乡村振兴战略的工作重点。农村产业兴旺会使农村经济发展迸发源源不断的活力，为全面振兴乡村提供内生动力。农村产业强调保障粮食安全是首要工作，提倡农村产业要改变发展方式，注重集约高效、规模化，加快技术推动，以龙头企业、现代园区为引领示范，延长产业链，促进三产融合，创新农村经营主体，加强集体经济发展。因此选取 C1 粮食总产量、C2 农业劳动生产率、C3 农业总产值、C4 农业耕地面积、C5 农产品电子商务交易额、C6 休闲农业与乡村旅游接待人次、C7 县级及以上现代农业园区数量、C8 县级及以上龙头企业数量、C9 农业合作社数量，共 9 个指标。

**2. 生态宜居指标 B2**

乡村振兴，生态宜居是关键。乡村先要宜居宜业，才有可能实现全面振兴。乡村宜居一方面要注重乡村环境治理，包括厕所改革、垃圾处理、污水管控等，另一方面是强调农业绿色发展，在农业经济发展过程中，遵循可持续发展理念，实现循环农业发展。因此，选取的指标有 C10 村庄绿化覆盖率、C11 对生活垃圾进行处理的村占比、C12 农村无害化卫生厕所普及率、C13 秸秆综合利用率、C14 畜禽粪污综合利用率、C15 残膜的回收率、C16 城市环境空气质量优良天数，共 7 个指标。

**3. 乡风文明指标 B3**

乡村振兴，乡风文明是保障。乡村文明程度是乡村振兴的精神内核，提升乡村文明程度要丰富农村文化生活、实施文化惠民工程，创建农村文化基础设施，创建综合文化服务，加强乡村教育，弘扬乡村历史传承，从而全面促进乡村文化发展。因此，选取的指标有 C17 村综合文化服务中心覆盖率、C18 县级文明村和乡村占比、C19 农村义务教育学校专任教师本科以上学历占比、C20 义务教育学校数量、C21 村史馆普及率，共 5 个指标。

**4. 治理有效指标 B4**

治理有效是乡村振兴的重要基石。只有良好的村庄治理，才能有效推动乡村振兴。乡村治理要以党组织为基础和引领,健全乡村治理机制,制定乡村法治、自治、村规民约等方面的制度,建立监督考核和奖惩机制,切实保证村庄良好运行管理,做好对村民的服务工作,保障村民利益,全面提高群众的满意度。因此,选取的指标有C22集体经济强村比重、C23村党组织书记兼任村委会主任占比、C24村级综治中心建设达标率、C25村庄规划管理覆盖率、C26建有综合服务站的村占比、C27有村规民约的村占比,共6个指标。

### 5.生活富裕指标 B5

乡村振兴,生活富裕是根本。只有稳定农民收入来源,不断增加农民收入、减弱城乡差距及两极化,健全基本医疗、养老保障体系,才能真正使农民获得幸福感,提升满意度。因此,选取的指标有C28农村居民人均可支配收入、C29城乡居民收入比、C30农村居民恩格尔系数、C31农村居民养老保险参保率、C32农村居民基本医疗保险参保率、C33农村集中供水率,共6个指标。

## 四、评价指标权重的确定

确定各指标的权重直接关系到测算汉阴县乡村振兴综合评价的最终结果,因此选用科学的权重设定方法是研究评价的关键环节。指标权重就是该指标对于目标的重要程度。确定方法多样,但大致可划分主观赋值、客观赋值和主客观组合赋值。主观赋值通常为专家评分法、层次分析法等,优点是操作简单,缺点是主观意识强,缺乏科学性;客观赋值一般有主成分分析法、因子分析法、熵权法等,主要通过客观数据分析确定各指标权重,优点是更加客观,科学性更强,缺点是有些分析方法需要较大的数据支撑,也无法参考领域专家的建议和对各指标顶层设计的考虑。基于此,本项目研究采用层次分析法和熵权法相结合的组合方法给各指标赋予权重系数,使其汲取主观赋值和客观赋值双方的优点,保证结果准确性和有效性。

### (一)层次分析法主观赋值

本项目为确保权重客观合理,选取包括汉阴县涉农部门负责人和领导干部等,行业内10位专家进行打分(结果见表7-8),对一致性检验未通过的判断矩阵再次进行专家咨询,并修改完善直至一致性检验通过。利用Spass软件计算权向量,通过对6个对比矩阵(1个准则层和5个指标层)进行导入、最大特征值、CLRI和CR的计算等步骤,得出最终的排序权重结果。

针对准则层中"产业兴旺""生态宜居""乡风文明""治理有效""生活富裕"总共5项判断矩阵进行AHP层次法研究,分析得到特征向量为1.595、0.801、0.665、0.572、1.367,对应的权重值分别是31.909%、16.020%、13.298%、11.438%、27.334%

（表7-9）。除此之外，结合特征向量可计算出最大特征根为 5.163，接着利用最大特征根值计算得到 CI 值为 0.041，针对 RI 值查表为 1.120，因此计算得到 CR 值为 0.036V0.1，意味着本次研究判断矩阵满足一致性检验，计算所得权重具有一致性（表7-10）。

同理，构建判断矩阵，经打分计算分析可确定各指标权重。根据层次分析法相关步骤，最终所有判断矩阵都通过一致性检验，将准则层和指标层权重结果汇总后得到汉阴县乡村振兴发展水平评价各项指标权重，如表7-11 所示。

表7-8 准则层判断矩阵专家打分表

| 乡村振兴发展水平 | 产业兴旺 | 生态宜居 | 乡风文明 | 治理有效 | 生活富裕 |
|---|---|---|---|---|---|
| 产业兴旺 | 1 | 2 | 3 | 3 | 1 |
| 生态宜居 | 1/2 | 1 | 2 | 1 | 1/2 |
| 乡风文明 | 1/3 | 1/2 | 1 | 2 | 1/2 |
| 治理有效 | 1/3 | 1 | 1/2 | 1 | 1/2 |
| 生活富裕 | 1 | 2 | 2 | 2 | 1 |

表7-9 准则层 AHP 层次分析结果

| 项目 | 特征向量 | 权重值 | 最大特征根值 | CI 值 |
|---|---|---|---|---|
| 产业兴旺 | 1.595 | 31.909% | 5.163 | 0.041 |
| 生态宜居 | 0.801 | 16.020% | | |
| 乡风文明 | 0.665 | 13.298% | | |
| 治理有效 | 0.572 | 11.438% | | |
| 生活富裕 | 1.367 | 27.334% | | |

表7-10 准则层的一致性检验结果汇总

| 最大特征根 | CI 值 | RI 值 | CR 值 | 一致性检验结果 |
|---|---|---|---|---|
| 5.163 | 0.041 | 1.120 | 0.036 | 通过 |

表7-11 汉阴县乡村振兴发展水平评价指标权重（AHP）

| 指标 | 权重（%） |
|---|---|
| 一、产业兴旺 B1 | 31.91 |
| 粮食总产量 C1 | 4.71 |
| 农业劳动生产率 C2 | 3.97 |
| 农业总产值 C3 | 6.82 |
| 农业耕地面积 C4 | 1.51 |

续表

| 指标 | 权重(%) |
|---|---|
| 农产品电子商务交易额 C5 | 3.35 |
| 休闲农业与乡村旅游接待人次 C6 | 3.20 |
| 县级及以上现代农业园区数量 C7 | 4.08 |
| 龙头企业数量 C8 | 3.12 |
| 农业合作社数量 C9 | 3.15 |
| 二、生态宜居 B2 | 16.02 |
| 村庄绿化覆盖率 C10 | 3.21 |
| 对生活垃圾进行处理的村占比 C11 | 2.16 |
| 农村无害化卫生厕所普及率 C12 | 1.88 |
| 秸秆综合利用率 C13 | 1.85 |
| 畜禽粪污综合利用率 C14 | 3.01 |
| 残膜的回收率 C15 | 0.97 |
| 城市环境空气质量优良天数 C16 | 2.94 |
| 三、乡风文明 B3 | 13.30 |
| 村综合文化服务中心覆盖率 C17 | 1.88 |
| 文明村和乡村占比 C18 | 3.14 |
| 农村义务教育学校专任教师本科以上学历占比 C19 | 4.12 |
| 义务教育学校数量 C20 | 1.95 |
| 村史馆普及率 C21 | 2.21 |
| 四、治理有效 B4 | 11.44 |
| 集体经济强村比重 C22 | 1.99 |
| 村党组织书记兼任村委会主任占比 C23 | 2.91 |
| 村级综治中心建设达标率 C24 | 1.34 |
| 村庄规划管理覆盖率 C25 | 1.63 |
| 建有综合服务站的村占比 C26 | 1.07 |
| 有村规民约的村占比 C27 | 2.49 |
| 五、生活富裕 B5 | 27.33 |
| 农村居民人均可支配收入 C28 | 5.61 |
| 城乡居民收入比 C29 | 6.18 |
| 农村居民恩格尔系数 C30 | 6.94 |
| 农村居民养老保险参保率 C31 | 3.49 |
| 农村居民基本医疗保险参保率 C32 | 2.85 |
| 农村集中供水率 C33 | 2.26 |

## (二)熵权法客观赋值

本项目根据上述步骤,将汉阴县2019年、2020年和2021年的原始数据进行非负平移、无量纲化处理、熵值和差异性系数计算等步骤,得出汉阴县各指标的客观权重,如表7-12所示。

表7-12 熵值法计算权重结果

| 项 | 信息熵值 $e$ | 信息效用值 $d$ | 权重系数 $w$ |
| --- | --- | --- | --- |
| MMS_C1 | 0.3621 | 0.6379 | 2.76% |
| MMS_C2 | 0.0795 | 0.9205 | 3.99% |
| MMS_C3 | 0.1555 | 0.8445 | 3.66% |
| MMS_C4 | 0.9911 | 0.0089 | 0.04% |
| MMS_C5 | 0.0795 | 0.9205 | 3.99% |
| MMS_C6 | 0.5479 | 0.4521 | 1.96% |
| MMS_C7 | 1.0000 | 0.0000 | 0.00% |
| MMS_C8 | 0.0795 | 0.9205 | 3.99% |
| MMS_C9 | 0.1128 | 0.8872 | 3.84% |
| MMS_C10 | 0.1393 | 0.8607 | 3.73% |
| MMS_C11 | 1.0000 | 0.0000 | 0.00% |
| MMS_C12 | 0.1727 | 0.8273 | 3.58% |
| MMS_C13 | 0.0969 | 0.9031 | 3.91% |
| MMS_C14 | 0.1258 | 0.8742 | 3.79% |
| MMS_C15 | 0.1016 | 0.8984 | 3.89% |
| MMS_C16 | 0.1312 | 0.8688 | 3.76% |
| MMS_C17 | 0.1645 | 0.8355 | 3.62% |
| MMS_C18 | 0.0960 | 0.9040 | 3.92% |
| MMS_C19 | 0.1172 | 0.8828 | 3.83% |
| MMS_C20 | 0.0795 | 0.9205 | 3.99% |
| MMS_C21 | 0.0795 | 0.9205 | 3.99% |
| MMS_C22 | 0.2813 | 0.7187 | 3.11% |
| MMS_C23 | 1.0000 | 0.0000 | 0.00% |
| MMS_C24 | 1.0000 | 0.0000 | 0.00% |
| MMS_C25 | 1.0000 | 0.0000 | 0.00% |
| MMS_C26 | 0.0795 | 0.9205 | 3.99% |
| MMS_C27 | 0.0795 | 0.9205 | 3.99% |
| MMS_C28 | 0.1283 | 0.8717 | 3.78% |

续表

| 项 | 信息熵值 e | 信息效用值 d | 权重系数 w |
|---|---|---|---|
| MMS_C29 | 0.1727 | 0.8273 | 3.58% |
| MMS_C30 | 0.0795 | 0.9205 | 3.99% |
| MMS_C31 | 0.1371 | 0.8629 | 3.74% |
| MMS_C32 | 0.1703 | 0.8297 | 3.59% |
| MMS_C33 | 0.0804 | 0.9196 | 3.98% |

### (三)层次分析法与熵值法相结合

为了消除主观因素导致的权重不准确的情况,和客观因素的单一性,运用主客观相结合的方法,即将层次分析法与熵权法组合,确定各指标的综合权重(表7-13),目前在两者组合确定的综合权重测算中,通常采用求平均值的方法,综合权重值为主观和客观双方权重的平均值。通过平均值进行修正,弥补了指标权重不同导致的评价结果可靠性和合理性不一致的问题,既符合专家经验预期,又从数据层面考量了汉阴县乡村发展情况,使得综合权重结果分配合理,可以反映所构建的汉阴县乡村振兴指标体系的评价特征,故本项目研究运用此方法。

## 第三节
## 对汉阴县乡村振兴的评价

### 一、汉阴县乡村振兴实现程度纵向综合评价

自实施乡村振兴以来,汉阴县积极投身乡村振兴工作,经过3年多的发展和努力,汉阴县乡村振兴发展形势及实现程度如何,亟须得到测评。根据上文构建的汉阴县乡村振兴综合评价指标体系,将实地调研获得汉阴县2019年、2020年和2021年各项指标的数据进行标准化处理后,代入评价模型,得出各项指标的综合得分(表7-14),进行乡村振兴实现程度评价。

#### (一)总体发展评价分析

根据上表7-14可知,乡村振兴五大方面及各个指标权重、实现程度及综合得分,经过计算可以得到2019—2021年汉阴县乡村振兴实现程度及发展水平对比图(图7-2),进一步分析及得出结论。

表 7-13 汉阴县乡村振兴发展水平评价指标权重

| 目标层 | 准则层 | 主观权重 | 客观权重 | 综合权重 | 指标层 | 主观权重 | 客观权重 | 综合权重 |
|---|---|---|---|---|---|---|---|---|
| 乡村振兴发展水平 | 产业兴旺 B1 | 31.91 | 24.23 | 28.07 | 粮食总产量 C1 | 4.71 | 2.76 | 3.74 |
| | | | | | 农业劳动生产率 C2 | 3.97 | 3.99 | 3.98 |
| | | | | | 农业总产值 C3 | 6.82 | 3.66 | 5.24 |
| | | | | | 农业耕地面积 C4 | 1.51 | 0.04 | 0.78 |
| | | | | | 农产品电子商务交易额 C5 | 3.35 | 3.99 | 3.67 |
| | | | | | 休闲农业与乡村旅游接待人次 C6 | 3.20 | 1.96 | 2.58 |
| | | | | | 县级及以上现代农业园区数量 C7 | 4.08 | 0.00 | 2.04 |
| | | | | | 龙头企业数量 C8 | 3.12 | 3.99 | 3.56 |
| | | | | | 农业合作社数量 C9 | 3.15 | 3.84 | 3.50 |
| | 生态宜居 B2 | 16.02 | 22.66 | 19.34 | 村庄绿化覆盖率 C10 | 3.21 | 3.73 | 3.47 |
| | | | | | 对生活垃圾进行处理的村占比 C11 | 2.16 | 0.00 | 1.08 |
| | | | | | 农村无害化卫生厕所普及率 C12 | 1.88 | 3.58 | 2.73 |
| | | | | | 秸秆综合利用率 C13 | 1.85 | 3.91 | 2.88 |
| | | | | | 畜禽粪污综合利用率 C14 | 3.01 | 3.79 | 3.40 |
| | | | | | 残膜的回收率 C15 | 0.97 | 3.89 | 2.43 |
| | | | | | 城市环境空气质量优良天数 C16 | 2.94 | 3.76 | 3.35 |
| | 乡风文明 B3 | 13.30 | 19.35 | 16.32 | 村综合文化服务中心覆盖率 C17 | 1.88 | 3.62 | 2.75 |
| | | | | | 县级文明村和乡村学校占比 C18 | 3.14 | 3.92 | 3.53 |
| | | | | | 农村义务教育学校专任教师本科以上学历占比 C19 | 4.12 | 3.83 | 3.98 |
| | | | | | 义务教育学校数量 C20 | 1.95 | 3.99 | 2.97 |
| | | | | | 村史馆普及率 C21 | 2.21 | 3.99 | 3.10 |

续表

| 目标层 | 准则层 | 主观权重 | 客观权重 | 综合权重 | 指标层 | 主观权重 | 客观权重 | 综合权重 |
|---|---|---|---|---|---|---|---|---|
| 乡村振兴发展水平 | 治理有效 B4 | 11.44 | 11.09 | 11.27 | 集体经济强村比重 C22 | 1.99 | 3.11 | 2.55 |
| | | | | | 村党组织书记兼任村委会主任占比 C23 | 2.91 | 0.00 | 1.46 |
| | | | | | 村级综治中心建设达标率 C24 | 1.34 | 0.00 | 0.67 |
| | | | | | 村庄规划管理覆盖率 C25 | 1.63 | 0.00 | 0.82 |
| | | | | | 建有综合服务站的村占比 C26 | 1.07 | 3.99 | 2.53 |
| | | | | | 有村规民约的村占比 C27 | 2.49 | 3.99 | 3.24 |
| | 生活富裕 B5 | 27.33 | 22.66 | 25.00 | 农民人均可支配收入 C28 | 5.61 | 3.78 | 4.70 |
| | | | | | 城乡居民收入比 C29 | 6.18 | 3.58 | 4.88 |
| | | | | | 农村居民恩格尔系数 C30 | 6.94 | 3.99 | 5.47 |
| | | | | | 农村居民养老保险参保率 C31 | 3.49 | 3.74 | 3.62 |
| | | | | | 农村居民基本医疗保险参保率 C32 | 2.85 | 3.59 | 3.22 |
| | | | | | 农村集中供水率 C33 | 2.26 | 3.98 | 3.12 |

表7-14 汉阴县乡村振兴实现程度

| 指标 | 单位 | 权重 | 2019年 实现程度 | 2019年 综合得分 | 2020年 实现程度 | 2020年 综合得分 | 2021年 实现程度 | 2021年 综合得分 |
|---|---|---|---|---|---|---|---|---|
| 一、产业兴旺B1 | | 28.07 | 67.81% | 19.03 | 75.60% | 21.22 | 74.52% | 20.92 |
| 粮食总产量C1 | 万吨 | 3.74 | 80.00% | 2.99 | 81.67% | 3.05 | 93.33% | 3.49 |
| 农业劳动生产率C2 | 万元/人 | 3.98 | 70.91% | 2.82 | 78.18% | 3.11 | 72.73% | 2.89 |
| 农业总产值C3 | 亿元 | 5.24 | 70.17% | 3.68 | 76.17% | 3.99 | 84.33% | 4.42 |
| 农业耕地面积C4 | 万亩 | 0.78 | — | — | — | — | — | — |
| 农产品电子商务交易额C5 | 亿元 | 3.67 | 73.50% | 2.70 | 75.00% | 2.75 | 86.50% | 3.17 |
| 休闲农业与乡村旅游接待人次C6 | 万人次 | 2.58 | 47.76% | 1.23 | 74.33% | 1.92 | 43.26% | 1.12 |
| 县级及以上现代农业园区数量C7 | 个 | 2.04 | 60.00% | 1.22 | 60.00% | 1.22 | 60.00% | 1.22 |
| 县级及以上龙头企业数量C8 | 家 | 3.56 | 40.00% | 1.42 | 50.00% | 1.78 | 43.33% | 1.54 |
| 农业合作社数量C9 | 个 | 3.50 | 100.14% | 3.51 | 109.43% | 3.83 | 112.71% | 3.95 |
| 二、生态宜居B2 | | 19.34 | 65.26% | 12.62 | 87.61% | 16.94 | 94.79% | 18.33 |
| 村庄绿化覆盖率C10 | % | 3.47 | 67.78% | 2.35 | 71.85% | 2.49 | 76.10% | 2.64 |
| 对生活垃圾进行处理的村占比C11 | % | 1.08 | 100.00% | 1.08 | 100.00% | 1.08 | 100.00% | 1.08 |
| 农村无害化卫生厕所普及率C12 | % | 2.73 | 80.14% | 2.19 | 85.66% | 2.34 | 95.11% | 2.60 |
| 秸秆综合利用率C13 | % | 2.88 | 90.10% | 2.59 | 94.00% | 2.71 | 95.10% | 2.74 |
| 畜禽粪污综合利用率C14 | % | 3.40 | 74.07% | 2.52 | 83.70% | 2.85 | 91.30% | 3.10 |
| 残膜的回收率C15 | % | 2.43 | 96.95% | 2.36 | 96.64% | 2.35 | 97.06% | 2.36 |
| 城市环境空气质量优良天数C16 | 天 | 3.35 | 95.97% | 3.21 | 81.45% | 2.73 | 108.87% | 3.65 |
| 三、乡风文明B3 | | 16.32 | 87.45% | 14.27 | 83.46% | 13.62 | 87.90% | 14.35 |
| 村综合文化服务中心覆盖率C17 | % | 2.75 | 72.00% | 1.98 | 83.00% | 2.28 | 95.00% | 2.61 |

续表

| 指标 | 单位 | 权重 | 2019年 实现程度 | 2019年 综合得分 | 2020年 实现程度 | 2020年 综合得分 | 2021年 实现程度 | 2021年 综合得分 |
|---|---|---|---|---|---|---|---|---|
| 县级文明村和乡村占比 C18 | % | 3.53 | 46.33% | 1.64 | 76.33% | 2.69 | 84.33% | 2.98 |
| 农村义务教育学校专任教师本科以上学历占比 C19 | % | 3.98 | 88.07% | 3.51 | 97.04% | 3.86 | 102.72% | 4.09 |
| 义务教育学校数量 C20 | 个 | 2.97 | 98.00% | 2.91 | 94.00% | 2.79 | 94.00% | 2.79 |
| 村史馆普及率 C21 | % | 3.10 | 62.69% | 1.94 | 66.92% | 2.07 | 63.46% | 1.97 |
| 四、治理有效 B4 | | 11.27 | 88.99% | 10.03 | 91.06% | 10.26 | 93.42% | 10.53 |
| 集体经济强村比重 C22 | % | 2.55 | 54.55% | 1.39 | 55.65% | 1.42 | 60.50% | 1.54 |
| 村党组织书记兼任村委会主任占比 C23 | % | 1.46 | 100.00% | 1.46 | 100.00% | 1.46 | 100.00% | 1.46 |
| 村级综治中心建设达标率 C24 | % | 0.67 | 100.00% | 0.67 | 100.00% | 0.67 | 100.00% | 0.67 |
| 村庄规划管理覆盖率 C25 | % | 0.82 | 100.00% | 0.82 | 100.00% | 0.82 | 100.00% | 0.82 |
| 建有综合服务站的村占比 C26 | % | 2.53 | 81.40% | 2.06 | 90.70% | 2.29 | 100.00% | 2.53 |
| 有村规民约的村占比 C27 | % | 3.24 | 98.00% | 3.18 | 100.00% | 3.24 | 100.00% | 3.24 |
| 五、生活富裕 B5 | | 25.00 | 91.72% | 22.93 | 92.81% | 22.20 | 92.64% | 23.16 |
| 农民人均可支配收入 C28 | 元 | 4.70 | 72.96% | 3.43 | 79.85% | 3.75 | 85.58% | 4.02 |
| 城乡居民收入比 C29 | - | 4.88 | 101.50% | 4.95 | 100.37% | 4.90 | 98.50% | 4.81 |
| 农村居民恩格尔系数 C30 | % | 5.47 | 87.59% | 4.79 | 80.00% | 4.38 | 73.45% | 4.02 |
| 农村居民养老保险参保率 C31 | % | 3.62 | 100.00% | 3.62 | 101.05% | 3.66 | 102.11% | 3.70 |
| 农村居民基本医疗保险参保率 C32 | % | 3.22 | 96.00% | 3.09 | 96.30% | 3.10 | 96.80% | 3.12 |
| 农村集中供水率 C33 | % | 3.12 | 92.30% | 2.88 | 99.30% | 3.10 | 99.40% | 3.10 |
| 综合指数 | | 100 | 80.25% | 80.25 | 86.11% | 86.11 | 88.66% | 88.66 |

注：农业耕地面积没有目标值数据

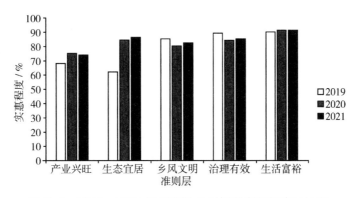

图 7-2　2019—2021 年汉阴县乡村振兴实现程度对比图

**1. 全县乡村振兴总体步伐加快,趋势稳步提升**

自乡村振兴提出后,汉阴县人民政府投入大量人力、物力及财力,全面推进,成效显著。在 2019 年起步时期实现程度就已经达到目标值的 80.25%,之后汉阴县创新发展思路,坚持抓点示范,抓重点、破难点,乡村振兴工作有序开展,2020 年砥砺奋进,乡村振兴工作扎实推进,尽管增速有所下降,但是发展水平稳中求进,总体趋势稳步提高。

**2. 五大方面均上升但增速有所差异**

2021 年产业兴旺的实现程度为 74.52%,综合得分为 20.92,相比 2019 年上升 7.71%,提高了 1.89 分;2020 年生态宜居的实现程度为 94.79%,综合得分为 18.33,相比 2019 年上升 29.53%,上升最快,提高了 5.71 分,提高分数也最大;2021 年乡风文明的实现程度为 87.90%,综合得分为 14.35,相比 2019 年上升 0.45%,提高了 0.8 分;2021 年治理有效的实现程度为 93.42%,综合得分为 10.53,相比 2020 年上升 4.54%,提高了 0.5 分;2021 年生活富裕的实现程度为 92.64%,综合得分为 23.16,相比 2019 年上升 0.92%,提高了 0.23 分。

由此可知,五大方面发展增长变化有差别,其中"产业兴旺""乡风文明"与"生活富裕"的实现程度与综合得分趋势均是 2018—2019 年上升,到 2020 年小幅度回落,增速下降;而生态宜居与治理有效的实现程度与综合得分在增速上均呈上升趋势,这说明汉阴县大力推进乡村人居环境整治影响重大,成立汉阴县人居环境整治工作领导小组发挥了重要作用,不断完善农村生活垃圾处理体系建设,积极推进农村"厕所革命"与污水治理,加快农业绿色发展,建立秸秆综合利用示范点、畜禽粪污资源化利用示范点、农药化肥减量增效示范点和废旧农膜回收示范点,以点带面,引领发展。

**3. 各二级指标的实现程度同样存在差异性**

二级指标的变化与一级指标同频共振,指标存在两极化现象(表7-15)。

表 7-15　2021 年各指标实现程度

| 实现程度 | 指标名称 |
| --- | --- |
| >90% | 粮食总产量、农业合作社数量、对生活垃圾进行处理的村占比、农村无害化卫生厕所普及率、秸秆综合利用率、畜禽粪污综合利用率、残膜的回收率、城市环境空气质量优良天数、村综合文化服务中心覆盖率、农村义务教育学校专任教师本科以上学历占比、义务教育学校数量、村党组织书记兼任村委会主任占比、村级综治中心建设达标率、村庄规划管理覆盖率、建有综合服务站的村占比、有村规民约的村占比、城乡居民收入比、农村居民养老保险参保率、农村居民基本医疗保险参保率、农村集中供水率 |
| 80%~90% | 农业总产值、农产品电子商务交易额、县级文明村和乡村占比、农民人均可支配收入 |
| 70%~80% | 农业劳动生产率、村庄绿化覆盖率、农村居民恩格尔系数 |
| 60%~70% | 县级及以上现代农业园区数量、村史馆普及率、集体经济强村比重 |
| <60% | 休闲农业与乡村旅游接待人次、县级及以上龙头企业数量 |

根据各项二级指标的实现程度,实现程度在 90% 以上的涵盖乡村振兴的五大方面,其中生态宜居方面占大多数,治理有效次之。大部分指标的实现程度都在 80% 以上,说明汉阴县全县乡村振兴发展成效显著,效果明显,基本达到了 2022 年国家乡村振兴发展规划目标值。仅有 2 个指标在 60% 以下,集中在产业兴旺方面。

由此不难看出,汉阴县上下凝心聚力,主动担当,积极作为,虽然乡村振兴发展增速下降,但整体经济运行呈现"稳中向好"的态势,乡村全面振兴的基础和优势依然坚实。

### (二)五大要求发展评价分析

从五大方面的实现程度和综合得分来看,汉阴县自实施乡村振兴以来,发展水平不断增强,全面提升。为进一步探究汉阴县乡村振兴发展水平,现将 2019—2021 年汉阴县五大振兴路径的实施成效分析如下:

**1. 产业兴旺方面**

产业兴旺实现程度增长幅度较大,通过打造乡村文化旅游路线,有力推进产业融合发展。下一步汉阴县积极促进发展产业,注重三产及文旅融合,培育壮大优势特色产业,进行产业升级转型,积极宣传发展特色。

**2. 生态宜居方面**

生态宜居实现程度在五大方面增长幅度最大。通过增加垃圾处理和村庄绿化,大大改善了村庄生态环境。目前,汉阴县已基本实现生态宜居,应继续加大促进绿色发展,利用抖音、快手等平台进行宣传推广,线上线下同时进行,形成产业链,促进农村宜居宜业。

### 3. 乡风文明方面

汉阴县乡风文明提升有待加强,但也在稳步提升,质量在不断提高。汉阴县高度重视村民文化队伍建设,加强对农村积累的家风、村风、文化传统和文史资料的研究和收集。继续紧跟社会时代新风,全面彰显汉阴县农村人民新风貌。应积极引进人才,加大宣传本地乡土文化。同时与部分高校建立合作关系,定期输送专业人才,为乡村全面振兴提供强力人才保障。

### 4. 治理有效方面

组织赋能实现程度持续上升,说明汉阴县夯实了农村党组织基础,充分认识到农村党组织书记作为村委会主任的作用,充分实现了全县行政村"一肩挑"的作用。在做好农村规划的基础上,继续发挥党的领导作用,通过延伸产业链、推进三产融合、增加群众就业机会等方式,带动集体经济的优质发展和集体经济强村建设。

### 5. 生活富裕方面

生活富裕实现程度增幅有待提升。农村居民养老保险覆盖率指标超过预期水平,恩格尔系数下降,说明汉阴县积极推进民生保障,保障老人基本权益。农村发展,使农民的收入多元化,提高经济收入以满足人们生活的需求。

## 二、汉阴县各镇乡村振兴发展水平横向综合评价

以汉阴县各镇为着力点,对各镇进行横向评价,选取常用的熵权Topsis法,该方法可以满足在样本容量较少的情况下,能直接较好地展示评价对象的差异性和区分度,还能够体现评价对象乡村振兴实际发展水平与理想水平之间的差距。

根据上文的指标体系,在调研各镇过程中发现,指标的勘测点并非分布在各镇,或者数据采用抽样统计得来,所以一些指标没有各镇的数据,因此在进行各镇的评价时,去除了没有数据的7个指标(C3、C13、C15、C21、C22、C29、C30),筛选出能获得真实数据的指标来分析。经过数据均值化处理、代入熵权Topsis模型,获得10个镇的乡村振兴发展水平评价结果,并按照贴近度大小对10个镇进行总体及五大方面排序,根据排序结果分析汉阴县10个镇乡村振兴发展水平及差异。

### (一)总体分析与区域比较分析

根据得到的加权规范化评价矩阵R,根据熵权Topsis方法的相关步骤,先由公式(7.14)和(7.15)进行正、负理想解的确定,再通过公式(7.16)和(7.17)得出汉阴县10

个镇乡村振兴总体及五大方面发展水平与正、负理想解的距离及相对贴近度 C(表 7-16,表 7-21)。

表 7-16 乡村振兴总体发展水平靠近正、负理想解的距离

| 镇名称 | 正理想解距离 $D^+$ | 负理想解距离 $D^-$ | 相对接近度 $C$ |
| --- | --- | --- | --- |
| 平梁镇 | 1.501 | 0.728 | 0.327 |
| 涧池镇 | 1.865 | 0.945 | 0.336 |
| 铁佛寺镇 | 2.095 | 0.127 | 0.057 |
| 双河口镇 | 2.107 | 0.102 | 0.046 |
| 蒲溪镇 | 1.982 | 0.501 | 0.202 |
| 汉阳镇 | 2.062 | 0.190 | 0.084 |
| 城关镇 | 0.861 | 1.866 | 0.684 |
| 漩涡镇 | 2.078 | 0.198 | 0.087 |
| 双乳镇 | 2.129 | 0.091 | 0.041 |
| 观音河镇 | 2.056 | 0.079 | 0.037 |

表 7-17 产业兴旺发展水平靠近正、负理想解的距离

| 镇名称 | 正理想解距离 $D^+$ | 负理想解距离 $D^-$ | 相对接近度 $C$ |
| --- | --- | --- | --- |
| 平梁镇 | 1.714 | 0.784 | 0.314 |
| 涧池镇 | 2.121 | 1.077 | 0.337 |
| 铁佛寺镇 | 2.377 | 0.128 | 0.051 |
| 双河口镇 | 2.392 | 0.115 | 0.046 |
| 蒲溪镇 | 2.253 | 0.569 | 0.202 |
| 汉阳镇 | 2.343 | 0.212 | 0.083 |
| 城关镇 | 0.943 | 2.132 | 0.693 |
| 漩涡镇 | 2.358 | 0.225 | 0.087 |
| 双乳镇 | 2.562 | 0.104 | 0.039 |
| 观音河镇 | 2.75 | 0.099 | 0.035 |

表 7-18 生态宜居发展水平靠近正、负理想解的距离

| 镇名称 | 正理想解距离 $D^+$ | 负理想解距离 $D^-$ | 相对接近度 $C$ |
| --- | --- | --- | --- |
| 平梁镇 | 0.254 | 0.150 | 0.372 |
| 涧池镇 | 0.249 | 0.136 | 0.354 |
| 铁佛寺镇 | 0.257 | 0.135 | 0.344 |
| 双河口镇 | 0.117 | 0.262 | 0.691 |

续表

| 镇名称 | 正理想解距离 $D^+$ | 负理想解距离 $D^-$ | 相对接近度 $C$ |
| --- | --- | --- | --- |
| 蒲溪镇 | 0.093 | 0.230 | 0.712 |
| 汉阳镇 | 0.250 | 0.196 | 0.440 |
| 城关镇 | 0.253 | 0.157 | 0.384 |
| 漩涡镇 | 0.210 | 0.174 | 0.453 |
| 双乳镇 | 0.245 | 0.125 | 0.338 |
| 观音河镇 | 0.240 | 0.121 | 0.335 |

表 7-19　乡风文明发展水平靠近正、负理想解的距离

| 镇名称 | 正理想解距离 $D^+$ | 负理想解距离 $D^-$ | 相对接近度 $C$ |
| --- | --- | --- | --- |
| 平梁镇 | 0.404 | 2.136 | 0.841 |
| 涧池镇 | 1.563 | 0.644 | 0.292 |
| 铁佛寺镇 | 2.133 | 0.517 | 0.195 |
| 双河口镇 | 2.072 | 0.123 | 0.056 |
| 蒲溪镇 | 1.738 | 0.474 | 0.214 |
| 汉阳镇 | 1.846 | 0.356 | 0.162 |
| 城关镇 | 2.168 | 0.133 | 0.058 |
| 漩涡镇 | 2.160 | 0.180 | 0.077 |
| 双乳镇 | 2.174 | 0.112 | 0.049 |
| 观音河镇 | 2.204 | 0.119 | 0.054 |

表 7-20　治理有效发展水平靠近正、负理想解的距离

| 镇名称 | 正理想解距离 $D^+$ | 负理想解距离 $D^-$ | 相对接近度 $C$ |
| --- | --- | --- | --- |
| 平梁镇 | 0.265 | 0.735 | 0.735 |
| 涧池镇 | 0.000 | 1.000 | 1.000 |
| 铁佛寺镇 | 0.412 | 0.588 | 0.588 |
| 双河口镇 | 0.706 | 0.294 | 0.294 |
| 蒲溪镇 | 0.529 | 0.471 | 0.471 |
| 汉阳镇 | 1.000 | 0.000 | 0.000 |
| 城关镇 | 0.176 | 0.824 | 0.824 |
| 漩涡镇 | 0.294 | 0.706 | 0.706 |
| 双乳镇 | 0.782 | 0.285 | 0.267 |
| 观音河镇 | 0.798 | 0.279 | 0.259 |

表 7-21　生活富裕发展水平靠近正、负理想解的距离

| 镇名称 | 正理想解距离 $D^+$ | 负理想解距离 $D^-$ | 相对接近度 $C$ |
|---|---|---|---|
| 平梁镇 | 0.641 | 0.218 | 0.254 |
| 涧池镇 | 0.420 | 0.439 | 0.512 |
| 铁佛寺镇 | 0.521 | 0.338 | 0.394 |
| 双河口镇 | 0.473 | 0.386 | 0.450 |
| 蒲溪镇 | 0.859 | 0.000 | 0.000 |
| 汉阳镇 | 0.554 | 0.305 | 0.355 |
| 城关镇 | 0.000 | 0.859 | 1.000 |
| 漩涡镇 | 0.612 | 0.247 | 0.288 |
| 双乳镇 | 0.653 | 0.213 | 0.246 |
| 观音河镇 | 0.645 | 0.198 | 0.235 |

最后依据表 7-16—7-21 中汉阴县 10 个镇乡村振兴总体及五大方面发展水平与正、负理想解的距离，通过公式(7.18)可得 10 个镇乡村振兴发展水平贴近度及排序，结果见表 7-22。

表 7-22　汉阴县 10 个镇乡村振兴发展水平的贴近度及排序

| 镇名称 | $C_i$（总贴近度） | 排序 | 产业兴旺（贴近度） | 排序 | 生态宜居（贴近度） | 排序 | 乡风文明（贴近度） | 排序 | 治理有效（贴近度） | 排序 | 生活富裕（贴近度） | 排序 |
|---|---|---|---|---|---|---|---|---|---|---|---|---|
| 城关镇 | 0.684 | 1 | 0.693 | 1 | 0.384 | 5 | 0.058 | 7 | 0.824 | 2 | 1 | 1 |
| 涧池镇 | 0.336 | 2 | 0.337 | 2 | 0.354 | 7 | 0.292 | 2 | 1 | 1 | 0.512 | 2 |
| 平梁镇 | 0.327 | 3 | 0.314 | 3 | 0.372 | 6 | 0.841 | 1 | 0.735 | 3 | 0.254 | 7 |
| 蒲溪镇 | 0.202 | 4 | 0.202 | 4 | 0.712 | 1 | 0.214 | 3 | 0.471 | 6 | 0.250 | 8 |
| 漩涡镇 | 0.087 | 5 | 0.087 | 5 | 0.453 | 3 | 0.077 | 6 | 0.706 | 4 | 0.288 | 6 |
| 汉阳镇 | 0.084 | 6 | 0.083 | 6 | 0.44 | 4 | 0.162 | 5 | 0.285 | 8 | 0.355 | 5 |
| 铁佛寺镇 | 0.057 | 7 | 0.051 | 7 | 0.344 | 8 | 0.195 | 4 | 0.588 | 5 | 0.394 | 4 |
| 双河口镇 | 0.046 | 8 | 0.046 | 8 | 0.691 | 2 | 0.056 | 8 | 0.294 | 7 | 0.45 | 3 |
| 双乳镇 | 0.041 | 9 | 0.039 | 9 | 0.338 | 9 | 0.049 | 10 | 0.267 | 9 | 0.246 | 9 |
| 观音河镇 | 0.037 | 10 | 0.035 | 10 | 0.335 | 10 | 0.054 | 9 | 0.259 | 10 | 0.235 | 10 |
| 均值 | 0.191 | - | - | - | - | - | - | - | - | - | - | - |

通过对表 7-22 中数据进行分析，可知汉阴县 10 个镇乡村振兴发展水平具有四个鲜明特征：

第一，乡村振兴发展水平总体不均衡。最高贴近度为 0.684，距 1 还有较远距离，贴近度低于 0.1 的有 6 个镇，约占一半比例。同时 10 个镇总贴合度的平均值为

0.191,超过平均值的镇仅有4个,这表明各镇乡村振兴发展水平存在不平衡。

第二,乡村振兴发展水平差距明显。10个镇的总贴近度起伏较大,并非是平缓递进(减)而是呈现两极化趋势,贴近度最高的是城关镇,贴近度最低的是观音河镇。

第三,乡村振兴贴近度排名与汉阴县农业产业发展水平有关。农业产业发展较好的镇贴近度高,比如贴近度排名第一的城关镇,城关镇创建多个富硒龙头企业及农业示范园区,农业合作社数量多,经营主体多元化,产业组织完善。相反传统产业铁佛寺镇的贴近度并不高。

第四,排名前四的城关镇、涧池镇、平梁镇和蒲溪镇均处于汉阴县的中部,而剩下排名较后的镇均在南部或北部。这是由于汉阴县北依秦岭,南靠巴山,凤凰山横贯中部,地势东低西高。南北部多为山区,矿产丰富。

综上分析,汉阴县乡村振兴贴近度得分及排名,城关镇、涧池镇、平梁镇与漩涡镇远高于观音河镇与双乳镇,存在两极分化和发展不均衡现象。这也从侧面说明,只有系统全面发展,才有利于实现乡村全面振兴,避免一刀切思路发展乡村,同时要注重工业反哺农业,解决乡村发展不平衡不充分的问题,加快推进乡村全面振兴。

## (二)五大要求实施成效分析

为了进一步测算汉阴县10个镇在乡村振兴五大方面的发展成效及水平,研究其在乡村振兴发展过程中表现的优劣势,本项目根据表7-22排序结果,通过雷达分析法,将五大局部特点表现出来(如图7-3)。

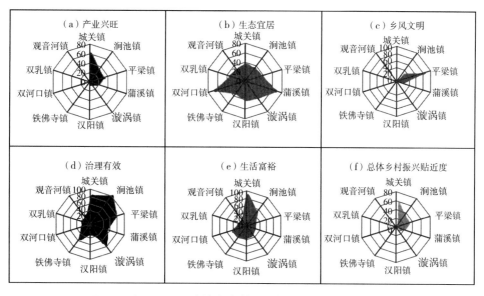

图7-3 汉阴县10个镇在乡村五大振兴发展的成效及水平

图 7-3(a)显示,产业兴旺方面,各镇得分排序与总体乡村振兴贴近度(f)一样,这说明产业兴旺权重对乡村振兴总体发展水平具有重要影响。产业兴旺得分靠前的是城关镇、涧池镇、平梁镇和蒲溪镇,即包括以富硒食品、蚕桑、茶叶加工为优势产业,农业生产基地建设和龙头企业、农业合作社集聚的地方。而发展成效相对较后的铁佛寺镇、双河口镇均是汉阴县传统农业镇。这说明城关镇商贸、服务业和工业发展较好,乡村产业兴旺发展水平较高。

图 7-3(b)显示,生态宜居得分靠前的是蒲溪镇、双河口镇与漩涡镇,漩涡镇与双河口镇都具有丰富的旅游资源,漩涡镇的凤堰古梯田,拥有美丽的自然风光,打造生态宜居乡村具有良好基础。聚焦重点乡村旅游示范镇定位,依托秀美的自然景观,大力发展乡村旅游,建设休闲康养花园,发展庭院经济。

图 7-3(c)显示,乡风文明得分靠前的是平梁镇与涧池镇,平梁镇与县文旅局和文明办等部门密切协作,强化推进乡村综合文明管理与服务,成功创建市级文明镇。涧池镇高度重视家风家训,荣获"国家文明镇"称号、被评为陕西省公共文化服务高质量发展示范乡镇。

图 7-3(d)显示,治理有效得分靠前的是涧池镇与城关镇,其中涧池镇的贴近值为1,已达到理想状态,而发展成效相对较落后的双乳镇、观音河镇的贴近度最低。涧池镇实施"321"基层治理,建立"三色"管理机制,有效推动网格员主动发挥工作职责,解决好基层治理的"最后一公里"问题。城关镇探索创新"321"基层治理模式持续受到中央、省、市的关注。先后承办省级、市级"321"基层治理模式现场会,向各级领导汇报、讲述先进经验和成果;平安建设、"321"基层治理模式工作已取得阶段性成效。

图 7-3(e)显示,生活富裕得分靠前的是城关镇和涧池镇,城关镇立足全县富硒食品和新型建材主战场,经济发展水平相对较高,当地居民就业岗位多,农民收入增多,生活富裕,但仍要做好工业反哺农业这一重点工作,加强乡村产业发展,全面推进乡村产业兴旺,而发展成效相对较后的是漩涡镇、蒲溪镇。

综上所述,10 个镇五大振兴方面发展水平及成效各不相同,这主要是各镇的资源禀赋与发展定位对其发展水平有重要影响。例如,汉阳镇依托茶叶规模化种植,着力在茶叶品种改良、品质提升、品牌创建和深加工上下功夫,茶叶产业发展好;漩涡镇聚焦重点乡村旅游示范镇定位,生态宜居方面突出。这表明了该评价指标体系的评价结果较为符合汉阴县客观实际,具有一定的科学性与可行性。

### 三、对汉阴县乡村振兴发展水平的整体评价

本章所进行的研究通过实践调研,构建汉阴县乡村振兴评价指标体系,归纳出汉

阴县当前所面临的问题,同时提出了促进汉阴县乡村振兴发展的对策和建议。

第一,科学选取指标,构建汉阴县乡村振兴综合指标体系,包括1个目标(目标层)、5个一级指标(准则层)、33个二级指标。研究表明,县域层面乡村振兴指标体系要区别国家、省级指标构建,要结合汉阴县当地实际发展情况,特色区域发展,因地制宜地选取指标。采用层次分析法与熵权法相结合的方法确定指标权重,一级指标中产业兴旺与生活富裕权重较高,说明二者在乡村振兴发展中占据主要位置,评价时可作为核心指标运用。

第二,通过计算分析汉阴县2019年、2020年和2021年全县乡村振兴目标达成度得出,汉阴县乡村振兴发展趋势特征有三个。一是汉阴县乡村振兴总体发展水平稳中求进,趋势稳步提高。二是五大方面均有所上升,但增速有所差异。产业兴旺增速有待提高,且实现程度还需进一步提升,这表明产业兴旺是目前汉阴县实行乡村振兴的关键因素,下一阶段要高度重视富硒食品产业和新型建材产业的发展,充分发挥产业优势,大力发展蚕桑、茶叶和猕猴桃三大主导产业。三是各二级指标的实现程度同样存在差异性。二级指标的变化与一级指标同频共振,各自比较可以发现存在两极化现象。

第三,通过对汉阴县10个镇进行综合评价并排序,结果显示总体发展水平不断提升,但综合得分存在两极分化和发展不均衡现象,排名和发展水平都与各个镇产业发展水平有关。

## 第四节
## 汉阴县乡村振兴发展的优化建议

对本章前文的研究结果进行分析,为促进汉阴县社会经济的发展,加快乡村振兴战略的实施进程,特提出以下四个方面的发展建议。

### 一、培育壮大特色产业

要继续推进实施汉阴县富硒产业标准化建设,推进富硒农产品基地建设,提高单产、提质增效。统筹规划农产品流通设施布局,引导供销、物流、大型商贸企业参与批发市场,推进市场流通体系与储运加工布局有机衔接。在做好汉阴县供销电子商务运营中心及服务网点建设的同时,建立健全物流配送体系,寻求国家、省、市、县各级政策支持。以城关镇、涧池镇和蒲溪镇为主形成富硒食品和新型建材产业集群。

## 二、加快汉阴产业融合

要积极发挥现代农业园区的聚合效应，推动产业和资源要素向现代产业园区聚集。突出龙头企业带动作用，扶持壮大龙头企业，加快推进培育庭院经济，规范提升农业合作社，发展壮大农村集体经济组织。建立农旅融合或田园综合体等旅游示范试点园区，建立国家、省、市级示范点，推动一二三产业深度融合。加快构建现代特色农业体系，打造农产品加工产业集群，扎实推进富硒粮油、优质果业、设施蔬菜、现代畜牧业等产业培育工程，做强做优"一村一品"。打造区域农特产品公用品牌。建立三联工作机制，推广"国企带镇村"产业示范项目、"镇园产业联盟""三个一产业合作社"等模式，将农户嵌入产业链，形成利益共同体，强化产业奖补机制，分享增股收益。

## 三、深入挖掘文旅资源

汉阴县旅游资源特色鲜明，森林覆盖率高，是名副其实的"天然氧吧"。这里有生态秀美的凤凰山国家森林公园，有中国首座集移民文化、农耕文化、汉水文化为一体的凤堰万亩古梯田移民生态博物馆，有风光多彩的国家级观音河湿地公园，有"接天莲叶无穷碧，映日荷花别样红"的双乳镇千亩荷塘景区。以"春季油菜花旅游季、夏季双乳千亩荷塘旅游季、秋季凤堰稻香旅游季、冬季汉阴养生旅游季"的汉阴四季旅游正成为展现生态汉阴、宜居汉阴、人文汉阴、开放汉阴的亮丽名片。同时，要大力实施文化旅游带动战略，文旅结合，激发乡村文化发展动力。深入挖掘"三沈"文化、汉阴县革命红色文化，深化汉阴县革命精神，在有条件的村庄承担红色文明、史圣之乡、名人文化、民俗文化、耕读文化的研学任务，放大汉阴县乡村景观资源，积极开发优质乡村旅游产品，创新不同旅游业态相结合的旅游产品，打造"观光+文化体验+休闲度假"旅游新模式，丰富乡村旅游产品体系。

## 四、实施协同发展策略

根据评价结果可知，汉阴县各镇发展不均衡。在推进乡村振兴战略过程中，必须要实施有效的协同发展策略，制定发展水平较高的镇"一对一"或"一对多"帮扶发展水平较低镇的体制机制，借鉴脱贫攻坚时期的定点帮扶的良好做法，同时注重从"输血式"帮扶向互利共赢的"造血式"帮扶的模式转变。加强各个镇间要素的自由流动、优势互补和相互协作，开展互利互惠的发展形式，探索乡村五大振兴之间的耦合发展路径，如产业振兴与生态振兴耦合发展，组织振兴与人才振兴协调推进，着力提升汉阴县各镇乡村振兴发展水平的耦合协调度，全面促进乡村振兴。

## 附录一

# 汉阴县域高质量发展调研访谈录

## 中共汉阴县委书记刘飞霞访谈录

时间:2022 年 7 月 14 日

形式:书面采访

**罗新远:** 近年来,随着脱贫攻坚圆满完成及乡村振兴工作持续推进,汉阴县发展取得了很多成就,并于 2020 年获评"全面建成小康社会标杆县",您认为近年来汉阴县的特色发展经验有哪些呢?

**刘飞霞:** 汉阴县自从 2011 年开始,就已经在筹备相应的年度统计监测,同时也积极响应"全面建成小康社会"第一个百年奋斗目标,同样取得了很多成就,也形成了具有汉阴特色的发展经验,主要有七个方面:

第一,推行"321"基层治理模式,提升基层治理水平。汉阴县"321"基层治理模式是先从双乳镇江河村推行的,在"三线"联系群众法的基础之上,结合汉阴县基层治理研究成果,进行试点推广,经过几年的实践与探索逐步形成了以基层党组织为核心,以密切"党员联系群众、人大代表联系选民、中心户长联系居民"为纽带,以管理网格化、服务精细化为路径,以高效村级治理平台为保障的基层治理模式。相关经验在"全国乡村振兴"工作座谈会、全省坚持发展"枫桥经验"加强基层社会治理电视电话会等会议上交流,写入 2018 年省委、省政府一号文件,列入陕西省优秀改革案例,入选全国首批 20 个乡村治理典型案例,并被市委、市政府在全市推广。2021 年,汉阴平安建设满意度居全省第一,被授予全省首批"平安铜鼎"。

第二,实行"433"企业资金周转机制,帮助企业缓解资金困难。为有效破解中小企业缺资金、融资难、还贷续贷难等难题,我们探索建立还贷周转金"433"机制,为中小企业还贷续贷提供垫资周转服务。"4"即建立财政投入撬动、设立银企互助基金、鼓励社会资本投入、申请借用贷款四种筹资渠道,形成基金池"一池活水"。第一个"3"即制定《汉阴县企业还贷周转金使用办法》,明确借用条件、借用标准和办理时限三个核心要求,简化申办流程,解决"燃眉之急"。第二个"3"即通过委托金融机构,将企业借用行为纳入征信管理、加强过程监管、从严惩处违约行为三项举措,严防企业挪用周转金不还贷、银行不续贷、续贷后企业不偿还周转金等违约行为发生,确保还贷周转金安全高效实用、持续滚动发展。近年来,已累计向企业发放周转金151笔合计6.7亿元,帮助企业倒贷超过10亿元,每年为企业节省倒贷成本近1000万元。相关做法得到赵一德省长批示肯定,并在全省推广,我县荣获"营商环境质量十佳县(市、区)——区域竞争力"奖。

第三,加大力度改善教育、医疗等民生领域。汉阴县坚持加大力度改善教育、医疗等民生领域。在教育方面,把均衡发展教育纳入经济社会发展总体规划,倾力改善办学条件,优化教师队伍管理,大力推行集团化办学,充分发挥优质教育品牌的辐射和带动作用,通过多种供给方式和发展途径,整体提升优质均衡发展水平,一步步缩小城乡教育差异,让乡村孩子在家门口都能上好学。在医疗方面,汉阴聚焦解决县域医疗卫生"基础薄弱、机制不活、人才难稳、服务弱化"四大难题,着力"保基本、强基层、建机制",全面深化医药卫生体制改革。强化组织、资金、基础三大保障,压实基层,夯实基础,使县域卫生健康事业获得蓬勃发展,万人拥有床位数、万人拥有医技人员数、万人拥有全科医生数超越国家平均水平。

第四,持续深化农村改革,将改善民生作为财政支持"优先项"。汉阴县持续深化农村改革。坚持稳中求进的工作总基调,坚持创新驱动发展,立足新发展阶段,贯彻新发展理念,构建新发展格局,深化农业供给侧结构性改革,全力保障粮食等重要农产品有效供给,巩固拓展脱贫攻坚成果,全面推进乡村振兴,乡村面貌显著变化,农民收入持续增长,农业农村现代化取得重要进展。我县在促推民生发展、推进民生建设中坚持将改善民生作为财政支出的"优先项"。持续优先加大教育、医疗、公共卫生、社会保障、就业等民生领域的财政支持力度,让老百姓有实实在在的获得感、幸福感。县财政局在2022年上半年组织收入工作联席会中明确表明要进一步调整优化支出结构,严格落实过"紧日子"要求,严格控制和压减一般性支出,集中财力全力保障民生和重点项目支出需求,切实提高财政资金绩效。

第五,推行"四社融合"模式,搞活农村集体经济发展。我县为有效解决农业新型经营主体生产分散、融资难、销售难等问题,不断拓宽村集体经济发展路子,带动群众大力发展产业实现稳定致富,一直在全县各乡镇进行推广实行"四社融合"模式(这里的"四社融合"模式指的是"农民专业合作社+供销合作社+农村信用合作社+村集体经济合作社")为实施乡村振兴战略奠定了坚实的基础。"四社融合"机制主要是从四个方面发挥作用的:首先是生产合作抱团发展,探索建立村党支部领导下的村级供销合作社,通过吸收农民专业合作社加入供销社或对农民专业合作社投资入股等方式,帮助农民专业合作社规范管理、抱团发展来促进合作社生产和销售,吸收农民入社,使农民变社员;社员闲散资金入股分红,使资金变股金,收购销售社员农产品,使产品变商品。供销社为社员提供农机服务、统防统治、农技培训、市场信息、产品销售等农业服务。其次,销售合作降低成本。村级供销社发展社员消费合作,为社员统一采购化肥、农药、种子、日杂等农资商品,以微利价格销售,降低社员生产成本。对缺乏销售渠道、缺乏品牌宣传、缺乏规范包装的小型农业经营主体和农民社员,村级供销社提供统一包装、品牌和对外推介销售服务。并与快递公司签订合作协议,对社员的产品按照电商大客户标准优惠收取,降低社员农产品的物流成本。再次,信用合作风险共担,深化供销社与农商银行合作。由农商银行为"村级供销社+社员"提供专门的信贷产品支持,统一授信,按照同类同档次最低利率提供多种金融服务。按照社员制、封闭性原则,在不对外吸储放贷、不支付固定回报的前提下,社员自愿将自有闲散资金入股到新型村级供销社,享受分红,承担风险。社员有短期流动资金需求的,村级供销社可以在内部用社员股金调剂借款,在国家法律许可的范围内,合理收取社员股金调剂占用费。最后,村社合作互惠互利。在村党支部的领导下,村集体股份经济合作社在自愿的前提下加入新型镇级供销社,成为供销社基础社员,双方本着互惠互利、合作共赢的原则签订合作协议。村集体股份经济合作社积极动员本村集体成员(农民)加入供销合作社,推荐产生本村社员代表参与供销社民主管理。协助供销社开展农业社会化服务、农资供应、农产品收购、再生资源回收等业务。新型镇级供销社根据各村社员与供销社发生的交易额和收益,按照一定比例给社员和村集体股份经济合作社进行分红。

第六,实行"四法四解"机制,管理好扶贫资金。强化扶贫资产的管理也是推进乡村振兴的重要抓手之一,我县为了巩固脱贫攻坚成果,加大对扶贫资金的管理力度。汉阴县在2020年通过"一项一卡、一产一码、一镇一训"的管理制度,使得扶贫资产透明化,使政府能更好地摸清扶贫资产的家底,确保资产不流失。我县对于扶贫资产的管理目的就是要求对资产的保值增值,也希望扶贫资产管理能够提高农民的收入和经营性资产,使得农村集体经济发展能够得到不断壮大。

第七,实行"三联"攻坚工作机制,助推乡村振兴。汉阴县全面推行以"支部联建、资源联享、产业联盟"为主要内容的"三联"促发展工作机制,搭建起基层党组织互动共融、协同发展的互促共进平台,形成抱团发展、优势互补、资源共享、合作共赢的发展良好局面。一是在支部联建方面,共推联建覆盖、共建先进支部、共谋发展路子。二是在资源联享方面,推动信息共享、资本共享、技术共享与人才共享。三是在产业联盟方面,实行项目共选、建好发展机制、拓宽销售市场。

**罗新远**:汉阴县未来高质量发展的宏伟蓝图及下一步计划是什么?

**刘飞霞**:在第一个百年奋斗目标实现后,党的十九大对实现第二个百年奋斗目标做出战略安排,勾勒出一幅到2035年基本实现社会主义现代化的美好画卷。近年来,习近平总书记先后三次来陕考察,提出"五个扎实""五项要求"等重要讲话和重要指示,为我们在新征程中加快推进现代化建设指明了方向。我们深刻认识到"现代化"从农业社会到工业社会再到信息化社会的发展进程,是人类社会向更高能级、更高效能层次的跃升,包括"物的现代化""人的现代化""制度的现代化"三个方面。在此基础上,我们对这三个层面进行细化分解,确立了推进"七个现代化"的现实路径,并结合县情实际,提出"5775"总体思路。即坚定实施"五大战略",统筹推进"七个现代化"进程,稳步提升"七个收入",奋力建设富强、活力、人文、美丽、富裕的锦绣汉阴。我们可以看到,"5775"总体思路是在历届县委、县政府团结带领全县干部群众接续奋斗的基础上,不断发展、不断完善、不断升华而提出的,既与汉阴过往发展一以贯之、一脉相承,又与时俱进,赋予了汉阴现代化建设新的内涵,充分体现了县委一棒接着一棒跑、一张蓝图绘到底的决心和韧劲。

"5775"总体思路的实践逻辑是实施工业强县战略,目的是为了建设富强汉阴。我们坚持工业主导地位不动摇,加快形成以新材料、生态富硒食品为引领的现代工业产业体系,着力打造以智能制造、数字经济、生物医药等新兴产业为代表的新引擎,全面提升经开区承载能力,推动实现经济量的合理增长和质的稳步提升。力争全县生产总值年均增长6.5%以上,规模以上工业增加值年均增速7%以上,新增工业产值规模过百亿元,县域经济监测排名稳步前移。实施开放活县战略,目的是为了建设活力汉阴。我们全面拥抱"高铁""航空"新时代,充分融入全市"水公铁空"多式联运体系,推动全方位多层次开放格局。聚焦重点领域和关键环节持续深化改革,不断优化营商环境,树牢全民招商理念,紧扣主导产业招大育强、招新引特、延链补链,确保招商引资年度到位资金过百亿元。实施科教兴县战略,目的是为了建设人文汉阴。我们始终坚持创新驱动发展战略,积极融入秦创原创新驱动平台,力争到2025年,研发投入占全县GDP比重0.5%以上,打造省级科技创新平台两个以上。稳步提升教育质量,着力构建更加完善的多层次社会保障体系,持续推进卫生健康体系建设,不断提高基本公共服务均等化水平,大力繁荣文化事业,大力弘扬和践行社会主义核心价值观,持续叫响"三沈故里·人文汉阴"品牌。实施生态立县战略,目的是为了建设美丽汉阴。我们认真践行"绿水青山就是金山银山"的发展理念,持续打好"蓝天、碧水、净土"三大保卫战,确保汉江、月河水质持续稳定达标,全县森林覆盖率达70%,空气环境质量持续提升,努力让绿色生产生活方式成为广大群众的思想共识和行动自觉。实施产业富民战略,目的是为了建设富裕汉阴。我们持续巩固脱贫攻坚成果,推进乡村振兴战略,力争城乡居民人均可支配收入年均增长7%和8%;全县一般公共预算财政收入增速年均增长5%以上,全县人民生活更殷实、更美好,让每一个汉阴人更自信、更自豪。

"5775"总体思路紧密联系、相辅相成,是有机统一的整体。"五大战略"是总纲,"七个现代化"是路径,"七个收入"是内涵,目标是建设富强、活力、人文、美丽、富裕的锦绣汉阴。

**罗新远:** 从汉阴县各方面的成绩来看,贵县的县域发展肯定也取得了新的成就,请问您觉得贵县县域高质量发展有哪些显著的成效呢?

**刘飞霞:** 汉阴县荣获"2022高质量发展改革创新十佳县(市、区)"称号,这也是全省唯一获此殊荣的县(市、区)。近些年,汉阴县围绕"5775"以及"锦绣汉阴"的建设目标,县政府主要是从宏观调控、市场监管、社会治理、民生改善、生态保护"五项职责"来发展县域经济。汉阴县突出高质量发展、高品质生活、高效能治理这三个主题,聚焦产业做强、园区做优、城乡融合、活力提升、居民增收"五个重点",为县域经济高质量增长注入强劲动能。依托当地的资源优势和地域优势重点打造以新材料、富硒食品、文旅康养三大优势产业集群为引领,智能制造、包装饮用水、新能源、数字经济、毛绒玩具文创等五大新兴产业协同发展的产业格局,创新推行产业链"一图五清单",倾心打造"营商环境最安康,投资洼地是汉阴"金字招牌,招商引资成效位居全市第一。全面推行"互联网+政务服务"和"一网一门一次"改革,并在城市建设、教育、医疗、社会治理方面不断创新发展机制,民生福祉持续提升,有力推动了经济社会高质量发展。

## 汉阴县人民政府县长陈永乐访谈录

时间:2022年10月7日
形式:书面采访

**罗新远:** 关于汉阴县高质量发展,你有哪些思考?

**陈永乐:** 汉阴是革命老区县和国家主体功能区,素有"安康白菜心"之美誉,境内160平方公里的月河川道平坦开阔,十天高速、阳安铁路穿境而过,半小时左右上高速、登动车、到机场通达全国各地,具有良好的区位条件和承载能力。近年来,全县上下认真学习贯彻习近平总书记来陕考察重要讲话重要指示,贯通落实"五个扎实"和"五项要求",经过历届班子接续奋斗、励精图治,全县生产总值突破百亿大关,勠力同心谱写了脱贫奔小康的壮丽诗篇。站在新的历史起点,我们要立足资源禀赋,把握历史机遇,全力构建高质量产业体系,打造高质量文化品牌,增强高质量吸附力,加快高质量项目建设,推动汉阴高质量发展。

**罗新远**:如何做强五大产业集群?

**陈永乐**:推动高质量发展,产业是根本支撑。坚持把产业培育作为推动高质量发展的主攻方向,围绕新材料、富硒食品、智能制造、文旅康养、新能源、毛绒玩具文创、包装饮用水、数字经济8条产业链,重点做强新材料、富硒食品、智能制造、文旅康养、新能源五大产业集群,着力构建高质量现代产业体系。一是新材料产业集群,重点打造3条子链,着力形成百亿新材料产业集群。以顺祥炭素为龙头,加快布局10万吨电极糊、2万吨静压特种石墨项目,打造石墨新材料产业链;以天元科技微粉、佳佳乐陶瓷、森之美木业、中昌管业、汉隆矿业(花岗岩)为骨干,支持企业拓展市场,延伸建筑新材料产业链;以世茂生物、华晔植化为龙头,大力开发IP6(肌醇六磷酸)及生物抗氧化剂、黑豆多肽、生物食品添加剂等衍生产品,拉长生物基材料产业链。二是富硒食品产业集群,以规模化、标准化、产业化、品牌化为方向,重点聚焦4条子链,即做实做优10万亩富硒粮油基地、10万亩以猕猴桃为主的果蔬种植基地、10万亩茶叶、核桃、蚕桑、中药材等特色产业基地和100万头生猪养殖基地,建设10万吨肉制品加工生产线,推进加工副产物全值利用,开发休闲食品、健康饮品、功能食品,打造百亿富硒食品产业集群。三是智能制造产业集群,做优3条子链,以鹏启、新融瑞、亿华米、华煜鑫等企业为龙头,生产锂电池、智能穿戴、智能医疗、电路板等高科技产品,完善产业链配套,形成电子设备产业链;以陕西银牛、恒丰宇泰等企业为龙头,拓展智能烘干设备应用和市场开发,建成年产5万吨生物质颗粒生产线,延伸智能烘干产业链;以丰水源公司为龙头,丰富智慧水务应用场景,拉长智能物流产业链。通过延链补链,聚集形成百亿智能制造产业集群。四是文旅康养产业集群,依托凤堰古梯田4A级景区,建设稻田帐篷基地,投用花栖玥民宿;依托双河口古镇红色基因,建好军事博物馆和爱国主义教育基地;依托盘龙桃花谷、三柳田园综合体、双乳千亩荷塘等乡村美景,发展独具特色的乡村旅游;制定儿童游乐产业布局规划,加快建设五一花遇湾儿童游乐园,打造亲子旅游休闲业态;成立旅馆行业协会,开展过路费抵扣房费、折物返现等联动促销活动,聚集人气、留住消费。五是新能源产业集群,建设200兆瓦农光互补光伏发电项目,实施屋顶光伏整县推进,力争十四五开工星月寨80KW抽水蓄能电站,积极推进其他四个抽水蓄能电站建设,支持60万吨天然气液化项目上马,形成水电、光伏、天然气液化三大领域齐头并进的新能源产业格局。与此同时,统筹抓好毛绒玩具文创、包装饮用水、数字经济3条新产业链,形成五大集群支撑,3条辅链补充的产业体系。

**罗新远**:汉阴县如何打造文化品牌,为高质量产业发展引流赋能?

**陈永乐**:推动高质量发展,文化是金字招牌。依托汉阴深厚的文化内涵,着力唱响"三沈文化、特色文化、红色文化、农耕文化、家训文化"五张文化名片,为高质量产业发展引流赋能。一是国学文化举"三沈"。讲好"三沈"文化故事,板块推进"三沈文化产业园"建设,做大书画产业,打造以非遗文化展示展演展销研习体验于一体的"秦巴非遗体验中心",争创全国民间文化艺术之乡。二是特色文化立"三乡"。做大做强烩面片、蘑菇宴、汉阳蒸盆子等汉阴美食,推进标准化、品牌化、连锁化、产业化经营,让汉阴美食走出汉阴、走向全国,擦亮"陕菜之乡"品牌;立足汉阴书法底蕴,大力发展书法产业,创建"全国书法之乡";依托10万亩油菜花海,以花为媒,经济唱戏,持续办好中国汉阴油菜花旅游季活动,提升"油菜花乡"影响力和美誉度。三是红色文化"三将军"。汉阴是陕南抗日第一军革命根据地,走出了何振亚、沈启贤、杨弃三位开国将军。充分挖掘红色文化资源,讲好"三将军"故事,加快推进陕南抗日第一军战斗遗址陈列馆和爱国主义教育基地建设。四是农耕文化古梯田。依托凤堰明清万亩古梯田,发展农耕文化体验观光游,抓住国家高考试卷引用"凤堰古梯田"素材机遇,在全球开展征文活动,持续提升凤堰古梯田影响力。五是家训文化代代传。"沈氏家训"上榜中国优秀传统家规,以"沈氏家训展览馆"为核心,传承孝义文化,丰富家国文化内涵,扎实开展"树立好家规、传承好家训、弘扬好家风"活动,打造中小学生励志研学基地和家训家风体验基地,持续打造"礼仪汉阴、好客汉阴、文明汉阴"的人文品牌。

**罗新远**:汉阴县在吸附人才(人流)稳定就业方面都有哪些举措?

**陈永乐**:推动高质量发展,人才(人口)是核心要素。吸附本地人才(人口)的定海神针一招靠教育,一招靠医疗;吸引外来人才(人口)一招靠旅游,一招靠营商环境;长久吸附人才(人流)靠稳定就业。一是提升优质教育吸附力。面对多数县份优秀生源外流、家长外出陪读、消费能力外溢的现状,积极优化教育资源配置,实施职教中心整校搬迁,扩大城区中学学位供给;探索建立"三区三业"联动机制,吸引外出务工家长返乡在园区弹性就业,在城镇社区购房或租房安置家业,陪伴孩子在自选学区完成学业,统筹解决好企业招工、城镇安居、教育提升问题;实施"三名工程"(名师名校名校长),注重教育内涵发展,改革考核评价机制,全力办好人民满意教育。通过提升教育吸附力,留住本地人才(人口)的创造和消费,吸引外地学生到汉阴就学。二是提升医疗服务吸附力。开展国家级县域医共体试点,争取建成国家级"心血管病"诊疗中心和脊柱微创暨疼痛康复中心,加快县级医院省、市级重点专科建设,建设区域性医疗中心,着力提高医疗救治能力,让人民群众享受优质的医疗服务,做到"小病大病不出县,轻松就医轻负担",吸引外地人慕名到汉阴来就医康养。三是提升特色旅游吸附力。加快构建"一心三线五花湾"旅游布局,"一心"即以县城为中心,实施净朗天空、路网畅通、宜居家园、城市绿化、便民服务、产城融合"六大提升"行动,建设文明、宜居、智慧、森林、健康"五个城市",持续打造龙岗公园、文峰塔、三沈纪念馆、三沈文化园、月江夜韵"五大景点",提升县城宜居、宜业、宜游功能;"三线"即依托月河田园集镇景观带、南部古梯田及汉水风情旅游带、北部双河口文化旅游带,构建一体两翼三条精品旅游线路;"五花湾"即以迎宾公园花月湾、五一牡丹花遇湾、双河口三柳花果湾、月河川道百里花路湾、漩涡古梯田万亩花海湾为重点,打造高质量旅游景点,以农旅融合为方向,发展庭院经济、路边经济、地边经济,建设双乳千亩荷塘、盘龙千亩桃园、五星千亩玫瑰、五一千亩牡丹、月河千亩樱桃、界牌千亩李园、三柳千亩金银花、清河万株柿子树等九个农旅融合示范村,推动旅游产业串点成线、突破发展。通过旅游产业发展,打造宜居县城、建设宜游村镇、保护宜人生态,既让汉阴人感到自豪,又能吸引更多的外地人到汉阴来旅游休闲,扩大人口流量,吸引人才入驻,提升人气和消费。四是提升营商环境吸附力。以创建国家级政务服务标准化示范县为契机,深化"放管服"改革,拓展"一件事一次办""全程网上办"事项,提升行政效能和服务水平。全面宣传践行亲商安商富商"九条承诺"(亲商三条:热情接待客商,清白亲近客商,尊崇礼遇客商;安商三条:无事不扰客商,依法保护客商,生活优待客商;富商三条:精准扶持客商,高效服务客商,宣传助力客商),不折不扣落实"三真四到"服务(真心实意优服务、真金白银给支持、真抓实干促发展,做到不叫不到、随叫随到、说到做到、服务周到),推动大众创业万众创新,打造"营商环境最安康,投资洼地在汉阴"品牌,吸引各类市场主体和优秀人才来汉阴发展。做大做强省级经开区,争取铁路货运站连通经开区,千方百计提升货运通达能力,降低物流成本。五是提升稳定就业吸附力。对内推进大众创业万众创新,对外加大力度招商引资,力争每年新增注册市场主体增速保持10%以上,新增就业岗位2000个以上。着力提升就业质量,加强"五上"企业培育,争取更多成长性优质企业落户汉阴,不断优化产业结构,创造更多高质量就业岗位。着力增强就业稳定性,严格兑现各项惠企纾困政策,加大对县内各类市场主体的帮扶力度,助推企业健康成长,就业岗位持续稳定。着力拓宽就业渠道,有序引导与支持新就业形态,在县城和集镇开发多种消费场景和消费业态,创造更加多元多向的就业岗位,以满足人民群众的消费和就业需求。

**罗新远:**汉阴县如何用高质量项目助推高质量发展?

**陈永乐:**推动高质量发展,项目是主要引擎。扭住项目这个牛鼻子,念好"谋、争、招、干"四字诀,以高质量项目助推高质量发展。一是专班常态抓谋划。成立项目谋划专班,无中生有、有中生优谋划包装项目,不断充实优化重点项目库。围绕县上迟早要干、早干比迟干好的事和能形成产能、解决就业、壮大经济总量的项目,从争取中央预算内计划投资、中央专项债券、政策性银行支持和招商引资四个路径谋划包装项目,积极与上级、与银行、与投资企业对接。加快月河补水和抽水蓄能等重大项目前期,力争取得实质性进展。二是闻风而动抓争取。县政府出台《县政府领导及工作部门赴国家部委和省市厅局汇报对接工作导引》,积极到省厅市局汇报对接工作,第一时间捕捉项目信息,快人一步、抢先一拍抱着本子跑厅局,争取更多资金投向汉阴。三是锲而不舍抓招商。推进全县大开放大招商,领导带头招商、干部人人招商、全县亲商安商,落实各级领导"四个亲自"(亲自招商、亲自接洽、亲自协调、亲自督办),用好招商引资奖励和成果分享办法,建立招商引资责任机制、激励机制和台账管理机制,紧盯项目签约率、资金到位率、投产开工率"三大关键",从项目报批、土地征用、手续办理等环节入手,提供个性化、全流程、保姆式、妈妈式服务,确保项目招得来、留得住、建得快、有效益。四是全力以赴抓落地。建立工作台账,实行清单管理,强化要素保障,加快推进北环线和凤凰山隧道、观音河隧道、铁佛寺隧道"一线三隧"四大交通突破工程,建成城东一级客货运综合体,力争实现镇镇通二级路,全县所有镇融入半小时经济圈。积极招商建设通用机场,配套建设航空产业园区。推动月河全流域综合治理等重大项目落地,协调推动陕澳中医药产业园、三沈文化产业园等项目加快实施。坚持守底线、出亮点、提效益、增活力,落实"三个转向",强化"四个不摘",推行"师徒帮带制",劝募新村民(新乡贤)引领乡村产业,扎实推进乡村振兴补短板项目和示范工程,推动"产业、生态、组织、人才、文化"五大振兴不断取得新成效,争创乡村振兴示范县。

## 中共汉阴县委副书记程海林访谈录

时间:2023年8月16日
形式:书面采访

**罗新远:** 近年来,汉阴县是如何推动农村特色产业高质量发展的?

**程海林:** 我们要凝聚思想共识,提高政治判断力、政治领悟力、政治执行力,切实把增强"四个意识"、坚定"四个自信"、做到"两个维护"落实到发展特色产业的行动上,推动农村特色产业高质量发展。一要明晰发展方向。要围绕提出的"因地制宜大力发展特色产业",结合县情实际和近年来产业发展现状,进一步梳理和明晰我县特色产业发展方向,重点培育最能体现汉阴地域特点和特色的产业,力争将特色产业培育成全县主导产业。二要明晰发展路径。要围绕提出的"推进农村一二三产业融合发展",着力在"强龙头、补链条、兴业态、树品牌"等方面下功夫、做文章,推动特色产业品牌化、优质化发展,实现乡村特色产业全链条升级,用特色形成竞争优势,增强市场竞争力和可持续发展能力。三要明晰发展目标。要围绕提出的"拓宽农民致富增收渠道""促进共同富裕",将农民群众嵌入特色产业发展全链条,建立市场主体与农户紧密型利益链接机制,想方设法促进农民增收,提升农民人均可支配收入,最终推动实现全民共同富裕的目标。

**罗新远**：汉阴县围绕做大做强"富硒食品"主导产业都有哪些举措？

**程海林**：我们围绕做大做强"富硒食品"主导产业这一目标,先后发展壮大以富硒粮油、茶叶、魔芋、猕猴桃、桃、李等为主的富硒特色种植产业,以炕炕馍、豆腐干、烩面片等为主的特色小吃产业,但除富硒粮油、富硒茶叶、富硒猕猴桃有一定规模和影响力之外,其他特色产业均规模小、布局散、链条短,品种、品质、品牌水平都相对较低,产业带动群众增收作用不明显。比如:以汉阴特色小吃炕炕馍为例,很多商家虽然打着"正宗""老字号"牌子在销售,但品种较单一,其文化价值、特色价值不能凸显。加之部分商家为降低成本,减少用料配比、简化制作流程,导致其味道、口感、品相等大打折扣,反而影响了产业发展等。这些都需要我们引起高度重视,进一步创新方式、靶向出击,做好"土特产"文章,打好"土特产"品牌,带动群众增收致富。

第一,挖掘优势,用好"土"资源。"土"与当地自然环境、风土人情密切相关,彰显着独特的本土文化魅力,蕴含着独具"乡土味道"的民俗资源价值。汉阴具有独特的"三沈"文化、农耕文化、美食文化等优势资源,有利于孕育出独具特色的产品,能够让我们在相关产业发展时避免与周边县区同质化竞争。我们要充分利用好这些资源,因地制宜开发生产、融入产业产品当中,植入"文化"元素,唱响"汉阴"品牌,比如:将"三沈"文化、农耕文化引入汉阴炕炕馍、豆腐干,从种植播种开始到成品销售环节全过程中,加入传统农耕、富硒有机、"三沈"、古法制作等故事,真正盘活、用好这一方水土,赋能产业发展,形成独有的"汉阴"品牌和无法替代的消费市场。

第二,发挥特色,突出"特"的属性。"特"讲的是突出地域特点,体现产业特有性、差异性。突出"特"的属性,首先是认识层面需要进一步加深,我们要站在全市、全省乃至全国的高度,深入挖掘潜在资源、研判消费市场,着力在增品种、提品质、树品牌等方面着手,打造出广大消费者所认可、能形成竞争优势的特色产业。真正做到"人无我有、人有我优、人优我特"。

一是增品种。要立足我县"富硒"资源禀赋,在现有的茶叶、林果等特色产业的基础上,开发出不同品种、不同类型的产业产品,着力将小产业培育打造成特色鲜明、覆盖面广、带动力强的主导产业,构建"一村一品""一镇一业"产业发展格局。要注重因地制宜,长短结合,间作套种,确保农民能持续增收。同时,要充分利用好农村门前房后闲置资源,以发展庭院经济为抓手,探索不同品种不同类型特色产业,拓宽农民增收渠道。

二是提品质。要充分发挥企业主体作用,鼓励支持企业加强院(校)地合作,加大农业科技投入和成果转化,推进农业新技术、新产品试验示范推广,打造富硒农业科技成果转化示范基地,推动农产品品种培优、品质提升。加大富硒食品基础研究、技术创新、新品研发,推进富硒食品标准制定和标准化生产。同时,开发一些预制菜产品,做优产品品质,扶持打造1-2家旗舰店,带动相关产品提升质量。

三是树品牌。要加快推进地方富硒产业标准体系和产品质量安全体系的制定,建立可溯源管理信息平台,引导生产经营主体按标准生产。加大红星米业、金福海油脂、凤堰茶业、陕果猕猴桃等品牌培育,扩大"两品一标"认证,利用各种媒体、展会进行宣传推介,扩大汉阴特色优势农产品社会知名度和市场占有率,切实把"种得好"转化为"卖得好",打响"汉阴富硒产品"品牌。

第三,铸链促融,提升"产"的效益。"产",就是要将特色的资源建成产业、形成集群。"土特产"资源如果不能形成产业,多元开发,就算再有特色,也不能产生规模效应、经济效益,带动群众增收。

一要育强龙头企业。要坚持规模化、集约化、产业化发展方向,鼓励支持陕果集团汉阴分公司、安康幸福农业、汉阴东方希望、汉阴永丰生态农业科技、汉阴七叶莲公司等现代农业企业做大做强,积极引导企业在重大关键技术研发、产业联盟构建、创新平台建设、人才技术集聚等方面补链延链强链,打造成主业突出、品牌知名度高、核心竞争力强、行业带动性大、具有较强竞争力的富硒龙头企业。同时,要加大家庭农场、种养大户、农民专业合作社等新型农业经营主体培育力度,推动特色优势产业适度规模经营,实现带动效应、引领效应和集聚效应,增强农业产业抵御风险的能力。

二要健全产业链条。全产业链升级是乡村产业转型升级的关键。传统的、单一的产业发展模式抗风险能力弱,无法做大做强,要想从激烈的乡村产业竞争中脱颖而出,就必须从单一的产品逐渐向产业转变,从产业向形成完整的产业链条转变,进而打造优质高效,安全稳定的生产链、供应链和价值链。要以龙头企业带动产业链,以特色产品提升价值链,以电商物流串起供应链,用好富硒农产品加工园区、果蔬物流加工仓储中心等,招引大型龙头企业,推进富硒粮油、富硒茶叶、富硒果蔬等特色农产品精深加工和研发,提升产品附加值。健全产品生产、包装、仓储、销售、物流等各个环节,做精做优特色产业,延长产业链条。

三要促进融合发展。要坚持"一二三产"融合发展,深度挖掘特色产业潜能,撬动更多市场主体投入产业发展,最大化激活和释放发展潜能,打造出如岐山臊子面"一碗面经济"形式的汉阴"富硒大米经济""炕炕馍经济""豆腐干经济"。要紧扣创建"国家全域旅游示范县"目标,深度挖掘传统民俗文化、农耕文化、移民文化,加快推进盘龙千亩桃园、三柳田园综合体、双乳千亩荷塘、凤堰古梯田民宿等农旅融合景区景点,推动农旅融合发展。精心办好"四季旅游""农民丰收节"等旅游活动,创新开发沉浸式、互动式、体验式旅游场景,打造一批集旅游度假、休闲娱乐、农家采摘、民宿康养于一体的特色休闲观光农业,提升对外知名度和影响力。同时,大力发展"农业+电商""农业+光伏""农业+研学"等新业态,促进三次产业融合发展,让群众分享产业融合发展带来的效益。

四要完善联结机制。要强化引导,增强企业带动农户的服务意识,完善联农带农利益联结机制,鼓励新型经营主体探索产业发展模式,通过股份合作、订单生产等,形成以龙头企业为核心、合作社为纽带、家庭农场和专业大户为基础,关联紧密、链条完整、利益共享的农业产业化联合体,让农民能够在产业增值中获得更多收益。持续深化"国企带镇村"发展模式,发挥国有企业资本聚合作用,加强产业运营、品牌打造和产品销售,"让专业的人做专业的事,最能挣钱的人去经营",带动特色产业规模化、优质化、品牌化发展,不断增强村集体经济组织自身"造血"功能,拓宽农民增收渠道,实现县属国企资本壮大、村集体经济壮大、群众持续增收目标。

**罗新远:** 目前,汉阴县强化要素保障,协同联动保成效有哪些具体做法?

**程海林:** 一是政策保障。县镇两级都要全面梳理中省市出台的各项产业发展支持政策,根据各镇实际和资源特色,找准切入点和结合点,有针对性地制定特色产业发展规划,支持引导乡村特色产业发展。抢抓苏陕协作、陕煤集团挂联帮包等机遇,精心策划包装一批符合县情实际、支撑作用明显的项目和产业,扩大交流合作,促进各项政策尽快落地见效,推动协作帮扶工作更加精准、更富成效。二是资金保障。加大特色产业发展资金投入力度,用好巩固衔接、苏陕协作等各类资金,鼓励引导社会资本投资农民参与度高、受益面积广的乡村特色产业,着力构建财政优先保障、金融重点倾斜、社会积极参与的多元投入格局,为乡村特色产业发展提供强劲动力。三是人才保障。实施人才兴农战略,大力发展"归雁经济",深入开展"双招双引",广泛吸纳和聘用大学毕业生、社会能人、乡贤、返乡青年等到镇村就业创业,发展农村特色产业,用更多产业产品带动农民群众增收。四是市场保障。要健全农产品物流和电商服务体系,加快建设冷链加工配送中心、富硒产品交易中心和交易市场、电商中心,大力支持富硒产品电商企业发展,积极搭建富硒名优产品交易平台。同时,要健全完善富硒产业营销管理服务机制,建立完善富硒产品电商运营中心和营销店,紧盯"北上广深"等经济发达地区大市场,加大招引力度,力争将汉阴富硒特色产品传送到全国各地众多的消费者餐桌上。

**罗新远**:近年来,汉阴县是如何积极推动庭院经济发展的?

**程海林**:近年来,汉阴县以盘活乡村"小庭院",做好发展"大文章"为目标,鼓励和引导农户利用自有院落资源,发展庭院种植、养殖、手工、旅游、生产生活服务等乡村特色产业。以全面发展、全力支持、全员参与的强劲势头,积极推动发展庭院经济,助推一二三产深度融合,实现了乡村资源有效利用、特色产业发展壮大、乡村环境秀美宜居、人民群众持续增收的多赢目标,探索出既有"颜值"、也有"价值"的汉阴庭院经济路径。

未来,我们将进一步以发展庭院经济为契机,坚持市场化导向,促进乡村产业提质,打造"城乡融合发展的现行示范"。坚持发展庭院经济与构建营销体系"双轮"驱动,全链条思维谋划推动庭院经济,着力打造品牌化、特色化、差异化的庭院经济产品,提高市场竞争力。

一是龙头带动提高引领力。由各村集体经济组织牵头,依托龙头企业、大户和专业合作社,采取"村集体经济合作社+企业+农户""村集体经济合作社+农户""种植大户+农户"等多种订单方式,建立各类市场主体、村集体经济与庭院经济农户紧密型利益链结方式,推动实现村集体经济、市场主体、农户多赢目标。

二是打造品牌提高竞争力。由县属国企公司(乡村振兴集团)牵头,精心包装"盘龙红桃""观音河猕猴桃"等特色品牌产品,以举办农产品开园采摘活动、特色农产品展销会等多种方式,打响庭院经济产品品牌,提高庭院经济的知名度和美誉度。

三是拓宽市场提高附加值。坚持线上线下相结合,深度融合电商经济,通过电商平台、网红带货和联村单位第一书记、驻村队员、结对帮扶责任人帮销等多种方式,帮助农户销售庭院经济产品20余万元,提高庭院经济产品市场竞争力和市场占有份额,让农户生产成果更好、更快、更多转化为经济收入。

下一步,我们将继续抓好粮食安全、特色产业和美乡村、项目建设等重点工作,在确保粮食安全守底线的基础上,力促集体经济、农村居民、脱贫人口3个收入持续有效增长,为建设锦绣汉阴作出新的更大贡献。

# 汉阴县人民政府副县长王侠军访谈录

时间:2022 年 7 月 14 日
地点:汉阴县乡村振兴局

**罗新远**:我们承担了省上的一个调研课题,专门研究汉阴高质量发展。麻烦您对汉阴县的基本情况做一个介绍。

**王侠军**:汉阴县是安康地理条件较好的区域之一,汉阴县辖区的形状像个蝙蝠,月河川道是主体,北山和南山是两翼。北接秦岭,南连巴山,有 4/5 的区域地处秦岭范围内,有 1/5 地处巴山范围内。月河从中流过,注入汉江,月河川一带地势低平。汉阴县在这一代有 7 个镇,这 7 个镇土地、人口、GDP 都占全县的 70%。汉阴最高峰是凤凰山主峰铁瓦殿,海拔 2128 米。我们县申报的国家级森林公园就是凤凰山国家森林公园。此外我们还有观音河国家湿地公园。汉阴是这个龙凤呈祥之地,北有凤凰山,南有龙岗山;汉阴又是文武双全之地,文有"三沈":沈尹默、沈士远、沈兼士,武有何振亚、杨弃、沈启贤这三位开国将军。

**罗新远**:您认为目前汉阴县在脱贫攻坚的成就主要有哪些?

**王侠军**:在脱贫攻坚的过程中,我们首先打基层、立长远,切实做好基层教育工作。其次是善于用经济思维推动现实发展,最能体现我县经济思维的就是"5775 战略"。"5775 战略"指五大战略、七个现代化、七个收入、五个目标。最后是经营城市的思维,汉阴县规划建设的城市主干道——凤凰大道,打造了两个经济带——月河川道经济带和汉江经济带。目前这些项目均顺利落实,获得社会好评。城市建设过程中,我们的城投公司、发投公司、投融资公司,也都运营得非常好。把这一条路建好之后,大家都说好。最后我们还将工业园区改造升级为经开区,经开区归商务厅管,以商贸为主,允许搞生产融合,而原来的工业园区只能搞工业。

2019 年之后,我县坚持一条工作原则:对标中央。为此,我们的工作围绕着这三点展开。第一,各项工作做到责任落实,相关的政策必须兑现到位,统筹整合资金。第二,给予群众最基本的生活保障,保证做到群众有房住、有学上、能看病、饮用水安全洁净。第三,切实落实"八个一批"政策。

2021 年,国家最担心的就是返贫的问题。当时我们很快研究出了防返贫机制。我们以太行村为试点,在"321 系统"的基础上,探索出"三化防返贫"机制,"三化"即信息化、网格化、系统化。三化防返贫是去年省级领导在汉阴开现场会的时候确定的陕西省唯一的先进方案，还将此上报给北京。我县被评为优秀，奖励了我们1000万元。

**罗新远**：这是国家给的奖励吗？

**王侠军**：准确地说是省上奖励的。国家给省上奖了4.8亿元，汉阴代表省上接受国家的考核，表现非常好，省上就给我们奖励了1000万元。

**罗新远**：听说贵县正在进行重点村评定工作，具体是怎么做的？

**王侠军**：省上乡村振兴的布局总体是"全省抓安康"，而安康的布局是确立"一县十镇"示范区，一县就是平利县，十镇是安康所辖每个县（包括区、县级市）一个镇。汉阴县的双河口镇是全市的示范镇，不再立示范村了，其他9个镇里，一个镇确定一个重点村。

**罗新远**：贵县每年确定多少重点村？

**王侠军**：每年确定两个。今年新启动两个，一个是涧池镇的，还有一个就是太行村。

# 中共汉阴县委组织部常务副部长刘虎访谈录

**时间**：2022年7月14日
**地点**：汉阴县乡村振兴局

**罗新远**：我们的课题是汉阴的县域高质量发展的实践与探索，你们这几年，做了哪些工作，你们为什么这样做？做的有哪些好的成效、经验和做法？有哪些创新性的东西。作为组织部，组织振兴，人才振兴，两大振兴。你如何从干部这个角度来帮助，围绕脱贫攻坚有效衔接乡村振兴，有没有什么好的做法或经验。

**刘虎**：我们县委组织部的工作围绕五大振兴中的组织振兴和人才振兴这两块展开。主要着力于组织保证和人力资源保证这两方面。近年来较有创新性的工作有两项。一是在党建工作中的"三年工作机制"，这您可能听说过，这项工作获得过省上的表彰。去年安康市委将这种工作模式在全市推广，为此安康市委组织部也获得了省委表彰。第二项就是目前在全省推广的我县"党建引领321"工作模式。"师徒帮带机制"应该也算我县今年探索出的较有影响力的工作方式。我们县实行驻村干部两年一次轮换制度。轮换之后很多干部都是新到任的，再加上之前乡镇领导班子进行了换届，换届之后各级领导也有些变化。而"师徒帮带机制"通过原先有经验的干部帮带新到任干部,让新干部尽快适应工作、推进工作。除此之外,在人才振兴方面,我们也出台了一个工作方案。

**罗新远**:是怎样的工作方案?

**刘虎**:我县人才振兴工作方案,是推动干部向基层流动,让一些优秀人才去基层工作,而相应地给予其一些政策倾斜,使之愿意到一线工作。我们还充分利用一些外部的资源,积极开展人才培养。比如我们每年都会选派20名左右各个领域的专业技术人才去溧阳学习。

**罗新远**:这是江苏溧阳市提供的对口支援项目?

**刘虎**:是的。每年我们还会派两名科技领域的领导干部到那边去学习。

**罗新远**:溧阳对口支援整个安康市吗?

**刘虎**:对接了安康的两个县,一个白河县,一个汉阴县。我们每年都会派人去学习的。

**罗新远**:挂职?

**刘虎**:对。我们每年还会定期组织一个或多个部门和溧阳相应的对口部门进行交流学习。我们已经连续三年组织年轻干部和新提拔的干部到溧阳去参加培训,每年一期或两期,由溧阳市委党校给我们设计课程。陕煤集团对我们县的人才培养支持力度非常大。我们每年从农村一线的产业人才,也就是合作社的集体经济组织的主要负责人,还有村干部和镇上从事农村经济发展的干部中,选拔20名到30名,到陕煤集团参加培训,内容包括一周的理论学习和两周的参观实训。全程由陕煤集团出资支持。这些完成后,还要在陕煤集团挂职一个月。我们的干部在陕煤集团可以学习他们的理念,学习他们的思路,学习他们经营的各个方面。这一项工作我们坚持了3年,反响非常好。

**罗新远**:调研期间,我注意到贵县正致力于发展壮大农村集体经济,办合作社。贵县是如何推动农村集体经济发展的?

**刘虎**:这也是我们今年重点工作之一,前面经过深入调研和农业农村部门共同制订了发展集体经济的奖励办法。就是当合作社的经济效益到达一定规模时,可以从收益中拿出一部分,用于奖励达成合作社经济效益的人才。这一激励方案已获县委县政府联席会议通过。

**罗新远**:贵县在人才引进方面具体是怎么做的?

**刘虎**:我县特设200万元的个人专项工作基金,专门用以引进特别需要的各类专家、人才。我县建有县级专家工作站,每年年初,县里各企业、乡镇,或者村子,都可以根据自己的经营发展、产业发展的需要,来专家站聘请相应的专家。比如说某个镇要发展农业产业,就可以和高校联系,请合作高校的相关领域教授来做指导。镇里可以申请建立相应的专家工作站,下半年县上会进行验收,验收合格的可以获得10万元的补助。

# 中共汉阴县委宣传部常务副部长余龙泉访谈录

时间:2022年7月14日
地点:汉阴县乡村振兴局

**罗新远**:2015年党的十八届五中全会提出了创新、协调、绿色、开放、共享五大发展理念,后来中央又提出乡村振兴。随着社会的发展,文化振兴也逐渐成为高质量发展的重要环节。因此我想了解一下你们近些年在文化振兴方面有哪些举措,获得了哪些成就和经验,还存在哪些问题?此外,在接下来的工作中,你们计划如何落实乡村文化振兴,从而助力汉阴县域高质量发展?

**余龙泉**:在文化宣传这方面,原则上我县党员干部要用新时代中国特色社会主义思想武装自己,以教育群众、引导群众、服务群众为工作核心。具体工作是抓少数、抓关键,主要是通过抓党委理论学习中心组,进一步规范化、标准化学习。这方面我们从2018年开始就已经组织县委和各镇的各个部门、组织进行旁听。2018年,县委宣传部、机关工委以及组织部进行联合检验,安排重点抽查,发现有些干部对旁听不重视,只是应付性地集中突击学习。于是,从2019年我县成立中心组领导学习。中心组由县委常委班子成员和县人大主要领导带队,并从宣传部、组织部、机关工部委、县委办四个县委部门抽调科级干部,组织我县10个镇、49个部门的党委党组,进行全覆盖式旁听。此外,还要求每一次旁听后,必须就一个主题进行研讨交流,做到人人发言。结束以后科级干部先点评,然后由县委常委班子成员以及组织人员进行讲话。从2019年至今,这种模式我们已经坚持了3年,并还在继续。这种做法发挥三个作用:第一,使我县党员干部明确了中心组这个机构的概念和职能。第二,加强了县级党组的人员配备。人员配备不齐或者薄弱的党组织的成员,通过学习,向组织部长汇报了这一情况。经过群策群力,得到了解决办法,这些组织也得以健全。第三,党员干部增强了学习意识,学习积极性得到极大提高,在工作中可以理论结合实践,获得了很多处理问题的方法和经验,把学习力转化为工作的创新力。

**罗新远**:你说的这点很重要,就是通过学习理论联系实际,转化成推动实践创新。

**余龙泉**:是的,不仅如此,我们还开设了干部讲堂。主要有两种方式,第一种就是针对省上、市上的重要会议,我们会组织县委宣讲团到各镇、各部门去宣讲。第二种是各镇、各部门的党组织根据年初所列学习计划,让干部自己登台讲理论、讲政策、讲业务,以讲促学。针对广大人民群众,我们不仅开设了微信讲堂,还组织了线下的宣讲班。宣讲班的工作人员由帮扶部门的干部和一部分乡贤组成。他们要深入基层、扎根群众,不仅在会场上,还在田间地头、在村里的大树下、院落里开展工作。干部讲政策,群众讲变化,通过这种方式促进思想更新,用中国特色社会主义思想来武装群众。我们积极向广大群众开展党史教育,利用微信讲堂,线上线下结合,给群众送教材,进一步增强群众学习党史的积极性。此外,我们还长期开展新时代文明活动。

**罗新远：**我看到一些乡镇都挂着新时代文明实践基地的横幅。

**余龙泉：**对,我们从2019年就开始新时代文明实验和阵地建设,今年1月份实现了全覆盖,这是按照中央的要求去推进的。

**罗新远：**建设过程当中都是有专项经费保障？

**余龙泉：**有一定的经费,我们的政策是镇上的自筹经费建设,村上的则由镇上出一部分经费,帮扶部门补贴一部分。同时由县财政拨款,在验收合格之后给予奖励,根据不同的标准,评优秀、合格、一般。我们安康市的新民风主题是诚、勤、孝、俭、和,主要在农村集中建设,以缓解农村人情负担过重,纠正奢靡之风,杜绝赌博等不良行为。这也是我们今年的建设内容。

**罗新远：**这个是什么时候开始的？

**余龙泉：**从2016年开始。我们开展的实践工作的思路是"一个目标、四个定位、五项工作、六项提升、三个到位"。其核心是要有阵地,决定在哪儿做,包括所在实践点。然后是做什么,这就是刚才说的五项工作。而我们主抓的是农村集中的群众创建,即创建文明村镇。

**罗新远：**文明户也包括在内？

**余龙泉：**对,也在这里面。并且每年都广泛开展"身边好人"的评选表彰,并进行宣传、宣讲。通过这样引领社会风尚。这一块做得突出的会被评为文明村,被评为文明村的可获3万元奖金。通过奖励一是可以补贴创建文明村过程中的一部支出;二是通过文明村可以调动村民的积极性。这种做法在安康范围内为我县独创。

丰富农村精神文化活动也是我们工作的重点,我们每年都举行文化三下乡的常态化活动——点亮家园活动。这一活动就是把对县里的政策、科学文化知识、文明行为、良好习惯的宣传教育融入文艺节目当中。在潜移默化中教导村民,改变他们的一些不良习惯。

再一个就是公共文化建设,包括建设农村书屋、文化广场、乡村舞台。这些还要和党群服务中心有机地结合,资源共享。县里拨款,给这些场所配备文体器材。同时组织各方面的文艺人才下乡指导,鼓励各镇各村成立文化团体。通过文化团体引领文化活动,丰富村民业余活动。此外还积极完善乡村体育事业,鼓励和倡导各村开展形式多样的农民趣味运动会,在这方面做得较好的是我们的三元村,连续举办了多届农民趣味运动会,收到较好的效果。

**罗新远:** 汉阴县现在有哪些具有代表性的文化品牌?

**余龙泉:** 一是汉阴县是"三沈故里",在此基础上,我们正着力打造特色文化品牌"三沈文化"。我们县上建设有"三沈"文化研究院和"三沈"文化产业园。2015年,沈氏家训被中纪委评为全国第四个、西北地区第一个"中华优秀家训家规"。我们以此为契机,重点打造"中华家训文化",以沈氏祠堂为核心建立沈氏家训展览馆。同时把每年4月作为家训宣传月,开展一系列的沈氏家训讲座,开展家训进机关、进学校、进农村、进课堂活动。还把沈氏家训写进小学、初中、高中教材,使之进入课堂。围绕沈氏家训,我们还开发了一些文创产品,如写有沈氏家训的折扇。为进一步弘扬家训文化,我们鼓励开展亲民会,表彰优秀青年,发挥家族的影响力。同时还征集全县的好家风、好家训,编印成册,分发给群众,鼓励家族立家训。组织全县的干部,结合自己的实情,立自己的家训。我根据20条沈氏家训设立了20颗星,在各村开展"认星"活动。恪守其中一条家训,就发一颗星,没做到则不给发。以此促进村民树立好家风、传承好我们这种家训文化。这是目前我县文化发展的一大特色。

二是大力弘扬红色文化。汉阴县出了何振亚、沈启贤、杨弃三位开国将军。我们把这三位开国将军的事迹都整理成书,将他们的事迹广泛传播,并对沈启贤将军、杨弃将军的故居加以保护。汉阴也是陕南抗日第一军的发源地。陕南抗日第一军原为安康市的一个保卫团,其组成以汉阴籍人员为主,受长征影响,于1936年年初,被收编为一支整建制的红军队伍,有1000多人。我们正在计划建立陕南抗日第一军纪念馆。

三是移民文化,据汉阴县志记载,明朝后期汉阴人口超过11万人,但历经明末战乱,汉阴人口迅速下降。清初,大量外来人口侵入,也带来了各种颇具特色的文化,比如说我们的凤堰梯田耕作模式就是那时由湖南长沙迁入吴氏带入,现已成为中国农业文化遗产,吸引了大量游客,其中不乏摄影爱好者多,具有极大开发潜力。

此外,我县正在创建陕西省书画文艺之乡。我们县的一些书画家在县级、镇级行政区,甚至一些村都设立了现代书法工作室,以供大家进行日常的交流、切磋,还时不时举办一些公益的讲座培训,这是我县在书法艺术领域的一大特色。

对待文化工作必须坚持长期投入,文化工作的成果也不是一朝一夕就能显现出来的,它不像我修一座桥、发展一个产业,很快就能看到效果。但只要坚持正确的引领,施以适当的措施,把文化振兴长期作为一项重点工作,整合部门的力量,充分利用现行帮扶机制,把优势资源、资金、人才尽可能地向下延伸,一定会收到良好效果。

## 汉阴县农业农村局局长蒋孝军访谈录

时间:2022 年 7 月 14 日

地点:汉阴县乡村振兴局

**罗新远**:这几年,对于县域高质量发展,汉阴县农业农村局做了哪些工作,为什么这样做,取得了哪些成效和经验?未来还有哪些可以改进的地方?

**蒋孝军**:自 2019 年以来,汉阴县就申报了"三线两化一平台"基层社会治理模式,把汉阴县政府作为一个典型案例成功申报,并成为全国遴选出的 105 个试点示范县(区)之一。"三线两化一平台"是汉阴县基层社会治理模式,是产业振兴的基础。它是指密切"三线"联系,实行"两化管理服务",建设自治平台。首先密切"三线"联系,包括党员联系群众、人大代表联系选民、中心户长联系村民,与群众建立紧密联系,进一步打通群众社会诉求通道,维护社会稳定,增强社会亲和力。其次实行"两化管理服务",包括实行管理网格化、服务精细化,通过搭建民意收集平台、"一站式"服务平台、困难群众帮包平台、联络互助平台,以精准精细化的帮扶解决群众生活中的困难。最后建设自治平台,包括制订村规民约、发展社会组织、开展民主协商、建设信息化平台等活动,努力落实服务"最后一公里"。

农业曾经属于汉阴县经济发展的短板,通过五年脱贫攻坚,汉阴县以"三个一"方式发展了农业经济,即通过合作社奖励农户一笔扶持资金,动员其加入一个组织,选取一项产业。这里所说的合作社是党支部主导下的农民股份制专业合作社,和村民集体经济是有区别的。而关于促进农业产业化的土地流转,由合作社负责具体工作,有的是流转正常户的土地,有的则是就地流转贫困户的土地。通过这种发展模式,汉阴用了 3~5 年时间,发展了 8.5 万亩茶园、2.6 万亩桑园、1.7 万亩猕猴桃园,另外还建立了大约 3 万亩的林果园。

现在的汉阴,每个村都有自己的特色产业,建有农业产业园。解决了农业产业园的建设,下一个重点任务就是如何让老百姓通过产业园赚钱,为此,汉阴确立了三种模式,一是合作社自己进行经营;二是发配到户,给农户分配当时入股的相当于 5000 元钱股份的土地,鼓励农户自己干活,将农产品出售给合作社,合作社通过品牌打造提高产品价格,再给农户进行利润分红;三是反租倒包,一些农户不愿意要股份,可以与合作社签订委托代管协议,由合作社分工分业,农户通过给合作社打工赚钱。不管哪种模式,只要合作社建立,一般情况都按"136 模式"进行分配,10% 留在合作社维持合作社正常运行;30%为提存公积金,放在合作社备用;另外的60%作为分红分给社员。在这三种模式之外,汉阴积极招商,动员在外打工的农户返乡承包经营。

关于汉阴的特色农产业,一是着力打造安康富硒茶品牌。汉阴出产的所有茶叶都要加上安康市这一地理标识。汉阴出产的茶叶富含伽马氨基酸,有安神的功效,这就是一大特色。在延伸产业链方面,汉阴从安康蚕农所引入两万多亩桑园养蚕,并在今后的发展中,与两家相关企业合作,研发桑叶茶。桑叶中富含蚕桑蛋白,与红茶、绿茶、菊茶等结合,是很好的养生饮品,市场前景可观。

产业园建成和品牌树立之后就是销售链问题。汉阴的特色农产品销售是线上线下相结合。汉阴乡村振兴局组建了自己的网络销售平台,供销联社组建了农产品集散中心,经贸局组建了农资产品电商销售中心,农业农村局组建了"互联网+农产品旗舰店",这四个渠道都具备线上线下推送的功能,线上通过天猫、淘宝、京东、抖音等平台,线下则通过实体店,实现从生产到产品开发到品牌打造再到销售全覆盖。目前汉阴79个村都有自己的电子商务平台,所有产品可以随时往线上推送,并可通过物流系统快速发货。

未来,对于农产品种植,汉阴将大力发展数字农业。第一个手段就是利用物联网对农产品实时监控,通过科技手段全程控制农产品的生长、供需、气象、水土干湿度等。第二个手段是通过扫描二维码可以追溯产品的生长全过程。此外还有农村冷链仓储,利用近年来申报的冷链仓储项目资金,汉阴已经建成7个冷链仓库,保障产品可以即时就近就地储藏,不影响其价值。

我们还委托成都大学开发建立汉阴农业大数据中心。建成后将与安康大数据中心对接,并通过分析研判,将数据转化为简单易懂的信息及时在网络平台发布。据此可以及时准确了解农产品生产、销售情况,掌握相关资源和产业调配与运营状况,为优化资金资源配置、制订针对性方案和政策提供有力参考。相信汉阴农业和农业从业者定能从中受益匪浅。

## 汉阴县林业局局长李超访谈录

**时间**:2022年7月14日
**地点**:汉阴县乡村振兴局

**罗新远**:这几年对于县域高质量发展,汉阴县林业局做了哪些工作,你们为什么这样做?获得了哪些成效和经验?未来还有哪些可以改进的地方?

**李超：**汉阴县是水源涵养地，农林生态发展是汉阴县发展的主要方向。汉阴县以前贫穷，没有燃料，当地人们为了生存对森林进行了大量的砍伐，但是自从 1990 年西部大开发以来，"退耕还林还草"政策逐步落实，人们的环保意识提高，生态恢复较好，森林覆盖率从当时的不到 30% 提高到了现在的 68%，退耕还林面积约 20 万亩。

　　汉阴县也在积极响应国家提出的碳汇政策，但在此过程中遇到了一些问题。考虑到长远发展和易操作性，基于本县实际情况，在落实碳汇方面汉阴县不宜与企业单独合作，这主要是因为现在汉阴做碳汇项目的条件还不够成熟。一方面，政策要求按 2005 年以后新造的林地计算的碳汇产生的氧气；另一方面，国家号召退耕还林所得的生态林要向经济林方向发展，我县经济林近年用于发展茶叶园和桑园，树木还在生长期。除此之外，公益林也不在计算之内。综上，汉阴现有林地的产氧量并不适合大力发展碳汇。

　　目前，我县正结合当地实际，积极落实国家储备林建设项目。对林地、耕地、建设用地之外的一些发挥不了效益的残次林地进行改造，通过换树的方式使之成为国家储备林。预计未来 10 年，储备林可以长成，既可以产生氧气，又可以固碳，届时可以把碳汇项目与之一起做大。

　　将储备林、碳汇交易、林业经济和与林业相关的桑蚕业有机结合，可以形成一个循环交易平台。做活储备林项目以后，再加上原来能利用的碳汇林和新造林地，将其全部打包成碳汇指标，可实现多方面盈利。碳汇交易按每一年一吨 70～80 元算，20 年后将成为国家的一笔财富。

　　目前，汉阴县已就上述的碳汇林项目将项目建议书上报。但由于在整个西北地区碳汇林都还在试点、探索阶段，所以汉阴也未切实落实。在"双碳经济"推进的过程中，汉阴当下正在准备乡村振兴示范镇、示范村建设，下一步工作还有待细致深入的调研。

## 汉阴县乡村振兴局局长李超访谈录

时间：2022 年 7 月 14 日
地点：汉阴县乡村振兴局

　　**罗新远：**汉阴县在这几年取得的成就有哪些？你认为汉阴县取得成就的"秘籍"是什么？汉阴县乡村振兴的下一步发展有哪些特色与亮点？

　　**李超：**汉阴县快速发展的主要原因可以归纳为以下五个方面。第一，国家政策的支持。国家政策对于地区发展起到至关重要的作用,各个地区的发展都依赖于国家政策的支持。第二,良好的政治生态。党政领导班子作为全县的"领军者",不仅是夯实党执政组织基础的关键,更是一支队伍好坏的底线。汉阴县的政治生态较好,政治导向一直遵守"仁者上,庸者下"的原则,历届党政领导干部的选任都是以实务、业绩为主要衡量指标。第三,遵循"生态优先"原则。汉阴县所有发展战略都遵循"生态优先"的原则,积极响应习近平总书记的"两山论",并结合汉阴县实际情况制订适合本县的发展战略。例如,汉阴县是中线水源涵养地,地处富硒带,因此汉阴县以"富硒农产品"的生产为主要发展方向。第四,三大产业融合发展。汉阴县的发展策略以农业为主,工业、服务业同步融合发展。三大产业融合发展的组合拳能够促进县域高质量发展,主要体现在以下两个方面:一方面,二产带动一产。汉阴县近几年建成了许多工业园、农业园、物流园,工业产值突飞猛进,本县利用二产的加工为茶叶等农产品赋予了更高的附加值;另一方面,一产带动三产。农旅融合,用消费带动第三产业,汉阴县的农家乐、宾馆、民宿、农产品销售店、旅游服务和3A级景区、4A级景区等都已经陆续得到上级批复。第五,组织保障。汉阴县的组织保障得到不断创新,探索出基层治理"321模式",即"三线两化一平台",为社会治理构建了一个强大的网络平台,实现了基层治理的数字化、信息化。

汉阴县乡村振兴的下一步发展必须先要破解一个关键问题:人才问题。县域发展过程中面临的许多问题都亟须人才来解决,比如如何管理产业、如何增加产品的附加值、如何对基础产品进行深加工、如何销售产品等。

**罗新远**:从2015年到现在,汉阴县的财政状况如何?

**李超**:汉阴县目前财政财力增长较快,财政收入增长较慢。原因是:第一,做实收入。从省到市都要求做实收入,禁止有虚增收入的情况;第二,减税降费。减税降费的目标群体主要为县区的中小企业。近几年收入增长的慢,支出增长很快,财政资金率不足5%。

## 汉阴县司法局局长沈关志访谈录

**时间**:2022年7月14日
**地点**:汉阴县乡村振兴局

**罗新远**:汉阴县近年来在组织振兴和人才振兴中有什么好的做法和经验?取得

了哪些成就？还有哪些不足？下一步发展遇到哪些瓶颈？

**沈关志**：汉阴县在组织振兴方面较好的做法为"三联共建"。"三联共建"是汉阴县前任县委书记在"四联"实践的基础上创新优化而提出的,分别为支部联建、资源联享、产业联盟。该模式2019年在县内部分镇试点,2020年在全县试点,2021年在安康全市推广,是在脱贫攻坚期间结合当时的发展情况提出的一种创新性模式,曾获省委组织部党建创新的一等奖、"当代陕西"对其进行大版面的宣传报道。基层党组织要做组织振兴,首先要讲政治,要统筹,要发展。"三联共建"就是使不同的党组织之间进行相互交流。"三联共建"有不同的联建方式:第一,农村间联建,由于各村之间为利益共同体,存在产业的辐射和关联,因此农村间联建可以使强村带动弱村。第二,机关和农村联建,机关和农村相互提升,分别解决支部建设的问题,以司法局为例,与××村联建,即司法局与××村结为对子,结对过程中司法局的党员干部与××村党员干部深入交流,分别解决一些支部建设的问题;第三,农村和非公龙头企业联建,龙头企业与其产业基地所在的农村结成对子,便于精准发展产业。"三联共建"对于汉阴县的组织振兴有很大的帮助,尤其是对于农村贫困户。此外,在组织振兴方面较好的另一模式为村干部工资与村集体经济挂钩,该模式是"三联共建"延伸的产物。为巩固脱贫攻坚期间形成的产业、盘活资金,使村民得到更大的收益,汉阴县研究出台村干部工资与村集体经济挂钩的政策。由于村干部工资是依据集体收益按比例进行提取,其工资受到集体经济增长幅度差异的影响,因此村干部会积极主动聘请专业人才发展产业。资源联享指联建各主体在联盟的过程中制订统一的生产标准,打破村域的界限。以新农家苑的千亩桑园为例,其覆盖五个行政村,是资源联享的典型,有利于产业发展。新农家苑的千亩桑园打破了传统的小农经济,规模化发展工业经济。新农家苑还与安康市恒口蚕桑厂结为对子,由蚕桑厂为新农家苑提供技术力量,帮助产业发展。

汉阴县在人才振兴方面采取了两种方式:一是回引在外人才,二是留住本地人才。目前汉阴县采取的"乡贤招募"模式是由统战部牵头,各乡镇成立相关机构展开的,旨在发动各方资源,宣传推广人才引进。当然,在人才引进方面依然存在一些难点,虽然政府已经搭建好平台,但大多数人才表示回乡后发展空间受限。比如,工作环境的变化会导致原有工作模式无法继续、本地的自然资源环境不足以支持其产业持续性发展。

我认为组织振兴和人才振兴可以采取以下三种优化方式:第一,考虑村级党组织由三年一届转换为五年一届,对领导班子的年龄与各个方面的结构提出新要求;第二,由未就业大学生回本乡担任村级干部,以强化村级领导班子;第三,在大学生村干部转为公务员方面给予一定政策倾斜。

**罗新远**:现在的乡干部是否趋于年轻化?

**沈关志**:目前我县乡干部平均年龄约为40岁,最年轻的36岁。年轻干部对于乡镇发展至关重要,是战略发展中不可或缺的组成部分,但最近几年县乡两级年轻干部都存在工作经验不足的问题。比如在镇长选拔时,候选人年龄虽符合基本要求,但许多都没有进过党政班子。领导干部趋于年轻化的政策是好的,但在实践中存在很多困难。

# 附录二
# 汉阴县农产品包装设计研究与实践

本课题通过对汉阴县农产品包装的市场现状及同类产品的调查和研究，概括总结了农产品传统包装设计的不足之处，在此基础上分析了汉阴县农产品包装设计的要点，并为汉阴农产品茶叶提供了五种富有地域特色的包装设计方案。

## 一、研究背景

乡村是中华文明之源，乡村的衰落与兴盛关乎国家的前进与发展。我国为了有效解决"三农"问题，颁布并推行了乡村振兴战略，着力于实现我国农业经济快速发展。农产品作为我国乡村经济的重要支柱之一，也是"三农"问题中的必要元素。农产品的开发、生产与销售是农村经济发展必须要考虑的现实问题之一。

农产品的包装对农产品的销售具有重要的影响力。随着社会经济的发展和人民生活水平的提高，消费者对于农产品的要求也越来越高，传统的简易包装和散装方式已经远远不能满足生产者和消费者的需求。更多人开始关注农产品包装的美观性、文化性和品牌性，对于文化及品牌的追求日益显著。所以，农产品的包装设计亟须用文化性包装代替原来简单粗放型的包装，以视觉美感、创意独特、品牌赋值、智能化包装代替之前功能单一、设计老旧的包装。农产品的可持续发展需要更加环保、精致、便捷、个性的包装。

目前市场上的农产品纷繁杂多，农产品要想脱颖而出，必须摈弃"酒香不怕巷子深"的传统理念，要进行包装设计和品牌提升。消费者对于农产品的第一印象来自农产品包装的优劣。一款设计精美、具有特色的包装可以极大地提升农产品的市场竞争力。所谓"人靠衣装马靠鞍"，农产品的包装设计不仅可以从包装材料的选择、视觉元素的设计、艺术美感的体现、产品特质的凸显等外在方面来吸引消费者，也可以从品牌文化的融入、智能化包装设计等内在价值方面来吸引消费者的关注。

汉阴县地处陕南秦巴山区腹地,先后获得国家卫生县城、国家园林县城、省级文明县城多项荣誉。这里景色优美、民风淳朴,是全国较少的富硒地区之一。茶叶、猕猴桃是汉阴县的主导产业。本课题从汉阴县茶叶的包装设计入手,着力提升茶叶的包装设计,从而提升汉阴茶叶的市场竞争力,提升消费者的购买欲望,为当地农业市场创造更高的经济效益,提高当地农民收入,同时促进当地绿色产业发展。

## 二、研究思路

### 1. 汉阴农产品产地调研

课题组成员赴汉阴县当地进行实地调研,了解汉阴当地的风土人情、地理环境、地方人文特色以及汉阴农产品的地域特点。

课题组成员走访汉阴县农户和商户,了解汉阴农产品的生长环境、生产条件、优势特色与销售状况。

课题组成员拜访汉阴县农业局、汉阴县乡村振兴局等部门工作人员,了解汉阴农产品的产出、销售、农产品相关政策等情况。

### 2. 同类产品市场调研

课题组成员对超市、特产商店、网上电商平台等线上线下相应的农产品包装设计进行调研,对市面上现有相关农产品的包装结构、包装材料、包装形式、设计主色彩、文化特色、包装规格以及包装的醒目性、完整性、简洁性、美观性、实用性、系统性等进行调查、分析与研究。

### 3. 设计分析

在前期调研的基础上,进行分析对比,总结归纳,形成汉阴茶叶包装的初步设计思路。

第一是要分析包装的材料与结构,包装材料选用是否合适,直接影响着商品的质量,这也是农产品包装这种特殊商品的属性所决定的,常常会选用结构精密,便于开启的材料来做农产品包装盒。

第二是要分析包装的色彩设计,色彩是包装设计中最能吸顾客的,如果色彩搭配得当,使消费者看后有种赏心悦目之感,能引起消费者的注意。包装的色彩是受商品属性的制约。因为色彩本身有它的属性,所以用色要慎重,要力求少而精,简洁明快。色彩的选取还要考虑到消费者的习俗和欣赏习惯,也要考虑到商品的档次、场合、品种、特性的不同。设计要讲究色彩和整体风格的意境,不能用色过多,导致没有一致的色调,也不能到处用金、银,给人以华而不实之感。

第三是要分析农产品包装盒设计的图案。设计能使商品更加形象化、生动有趣。可有些包装上的图案陈旧、烦琐,商品性不强,也缺乏时代感,重复、没有个性。设计就是要赋予产品新的生命、新的形式,要把精气神贯穿进去,把神韵体现出来。设计图案要体现符号化,更简洁。真正成功的包装设计能给人以有文化、有内涵、超凡脱俗之感,并且和农产品的个性要相符合。

第四是要分析农产品包装的文字部分。包装设计可以没有任何装饰,但不能没有文字,农产品包装的文字定要简洁明了,充分体现商品属性,不易用过于烦琐的字体和不易辨认的字,太生硬有尖角的字体也不太适合,太草或不清楚的字体也尽量不要用。要考虑到消费者的辨识力,使人一目了然。农产品包装是传统性和民族性较强的商品,中国的书法艺术又有着悠久的历史,而且有更强的艺术性和观赏性,能适当地运用书法来体现茶文化深厚的底蕴,体现悠久的文化历史,是比较贴切的。

### 4. 完成包装设计方案

在设计分析的基础上,从不同的角度,选用不同主题和色彩,运用多种设计手法,完成汉阴农产品茶叶的多个包装方案的设计。

## 三、研究内容

### 1. 传统农产品包装设计的不足之处

目前很多农产品的包装存在缺乏创意、包装简陋的问题。一部分农产品采用简单的塑料袋进行包装销售,仅在塑料袋上面印刷有限的产品信息,甚至无产品信息。太过于简陋的包装不仅大大降低了农产品的价值,而且在一定程度上阻碍了消费者的购买。

农产品的包装缺乏特色,未凸显地域文化特点。课题组前期通过对汉阴农产品包装设计的线下和线上调研发现:整个茶叶的包装设计缺乏显著的汉阴乡土文化特色,产品包装缺乏个性,包装色彩不够醒目,"汉阴""富硒"等字样未出现或者不够突出。

农产品包装缺乏品牌文化。我国茶叶品种繁多。故茶叶间的竞争不仅仅体现在产品本身的质量、价格、口感、功效等方面,还体现在品牌竞争上。具备品牌文化和企业文化的茶叶产品更容易吸引大量消费者。例如,"竹叶青"受到全国爱茶人士的认可,就是凭借着其包装设计中充分凸显的茶文化和传统中国文化受到广泛关注。因此,茶叶产品的品牌文化建设、品牌文化传播也具有重要作用。茶叶要借助茶叶包装设计将茶文化融入到茶叶产品品牌文化中,将茶叶品牌文化中赋予大量的茶文化、中国传统文化、茶叶产地文化,增强茶叶产品品牌文化的内涵,以具化的方式产生品牌文化传播内涵。这样,依托茶叶产品包装设计,茶叶产品在品牌形象宣传、品牌文化推广等方面就更有优势。

### 2. 汉阴农产品茶叶包装的设计方案

如果要提升农产品包装的审美价值,首先需要对视觉元素进行设计。视觉元素的三大主题是图形元素、字体元素和色彩元素。在图形元素的设计上,既要体现农产品的特性,也要与消费者的审美相结合,同时还需要考虑图形元素的传播特性。如在色彩元素的设计上,可以提取农产品本身的色彩,或者提取带有地域性特征的色彩元素,以此来体现农产品质朴、天然、绿色的特征。经过精心设计的农产品包装顺应时代发展的需求,符合现代消费者的审美,从而刺激消费者的购买欲。

在汉阴县调研的过程中,课题组成员在过滤了大量信息的基础上,提炼出"富硒""青山""凤凰山""月河"等关键词,并为汉阴茶叶赋予了"醉群芳""昱青山""月水青""粗茶""礼白"等品牌,从而增强汉阴茶叶的品牌辨识度。农产品的包装应当具有传播地域文化的特性,如果单从农产品的特性入手,进行包装设计的难度则较高,因为农产品的生产范围比较广泛,很多不同地域都有同类产品,很难进行区分。在这种情况下,需要结合地域文化进行设计。例如提取当地具有代表性的文化符号,结合企业形象及产品特色进行设计。优良的包装设计赋予农产品文化内涵,不仅能够宣传地域文化,还能提升农产品的附加值,为推动农产品产业化,打造农产品品牌化提供有力保障。课题组每套设计方案皆体现了汉阴特色和地域文化,如其中设计方案三中采用传统水墨画的图形,体现汉阴地理地貌,将民间美术色彩巧妙地嵌入到茶叶外包装上,不仅突出汉阴的地域特征和文化特色而且可以以此增强产品的想象空间。

在设计方案分析研究过程中,课题组成员认为应该利用饱和度高和富有感染力的颜色混搭,选取带有汉阴茶叶特点的相关色彩,由此增强茶叶外包装设计的视觉冲击力,能够在第一时间吸引消费者的注意力,由此激发产生购买茶叶的动机和行为。如方案一中,课题组成员大胆采用饱和度极高的红色调和绿色调分别设计出红茶系列和绿茶系列,视觉冲击力较强,红色调和绿色调也形成鲜明的对比,可以加强茶叶包装的色彩记忆,从而提升产品市场竞争力。

**四、成果展现**

1. **设计方案一**

云外一梦汉山红,世界都在喝红茶。素有"八山一水一分田"美誉的汉阴,200年前孕育的凤堰梯田,至今仍物产丰富,那是人与自然和谐共存的实证。这里山清水秀,富硒的土壤,也让这里的茶与众不同。存在土壤的硒元素,经过茶树的转化,成为植物活性硒,也是身体必需的微量元素。雨洗青山泉水清,一年之鲜在绿茶。北纬32至33度的维度是产好茶的纬度。富硒的土壤,培育了富硒的茶,富硒的茶则为我们的身体带来了更多的健康。

效果图

实物照片

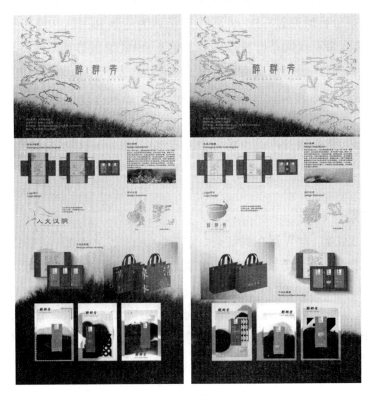

设计展板

## 2. 设计方案二

汉阴县坐落在秦岭之南,是被一座群山环绕的小城。以产品名称为出发点,符合汉阴当地的人文环境。青山环绕,阳光照耀就是这次设计的主题,使用简洁图形或者线条来表现出山的浑厚和雄伟,更能带给消费者大气、高级的感觉。

效果图

实物照片

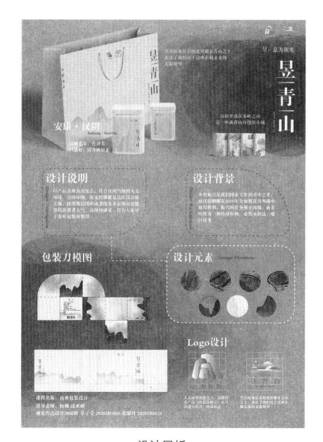

设计展板

## 3. 设计方案三

包装采用水墨插画的方式展现汉阴富硒绿茶的生长环境,融入汉阴地貌特征和元素,刻画了汉阴县著名风景名胜——凤凰山,种植茶叶的梯田和孕育汉阴美景的母亲河——月河,凸显了地域文化特色。整体包装设计突出了当地茶叶种植的生态环境,脱离了茶叶包装惯有的刻板印象。

效果图

实物照片

设计展板

### 4. 设计方案四

通过山川、文化底蕴进行包装设计,包装形式主要以简约、强调意境、以人的感情和愿望为主,含而不露令人遐想,形成一种内涵美。如在茶叶盒上表现各种茶叶优雅的形态和诱人的汤色,产茶地的高山环境、峰峦叠翠等。使茶叶包装与当地茶文化发生共鸣,给人带来一定的文化享受,从而达到提高销量的作用。

效果图

设计实物

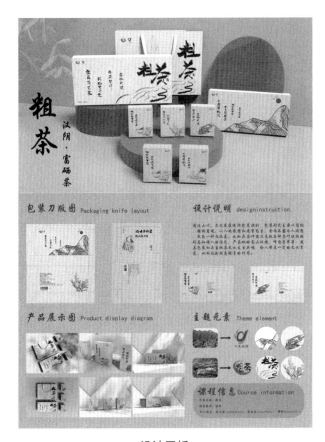

设计展板

### 5. 设计方案五

汉阴县是陕西省优质富硒茶的主产区,其茶叶发展历史悠久,是古老的茶乡和贡茶产地之一,这里主要生产绿茶、红茶、白茶三个品种。其中白茶多次获得奖项,故选取其中白茶为主题展开的包装设计作品。

茶叶取名"礼白","礼"字代表"礼仪""礼物","白"字则是产品白茶茶叶。复古优雅的衬线字体和年轻化的图形设计形成对比,更加具有吸引力。

效果图

设计展板

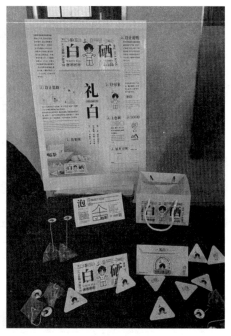

设计实物

IP形象名为"小白"。小白是一颗白茶种子,从发型上参考了白茶种子似"花苞"状的卡通形象,体现出茶叶的绿色健康和活力新生感。

茶叶包装形态多种多样,设计从精致、年轻化的角度出发,选择了"三角"样式的包装形态,因此做出了一系列包装设计,如三角包装盒、三角包装袋、三角茶包。

# 参考文献

[1] 朱启臻.乡村振兴背景下的乡村产业:产业兴旺的一种社会学解释[J].中国农业大学学报(社科版)2018(3):89-95.

[2] 左停,刘文靖.梯度推进与优化升级:脱贫攻坚与乡村振兴有效衔接研究[J].求索,2020(1):7-10.

[3] 朱海波,聂凤英.深度贫困地区脱贫攻坚与乡村振兴有效衔接的逻辑与路径:产业发展的视角[J].南京农业大学学报(社科版),2020(3):15-25.

[4] 张新文,张国磊.社会主要矛盾转化、乡村治理转型与乡村振兴[J].西北农林科技大学学报(社科版),2018(3):63-71.

[5] 张琦,李顺强.内生动力、需求变迁与需求异质性:脱贫攻坚同乡村振兴衔接中的差异化激励机制[J].湘潭大学学报(哲学社会科学版),2021(3):65-72.

[6] 张磊.结构性嵌入:下派干部扶贫的制度演进与实践逻辑:以四川省凉山彝族自治州的扶贫实践为例[J].社会科学研究,2020(4):134-141.

[7] 李博,刘佳璇.从精准扶贫到乡村振兴:脱贫攻坚成果拓展的逻辑探析[J].山西农业大学学报(社会科学版),2022,21(5).

[8] 杜婵,张克俊.新发展阶段巩固拓展脱贫攻坚成果的多重逻辑、科学内涵与实现维度[J].农村经济,2021(10):62-72.

[9] 邢成举,李小云,史凯.巩固拓展脱贫攻坚成果:目标导向、重点内容与实现路径[J].西北农林科技大学学报(社会科学版),2021,21(5):30-38.

[10] 徐芳.抓好"三会一课"以提高党建工作的效率及质量[J].中小企业管理与科技(中旬刊),2021(5):39-40+43.

[11] 马莉莉.乡村振兴战略背景下农村基层党组织建设存在的问题与对策研究[J].中共郑州市委党校报,2022(3):30-33.

[12] 田丽佳.乡村振兴背景下Z镇"五位一体"乡村治理研究[D].河北师范大学,2022.

[13] 高强,曾恒源,殷婧钰.新时期全面推进乡村振兴的动力机制研究[J].南京农业大学学报(社会科学版),2021,21(6):101-110.

[14] 陈文胜,李珊珊.论新发展阶段全面推进乡村振兴[J].贵州社会科学,2022,(1):160-168.

[15] 陈奕山,吴重庆,张慧鹏.以县域为中心的乡村振兴:城乡关系演变与县域经济发展[J].南方经济,2021(8):35-47.

[16] 高建新.乡村振兴战略背景下农业科技创新引领农村高质量发展路径研究[J].价值工程,2022,41(22):161-164.

[17] 朱殿骅.国家审计服务农业高质量发展路径研究[J].西安财经大学学报,2022,35(4):108-117.

[18] 贺海波,夏柱智.党建嵌入治理:一种新的县域发展机制——以河南W县党建实践为例[J].北京工业大学学报(社会科学版),2018,18(5):90-98.

[19] 冯丹萌,万君.脱贫地区提升县域发展能力的初步思考[J].发展研究,2022,29(5):37-43.

[20] 高帆.县域发展的战略意义、基本特征及政策建议[J].国家治理,2022(10):13-19.

[21] 王瑞婷.云南县域高质量发展水平评价及空间效应研究[C].云南财经大学,2021.

[22] 丁乔颖,邓砚方,安新磊.乡村振兴视角下农村物流与农村经济协同发展[J].商业经济研究,2021(7):134-137.

[23] 陈垚.乡村经济振兴背景下的农村物流发展研究[J].物流工程与管理,2021,43(8):20-22.

[24] 方艳.乡村振兴战略下广东省农村物流发展策略研究:基于区域农村物流发展水平评价[J].经济论坛,2021(7):113-121.

[25] 刘航,袁俊丽,胡安.面向现代化的农村物流发展模式探讨[J].公路交通科技,2020,37(S1):5-9.

[26] 徐露莹,戴晓震.我国农村物流现状、问题及对策[J].现代商贸工业,2018(6):49-50.

[27] 张洁.基于农村电子商务环境下的农村物流发展研究[J].农业经济,2019(7):135-136.

[28] 杨宇航.农村物流发展的问题及策略研究[J].南方农机,2020,51(7):86.

[29] 马媛媛.乡村振兴进程中我国农村物流发展研究[J].物流科技,2021,44(7):98-99+118.

[30] 沈严航,安然,王亚楠.不同情景下农村物流与电子商务融合发展模式研究[J].交通运输研究,2022,8(1):51-58.

[31] 常原华,叶浩男.国内外农村物流发展模式探析[J].物流技术,2017,36(2):19-22.

[32] 周依琳,邵万清,柏冬梅,等.新型城镇化进程中农村物流发展模式研究[J].物流科技,2016,39(8):102-105.

[33] 耿化瑞.后扶贫时代农村物流扶贫方式的路径选择[J].物流工程与管理,2021,43(1):49-51.

[34] 任弢.21世纪以来中国乡村治理研究回顾与前瞻[J].人文杂志,2020(7).

[35] 徐勇.用中国事实定义中国政治:基于"横向竞争与纵向整合"的分析框架[J].河南社会科学,2018(3).

[36] 薛澜,张帆,武沐瑶.国家治理体系与治理能力研究:回顾与前瞻[J].公共管理学报,2015:1-12.

[37] 俞可平.治理和善治引论[J].马克思主义与现实,1999(5).

[38] 李博."一体两翼式"治理下的"三治"融合:以秦巴山区汉阴县T村为例[J].西北农林科技大学学报,2020(1):117.

[39] 姜晓萍,吴宝家.警惕伪创新:乡村治理能力现代化进程中的偏差行为研究[J].中国行政管理,2021(10):43.

[40] 李建伟,王伟进.理解社会治理现代化:内涵、目标与路径[J].南京大学学报,2021(5):35-44.

[41] 陈光,赵大千.党领导基层治理法治化的具体路径探析[J].理论与评论,2021(6):42-55.

[42] 刘东超,闫晓.城乡基层治理体系中的德治[J].行政管理改革,2021(12):58-65.

[43] 岑朝阳,肖香龙.乡村振兴战略中"五个振兴"实施路径研究综述[J].领导科学论坛,2021(10):49-56.

[44] 陈昌智.聚焦人才培养 助力乡村振兴:在2018年职业教育与城市发展高层对话会上的讲话(摘编)[J].中国职业技术教育,2018(19):5-7.

[45] 陈俊梁,史欢欢,林影.乡村振兴水平评价体系与方法研究:以华东6省为例[J].华东经济管理,2021,35(4):91-99.

[46] 陈锡文.从农村改革四十年看乡村振兴战略的提出[J].行政管理改革,2018(4):4-10.

[47] 陈学云,程长明.乡村振兴战略的三产融合路径:逻辑必然与实证判定[J].农业经济问题,2018(11):91-100.

[48] 陈秧分,黄修杰,王丽娟.多功能理论视角下的中国乡村振兴与评估[J].中国农业资源与区划,2018,39(6):201-209.

[49] 程莉,文传浩.乡村绿色发展与乡村振兴:内在机理与实证分析[J].技术经济,

2018,37(10):98-106.

[50] 窦清华.乡村振兴背景下建设生态宜居乡村的实现路径:基于宜宾长宁"竹乡美丽庭院"实践的思考[J].吉林农业,2019(22):20.

[51] 杜岩,李世泰,秦伟山,等.基于乡村振兴战略的乡村人居环境质量评价与优化研究[J].中国农业资源与区划,2021,42(1):248-255.

[52] 樊鑫鑫.乡村振兴战略的意义、内涵与实施路径[J].乡村科技,2021,12(4):6-7.

[53] 高启杰.在乡村振兴背景下审视农业与农村发展[J].新疆师范大学学报(哲学社会科学版),2019,40(3):52-63+2.

[54] 郭豪杰,张薇,张德亮.云南省乡村振兴实现度测定与分析[J].云南农业大学学报(社会科学),2019,13(3):5-11.

[55] 郭耀辉,李晓,何鹏,等.乡村振兴背景下县域乡村发展综合评价:以国家贫困县四川省马边县为例[J].中国农学通报,2019,35(10):158-164.

[56] 郝丹璞.我国乡村生态旅游开发与体验经济模式分析:以湖北省十堰市郧阳区茶店镇樱桃沟村为例[J].沈阳农业大学学报(社会科学版),2017,19(6):736-742.

[57] 胡胜.乡村振兴离不开法治护航[J].人民论坛,2018(6):106-107.

[58] 郑福山,毕明娟.乡村振兴战略的实施与"三农"问题的破解:评《中国道路与三农问题》[J].中国瓜菜,2023,36(2):118.

[59] 罗驰.实施乡村振兴战略与新型农业发展:评《乡村振兴模式创新与实操》[J].中国农业气象,2022,43(12):136.

[60] 傅才武,李俊辰.乡村文化空间营造:中国乡村文化治理的空间转向[J].深圳大学学报(人文社会科学版)2022,39(5):5-15.

[61] 李建军,段忠贤.乡村文化治理的主体特征与模式选择:以农村移风易俗为例[J].云南社会科学,2023(1):170-176.

[62] 聂永江.乡村文化生态的现代转型及重建之道[J].江苏社会科学,2020(6):53-61+242.

# 后 记

## 一

我们为什么要研究汉阴？事情要从20多年前说起，当时我还在县区政府工作，刘飞霞同志在省政府办公厅工作。我作为省十届人大代表，每年省人大会上虽与她谋面，但工作交集并不多。后我转入高校工作，在筹建新校区极为困难的时候，飞霞同志总是给予我许多无私的帮助和支持。我一直心存感激。再后来飞霞同志由省政府调往中共汉阴县委工作，我有点怅然若失，担心她能否适应县区党委政府艰苦的工作环境，曾写信给她，并随信寄去拙作《西部区域经济理论探析与实证》等书，与她分享我在县区政府工作时的一点心得体会。后来彼此疏于联系，但汉阴县的发展和她职务的变迁我都经常关注留意。

几年前，省经济学学会换届后，大家鼓动我成立了乡村振兴研究会（后更名为乡村建设研究会）。飞霞同志得知此事，邀请研究会的同仁在2021年10月到汉阴县调研考察。汉阴县社会经济的发展变化和取得的成绩给我和同仁留下了极为深刻的印象。正当我们一行希望为汉阴做点什么时候，恰逢当时陕西省社科联开始启动2022年度陕西省哲学社会科学重大理论与现实问题研究专项"社科助力县域高质量发展"智库项目，设立并资助"县域高质量发展的汉阴实践与探索"智库项目。陕西省经济学学会、乡村建设研究会和西安培华学院专家学者踊跃参加汉阴课题组。由此，我们课题组的成员以及许许多多培华学院的师生欣喜地展开了探究、助力汉阴县域高质量发展的伟大实践之旅。

## 二

我们为什么要研究汉阴？汉阴经济社会文化诸多方面发展变化的类型学样本意义何在？汉阴多年来改革发展的实践探索突出特点体现在方方面面，究其重点，可概要如下：

### （一）人文汉阴

汉阴山雄水秀，人杰地灵。"三沈故里"，人文汉阴具有文化多元、理性包容、协同共生的典型特征。在漫长的历史进程中，汉阴在不同历史时期分别受到来自不同区域文化的影响,儒家文化崇礼尚文、中原文化朴实理性、三秦文化的纳异进取与巴蜀文化浪漫旖丽在此碰撞、交融,从而形成了人文汉阴独特的地域文化特色。因此,汉阴的文化特征具有独特的多样性与典型性。多年来,汉阴县委县政府持之以恒、倾力打造"三沈文化""美食文化""红色文化""农耕文化""家训文化"五张亮丽的名片。这些名片既观照浓厚的人文积淀,又在创新发展中赋予新的时代内涵,因而颇具类型学价值和意义。这十分有利于继承和发扬宝贵的文化遗产,又为未来社会发展提供了有益的借鉴和示范。

### (二)脱贫样本

汉阴县地处秦巴山区腹地,北枕秦岭,南倚巴山,曾属于集中连片贫困地区,脱贫攻坚的任务十分艰巨。面对如此庞大的贫困人口、落后的基础设施、脆弱的生态条件、薄弱的产业基础,汉阴县委、县政府带领全县干部群众蹚出了一条脱贫攻坚、如期建成小康社会的新路子,一跃成为中共中央、国务院表彰的"全国脱贫攻坚先进县"。事非经过不知难,在脱贫攻坚中,汉阴县党政干部历经艰难困苦,遍尝辛酸苦辣,谱写了许多荡气回肠的故事,也积累了宝贵的工作经验。同时也为秦巴山区集中连片贫困地区脱贫攻坚、致富奔小康提供了参考,极具考察研究的样本价值。

### (三)治理模范

随着新时代中国式现代化的不断推进,中国的社会结构正在从一个农业、乡村、封闭或半封闭的传统乡土社会向以城镇、工业和现代服务业为主导,开放的现代社会转型。社会结构的变迁必然推动社会变革,人民生活水平的提升和利益主体多元化都要求或倒逼着社会改革。人民日益增长的美好生活需要和不平衡不充分的发展之间的矛盾仍需不断调和,直至消灭。宏观层面,我们要处理好政府与市场的关系。中观微观层面,县乡村三级基层组织都要面对千家万户不同的利益主体、包罗万象的利益诉求,如何处理好政府与社会关系、市场与社会的关系?如何激发社会力量预防化解社会矛盾?基层社会治理创新是每位在基层工作的同志每天必须面对的考验。汉阴县"321"基层治理模式从乡村实际出发,强化乡村治理制度中权责匹配、协同互动,创造转化,规范组织和激励约束,取得了良好的示范效应,堪称模范。

### (四)县域发展

汉阴是汉江流域重要水源保护地,生态环境保护对县域高质量发展形成束缚,并提出了近乎苛刻的要求。如何在生态约束下另辟蹊径促进县域发展,需要独到的智慧和坚定的决心与恒心。

目前，我国在县域经济发展方面，东西部差距明显，而一县之内，各镇、村经济发展的不平衡不充分，尤甚于东西部之差距。如何在努力缩小东西部县域发展差距的基础上，竭力解决好县域内部发展不平衡不充分问题，汉阴实施了"三联共建"、加快消除数字鸿沟、弥合基础设施发展短板等许多创新性措施。汉阴在脱贫攻坚与乡村振兴有效衔接方面，整合利用有限的资金，精打细算，"锱铢必较"，靶向精准解决县域发展的瓶颈问题，使其经济取得长足的发展。在资源和生态环境的约束下，汉阴许多独创的县域高质量发展的实践和探索值得深入借鉴和大力推广。

仅用以上四点概括汉阴在县域高质量发展的生动实践及经验不免"挂一漏万"。我们课题组对汉阴的了解仅仅是个开始，许多问题还需要长期的跟踪研究。在两年来的调研中，课题组感受到的汉阴县干部群众谋事、干事、创业的那股聚精会神谋发展的精气神，让我们深感震撼和感动。正是这股精气神，才是汉阴事业取得各项骄人成绩的内在动力。

## 三

近来，陕西从上到下都在热议和实践"秦创原"的理念，我们也在思考究竟是什么阻滞了知识的扩散和流动。如何架起一道桥梁，将高校、智库和基层一线实务部门联通起来，共同克服由于知识的黏性作用而受阻滞的知识流动和扩散。

每一个地域都有其独特的地域知识，每一位工作在基层一线的同志都积淀了许多丰富的地域实践知识，同时又有许多复杂疑难问题亟待理性思考和解答。而在高校、智库工作的研究人员具有许多理性的专业学识积淀，急需寻找实践样本加以检验。无论基层一线实务工作的实践积淀，还是理论工作者的理论储备都是长期学习工作实践的结果。长期居于象牙塔中的理论工作者到基层去研究一些一线工作者关注的问题，意义非凡。对于人文社会科学研究，就近就地观察十分必要，同时也需要付出巨大的时间成本。因此，我们鼓励课题组同仁长期跟踪研究一个地方、一个问题，避免因为频繁更换研究对象而产生巨大的沉没成本，并且不断积累获取一线生动的实践和地域知识，利用自身的专业背景为基层服务。这样可以有效改善一些专家学者，没有一定的基层实践积淀，也没有认真对一事一地调研思考，乱开药方出主意、贻笑大方的状况。同时也可避免基层一线的同志临时抱佛脚，有病乱求医。实践检验真理，时间解决问题。任何成果都是时间的函数，只要智库家和基层一线工作的同志长期精诚合作，必会为县域经济高质量发展赋能。

总之而言，建立校地长期信任合作对于双方都是成本最低、事半功倍的好事情。"县域高质量发展的汉阴实践与探索"智库项目的实践，也希望能成为校地合作开创"秦创原"生动实践新的尝试和探索。

## 四

从 2021 年 10 月与省乡村建设研究会的同仁到汉阴第一次调研至今,已有整整两年时间。两年来,在对汉阴高质量发展生动实践调研过程中,陕西省乡村建设研究会副会长兼秘书长车顿善同志,陕西省经济学会常务理事王毅同志,西安培华学院学术委员会主任、副校长刘越莲教授亲力亲为参与调研。课题得到中共汉阴县委书记刘飞霞同志、副书记程海林同志,汉阴县人民政府县长陈永乐同志、副县长王侠军同志,以及汉阴各级党委、政府和西安培华学院姜波理事长的全力支持和鼓励,在此表示诚挚的敬意和感谢。

除本人外,在课题调研成果写作过程中执笔的同志还有王艳、杨永庚、傅绍良、莫姣姣、吴春娜、丁阳、王中俊、李健、赵艳、袁毛宁等。按照省社科联的要求,课题组还承担六个科普项目,承担科普项目的同志有李健、陈玲、史立军、班理、刘清颖、张荣花、蔡亮、杨媛等,恕不一一列举。在中共汉阴县委、县政府和共青团安康市委的大力支持下,汉阴县乡村振兴局、共青团汉阴县委、汉阴县妇联等有关部门积极协助下,西安培华学院"青春聚力乡村振兴暑期三下乡汉阴专项实践团"28 支实践服务队、300 多名师生足迹遍布汉阴县的 13 个乡镇、28 个村,服务村民近万人,取得了良好的效果。本书最终由我和王艳教授、杨永庚教授统改定稿。

这本书是由省经济学学会、乡村建设研究会及西安培华学院共同合作完成的"县域高质量发展的汉阴实践与探索"课题组的阶段性成果。由于时间仓促,又因陕西省社科联项目结题时间紧迫,现将前期研究成果予以结集出版。成书与我们最初的预期尚有较大差距。书中难免存在一些纰漏和错误,有待于后续研究当中予以改正,在此敬请业内专家、广大读者批评指正。

2023 年 10 月 25 日